KB275507

신약의 열두 제자와
그 밖의 열두 사람

신약의 열두 제자와 그 밖의 열두 사람

- 지 은 이 ㅣ 이 상 훈
- 펴 낸 이 ㅣ 이 선 교
- 펴 낸 곳 ㅣ 도서출판 현대사포럼
- 초판인쇄 ㅣ 2009년 2월 25일
- 수 정 판 ㅣ 2018년 2월 10일
- 등　　록 ㅣ 제7-340호 (2007년 5월 14일)
- 주　　소 ㅣ 01037 서울시 강북구 삼양로 486 (수유동)
- 전　　화 ㅣ 02-993-2023 / 010-5320-2019
- E-mail ㅣ adsunlight@hanmail.net

- 총　　판 ㅣ 영상복음 (대표 최 득 원)
- 주　　소 ㅣ 04549 서울시 중구 을지로 18길 12
- 전　　화 ㅣ 02-730-7673 / 010-3949-0209
- 팩　　스 ㅣ 02-730-7675
- E-mail ㅣ dwchoi153@naver.com
- http://www.media153.kr
- 입 금 처 ㅣ 국민은행 009-01-0678-428

※ 절찬리에 전국서점 판매중. 잘못 만들어진 책은 교환해 드립니다.

ISBN 978-89-959647-8-1　　　값 12,000원

신약의 열두 제자와 그 밖의 열두 사람

이상훈 지음

도서출판 **현대사포럼**

머리말

디몬트(Maax I Dimont)의 저서로 「유대인, 하나님, 그리고 역사」(1990)에서 저자는 유대인들이 4000년간의 유구한 시간을 6대륙에 걸쳐 6개의 문화권 속에서 동화되지 않고 그 문화권의 주인공들은 멸망하였어도 오히려 주권을 빼앗긴 그들이 강인하게 생존한 이유를 설명하여, 이름이 없는 절대자 하나님과 그의 선민이라고 하는 선택 의식이 있었다고 하는 것과 함께, 저희들의 종교와 생활 속에 그 역사에 생존한 사람들의 풍요한 이야기가 전통으로 저희들의 의식 속에 계속 숨쉬고 살아 있기 때문이라고 긍지와 자부심으로 말하였다.

그의 주장의 요지는 '이야기'가 없으면 나라와 민족과 종교가 쇠퇴 한다고 하는 경고이다.

우리 기독교도 매양 성경의 세계 속에서 풍성한 사람들의 이야기를 음미하고 중시하며 또 교훈으로 회상한다. 그러나 우리의 신앙 의식 속에서 어느새, 성서의 인물들이 숨쉬는 이야기를 망실해 가고 있는 것이 아닌가 하는 기우가 점점 사실이 되고 있다.

생명은 감각이다. 성서의 사람들의 숨결과 그들의 시행착오를 통한 느낌을 우리가 오늘에 실감하지 못한다면, 우리는 벌써 건조한 이론은 있고 무미한 정보는 있어도 생명되게 하는 사람들의 '이야기'가 없다고 하는 말이 된다.

신약 속에서 숨쉬고 살아 있는 사람들을 선택하여 「신약의 열두 제자와 그 밖의 열두 사람」으로 우선 묶었다. 이들을 알면 확실히 신약세계를 알 수 있는 것이다. 요즘의 유행처럼 '열린 음악회'에 가거나 그런 재방송을 보고 들으며 메마른 감각이 되돌아옴을 느끼는 사람이 있다면 여기 신약의 사람들을 만나, 빛 바랜 신앙 의식에 새 활력을 되찾을 수 있다고 확신한다. "이야기가 없으면 나라가 흥할 수 없고 이야기가 없으면 그 종교는 지나간다."

서울신학대학교 연구실에서
저자

차례

열두 제자들

교회의 일반 평신도들에게, 예수의 열두 제자의 이름을 아느냐고 하면, 그거야 쉬운 질문이 아니냐고 간단히 생각하나 그러나 열두 제자의 이름을 완벽하게 아는 사람은 거의 없다. 혹 주일학교의 학생 중에서 암송 시합을 위하여 준비가 된 몇 중에서 완전한 대답을 잠시 기대할 수 있을는지 모른다. 심지어는 마가나 누가를 추가하는 사람도 나올 것이다.

한 마디로, 많은 경우에 우리는 열두 제자에 대하여 정확한 지식보다 오해가 굳어져 있다고 하여야 한다. 유럽을 관광여행으로 간 일행이 유명한 사원교회의 채색유리를 보고, 열두 제자들의 미화된 인상과 머리에 두른 후광을 바라보다가 내린 그 정도의 결론에 의한 상식은 정확한 지식이 될 수가 없다.

평범한 사람들

지금껏 긴 교회사를 이어 오면서, 열두 제자들 하면 감히 접근할 수가 없는 초인처럼 되어 버린 지 오래이다. 그러나 그들은 평범한 사람들이었다. 대체적으로 저희들은 당시 갈릴리 지역에서 흔하게 만날 수 있는 그런 사람, 지역 회당에서 지극히 기초적인 교육만을 몸에 익힌 가장 평범한 보통의 사람들이었다.

연령으로 말해도 노숙한 사람들이 아니라 대체로 20대의 젊은이었고 그 중에서 요한은 가장 나이가 젊어 아마 10대 후반, 그리고 베드로가 30에 가까운 나이였다. 그래서 베드로는 이미 기혼자였고(마 8:14), 다른 제자 중에도 기혼자가 몇이 있었다고 보인다(고전 9:5). 저들의 직업은 주로 노임을 생활 근거로 한 노동층과 그리고 예외로 하나 둘 중산층에 속하는 모두가 유대인이었다.

불완전한 사람들

복음서의 기록은 저희들이 불완전하고 의지가 약한 사람들이었다고 기술한다. 예를 들어, 갈릴리 바다에서 풍랑을 만나 침착하지 못했고, 지극히 당황하였다. 겟세마네 동산에서는 주가 가장 저희들의 동반과 협력이 필요할 때 함께 깨어 기도하지 못하고 잠자고 만다. 마리아가 값진 옥합을 깨 예수께 부었을 때, 저희들 상당수가 그런 마리아를 나무라며 그녀가 넉넉한 경제적 사정에서 경솔한 낭비가 아니냐고 불평하였다(마 26:8). 갈릴리 바다를 건너와 보니 떡 가져 오는 것을 잊었다(마 16:5).

한 아버지가 자기 아들의 사귀들린 것을 치유하여 줄 것을 제자들에게 청하였으나 능히 치유하지 못하였다(막 9:18). 두 제자가 불친절한 한 사마리아 동리를 가리켜 하늘에서 불을 내려 몰살하기를 원하였다(눅 9:45). 날 때부터 소경된 청년을 보고 본인의 죄가 아니면 부모의 죄라고 무책임하게 규정짓는 오해를 하였다(요 9:1-2).

제자들이 예수의 의도를 이해하지 못하므로 자주 어리석고 더디 믿는 자들이라고 하는 책망을 들었다. 예수에게 축복을 받기 원하는 부녀자들이 아이들을 데리고 가까이 오는 것을 자기들이 우선 번거럽다고 하는 상황적인 판단으로 저지하려고 하였다. 생명을 걸고 주를 버리지 않고 끝까지 따르겠다고 장담을 하였으나 예수가 체포 당할 시 모두가 도주하였다.

제자들의 인격이 부실함은 위와 같은 맥락에서 충분히 증명이 된다. 그러나 이러한 제자들이 부활하신 주께서 능력을 주시니 변하여 전체가 교회의 확고한 터가 되었다(엡 2:20). 다시 말하여 예수에게 필요한 제자는 지혜 있는 현자들이나 귀족들의 지식이 아니라 둔할지라도 정직한 재목 그리하여 주께서 교육하신 후에 그의 선교대명(宣敎大命)을 실천할 수 있는 자들이어야만 했던 것이다.

예수가 어떠한 사람들을 선택하였는가는 곧 우리 모두에게 위로와 용기를 얻게 하는 확실한 논거가 된다. 완전한 지식의 소유자가 아니며 또한 생활이 완전하여 높은 덕성을 소유한 성자들이 아니었다고 하는 그러한 저희들의 평범한 속성은 즉시 우리들을 주께서 어떻게 사용하실 것인가에 대한 규범이 되는 것이다. 가령 우리가 베드로같이 웅변이 아닐지라도, 마태 같은 저술가가 못되어도, 그리고 안드레같이 개인 전도의 명수가 아닐지라도 우리 모두의 부족과 연약함을 그대로 수용하여 교회 공동체에 있어서 모든 곳에 용도가 있어 그리스도의 몸이 되게 하시는 것이다.

토마스 에디슨은 국민학교에서 낙제생이었다. 월트 디즈니는 순발력과 기지가 부족하다고 하는 판단이 이유가 되어 신문기자직에서 파직이 되었고, 그가 그린 그림은 졸작이라고 화가에게 거절이 된 사람이다. 미국의 시인(詩人) 로버트 브라운의 경우, 그가 쓴 한 권의 시집을 영국의 출판사에서 휴지의 가치도 없다라고 반송당한 초기가 있었다.

초기의 사도들은 어떤 사람들이었는가. 아무런 우수한 특징이 없어 평범한 사람들로 기억에서 사라질 소집단이었다. 그러나 예수와 관계를 맺는 동안에 온 세상을 엎는 위대한 인물들이 된다.

선택받은 사람들

예수의 사역 기간에 한때는 최소한 70명을 파송한 때도 있었다(눅 10:1). 이러한 많은 후보자 중에서 예수는 열두 사람을 특별히 선택하였다. 예수께서 어떻게 제자들을 선택하였는가에 관하여 우리는 누가복음 6장 12절에서 13절의 다음과 같은 간결한 요약적인 설명으로 충분히 알

6

“이때에 예수께서 기도하시러 산으로 가사 밤이 맞도록 하나님께 기도하시고 밝으매 그 제자들을 부르사 그중에서 열둘을 택하여 사도라 칭하셨으니.”

예수가 어떠한 기준으로 열두 제자들을 선발하였는지 전혀 언급된 기록은 없다. 그러나 적어도 몇개월 간의 관찰 끝에 선발한 것만은 확실하다.

사도라고 하는 어의에 관한 「키틀 신약사전」의 설명에 의하면, 고전적 희랍어의 개념으로 처음에는 전략적으로 함대의 분견대(分遣隊)나 일개 소부대의 파견을 의미하다가 그 다음에 특별한 목적을 위해 파송이 된 사람들을 의미하게 되었다. 그리하여 파송자의 권한을 위임받고 집행하는 사람들을 의미한다. 신약시대에 와서는 전할 소식과 교훈이 있어 파송이 된 사람들을 의미하게 되었다. 사도라고 하는 언어의 동사는 '파송한다'의 의미를 지닌다.

저자 마가는 사도직을 설명하는 맥락에서 “자기의 원하는 자들을 부르시니 나아온지라. 이에 열둘을 세우셨으니 이는 자기와 함께 있게 하시고 또 보내사 전도도 하며 귀신을 내어 쫓는 권세도 있게 하려하심이라”(막 3 : 14 - 15)라고 구체적으로 정의하였다.

이러한 선택으로 12사도가 된 자들의 위상은 예수의 선택으로 예수의 권능이 함께 하는 특정 목적의 수행을 위한 위임이 된 자들이다(마 10 : 1, 눅 6 : 13, 행 1 : 2, 2 : 37, 42 - 43). 그리고 저희들의 자격을 말하자면 다음과 같은 이유에서 저희들만의 고유의 성격을 지닌다.

1) 처음부터 예수를 동반하였다

베드로가 가롯 유다의 흠석으로 또한 사도를 선출하는 마당에서 행한 연설에 보면 “이러하므로 요한의 세례로부터 우리 가운데서 올리워 가신 날까지 주 예수께서 우리 가운데 출입하실 때에 항상 우리와 함께 다니던 사람 중에 하나를 세워…"(행 1 : 21 – 22)라고 자격의 기본을 언급하였다.

2) 저희들은 예수께서 부활 후 계속 현현하실 때 목격자들 속에 있는 자들이다

베드로의 상술한 연설에 보면 "예수의 부활을 증거할 사람이 되게 하여야"(행 1 : 22)라고 지적한다.

3) 저희들은 교회의 교리적 기초(教理的基礎)를 놓은 자들이다

예수는 저희들에게 약속하여 모든 진리로 인도할 성령을 주신다고 하였다. 이러한 약속의 성취 중에서 중요한 것이 성령의 영감에 의한 신약성서의 계시이다. 후의 교회는 사도들과 그 사도적 권위와 직접 관계가 있는 마가, 누가 그리고 야곱과 같은 저자의 글을 정전으로 결정한다.

4) 저희들은 교회의 구성적 기초(構成的基礎)가 되는 자들이다

예수는 이러한 기능을 설명하여 하늘과 땅의 문을 여는 열쇠라고 하였다(마 16 : 18 – 19). 이러한 조직적 발전을 위하여 베드로가 중심이 되어 복음이 유대인들에게만이 아니라(행 2 : 38 – 41), 절반 유대인인 사마리아(8 : 14 – 17)와 이방인 고넬료 문중에게(10 : 44 – 48)와 그리고 안디옥으로 전진하도록 문이 열린다(11 : 22 – 23). 다시 말하여 종족의 한계를 넘어선 복음의 전진이 있을 때마다 사도들의 인지(認知)가 있었던 것이다.

5) 저희들은 이적의 권능을 소유하였다(행 2 : 43, 5 : 12, 8 : 18)

이러한 일련의 이적들은 사도들의 메시지를 권위의 것으로 지지하여 준다(고후 12 : 12, 히 2 : 4).

공식적으로 사도직은 열두 제자들에게만 해당이 된다. 저희들만이 사도의 자격을 소유하였다(행 9 : 27, 고전 15 : 7). 그러한 원초적인 사도

8

들이 모두 별세한 후 저희들에게만 해당이 된 좁은 의미로서의 사도직도 저희들과 함께 지나갔다. 그리고 그후에 광의적인 사도직이 적용되기 시작을 하여 바나바, 실라, 디모데 그리고 바울을 사도로 천거하지만 그러니 엄격히 말하여 어느 누구도 원사도의 자격을 소유한 자는 아니다.

예를 들어, 바울을 사도라고 호칭하는 것이 보편화된 관행이지만 그러나 그가 열두 제자 중 하나는 분명 아니다. 바울 자신이 자신을 가리켜 사도라고 강력히 주장을 하며, 또한 많은 성서학자들이 바울이 가롯 유다가 떠난 그 자리에 맛디아가 아닌 바울이 마땅히 서 있어야 할 자격자가 아니냐고 생각을 한다. 그러나 초대교회는 맛디아의 사도직을 당시나 그후나, 아무도 하자를 묻지 않았다.

맛디아는 다른 사도들과 같이 행동하였음이 틀림이 없고(행 2 : 14, 6 : 2, 9 : 27) 맛디아가 옛 이스라엘의 열두 지파의 상징이고 그리고 바울이 아니라 맛디아의 이름이 요한계시록의 새 예루살렘 성에 기록이 될 것으로(21 : 14) 요한계시록 저자는 의도하였을 것이 틀림없다.

바울 자신은 기회가 있을 때마다 자기의 사도직이 직접 주께로부터 받은 권위라고 언급하며 부활의 주를 보았고 특별한 계시를 받은 바 있다고 하였다. 그러나 엄격히 말하여 좁은 의미로서의 원사도직에 해당이 되지 않는다.

결코 바울은 예수의 지상 사역에 동반한 일이 없고 더욱이 "세례 요한의 세례부터…"라고 하는 자격의 정의에서 크게 미달한다. 바울도 그러한 차이를 인정하여 자기가 열둘 안에 들어야 한다고 주장한 일이 없고 그리고 바울은 명확하게 열두 사도와 자기를 구분하였다(고전 15:5, 7).

원사도는 열둘이었다

예수는 열두 사도를 선택하였다. 왜 열두 사람인가. 그 수는 더 정예화하여 축소하거나 아니면 기능별로 더 많은 인원일 수도 있었다. 어떤 성서학자는 열둘이 삼위신의 4배로서 세계의 숫자라고 생각하고 이와 같이 하나님이 인간 가족에 참여하였다고 하는 상징이라고 푼다.

또한 열둘은 완전한 통치의 상징이라고 생각한다. 그리하여 하나님은 선민을 열두 지파로 분할하였다. 다른 견해는, 열두 지파를 심판할 열두 보좌를 표시한다라고 생각을 한다. 열둘과 관련이 있어 보이는 경우는 허다하다. 새 예루살렘의 진주성문은 열둘이다. 거룩한 도성은 기초가 열둘이다. 열두 가지의 다양한 과실을 달마다 맺는 나라라고 하였다(마 19 : 28, 요계 21 : 12, 22 : 2). 사도들의 의식에 이 열둘의 의미가 막중하여 즉시 가룟 유다의 흠석을 보선하여야 할 그러한 지체 없는 집행의 저희들의 공감이었다(행 1 : 15 − 26).

원사도들의 특징에서 우리가 주목하여야 할 것은 저희들이 종내 각기 땅끝까지 개별적으로 진출하여 그곳에서 극한적 고통인 순교를 맞기 전까지는 저희들의 행동이 집체적이고 공동의 것이었다고 하는 것이다. 그러므로 원사도들을 지칭하는 복음서 기자는 '열둘'(the Twelve)이라고 하여 집체적으로 그 존재를 대칭하였다(마 10 : 5, 26 : 14, 20, 47, 막 4 : 10, 6 : 7, 9 : 35).

열두 사도는 공동으로 행동한다. 공동으로 예수를 위하여 세례를 베풀고, 5000명을 위하여 떡과 물고기를 분배하고, 유월절을 지키며, 다락방에서 부활의 주와 재회한다. 그런 의미에서 부활하신 예수의 첫번 현현에서 도마가 그 자리에 없었다고 하는 것은 심각한 의미로 해석이 된다. 다시 저희들의 공동 행위는 연계된다. 예수가 승천하신 후에 약속의 성령을 받기 위하여 다락방에 함께 기도하며 기다렸고, 초대교회의 성도들이 자진하여 자기의 소유를 사도들의 발 아래 가지고 올 때 함께 있었다(행 4 : 37). 모든 사도들이 표적과 기사를 행하였다(5 : 12 − 16). 스데반이 순교하여 다른 성도들은 예루살렘을 떠나게 되나 그러나 사도들은 함께 예루살렘에 머물렀다(8 : 1). 초기에 복음이 유대인의 한계를 넘어 진출할시 사도들이 공동으로 청문(聽聞)하였다(8 : 14, 11 : 1, 22). 저희들은 공동으로 회동한 자리에서 바울의 회심의 사실을 청문한다(9 : 26 − 28). 끝으로 사도 공동체와 그리고 장로들이 함께 연석하여 첫번째의 공회의(the first church council)가 소집이 된다(행 15:6, 16:4).

열두 사도의 명단과 이름의 순서

신약에 보면, 네 곳에(마태, 마가, 누가와 사도행전) 사도들의 명단이 나온다. 어떤 이유에서인지 요한복음은 이 사도들의 명단을 수록하지 않았다. 이 명단을 주시하면 언제나 세 조(組)로 나뉘고, 이름의 순서가 달라지는 경우가 있으나 한 조 안에 네 사람 식으로 되어 있는 것으로 보인다. 그리고 신약에 나오는 모든 명단을 살펴보면, 셋으로 나뉜 각 조마다 제일 앞에 나오는 제자의 이름은 절대로 바뀌는 법이 결코 없다.

가령, 베드로는 언제나 열두 사도의 명단이 첫번째의 이름일 뿐 아니라 첫번째의 조의 첫번째의 이름이고, 빌립은 두 번째의 조의 언제나 첫번째의 이름이면서 전체의 순서는 언제나 다섯 번째이고, 알패오의 아들 야곱은 세 번째의 조의 언제나 첫번째의 이름이면서 전체의 순서로는 아홉번째로 나온다. 이러한 사실을 도식으로 나타내면 다음과 같다.

마 10:2-5	막 3:16-19	눅 6:14-16	행 1:13
(1) 시몬 베드로	시몬 베드로	시몬 베드로	베드로
(2) 안드레	야고보	안드레	요한(RSV)
(3) 야고보	요한	야고보	야고보(RSV)
(4) 요한	안드레	요한	안드레
(5) 빌립	빌립	빌립	빌립
(6) 바돌로매 (나다나엘)	바돌로매 (나다나엘)	바돌레매 (나다나엘)	도마
(7) 도마	마태	마태	바돌로매(나다나엘)
(8) 마태	도마	도마	마태
(9) 작은 야고보	작은 야고보	작은 야고보	작은 야고보
(10) 레배오(유다 즉 다대오)	다대오(유다 즉 레배오)	시몬(젤롯)	시몬(젤롯)
(11) 시몬(젤롯)	시몬(젤롯)	유다(레배오 즉 다대오)	유다(레배오 즉 다대오)
(12) 가룟 유다			

  열두 제자들 중에서 세 제자가 가장 밀착이 된 내원적인 친밀 교제가 있어 예수는 가까이 대하였다. 야이로의 딸이 다시 살아나는 자리에 베드로, 야곱, 요한만이 동석하였고 변화산이나 겟세마네 동산의 기도에서 보이신 예수의 아픔을 지켜 보았다(막 5 : 37, 9 : 2, 14 : 33).

  일견 제자들의 순서는 예수의 부름을 입은 순서대로 명단의 순서가 정하여진 것처럼 보인다. 우선 첫조(組)의 네 제자의 경우는 그렇게 해당이 된다. 베드로, 안드레, 야고보, 요한 그리고 그 뒤를 빌립과 나다나엘의 순서가 이어진다(요 1 : 40 - 45).

  열두 제자들이 네 사람씩 세 조로 나눌 뿐 아니라, 다시 네 사람을 두 사람씩 짝을 짓는 조직 그러니까 둘씩 여섯 조를 조직하는 경우도 있었다. 70명의 문도들이나 열두 제자들이 두 사람씩 짝이 되어 전도로 파송한 일이 기록에 나온다(눅 10 : 1, 막 6 : 7). 이러한 두 사람씩의 구성은 전도시에 피차 동정과 이해와 용기를 주어 고독하지 않고 박해를 미연에 피할 수 있는 기회를 준다.

  예수는 어떻게 두 사람 조를 구성하였을까. 베드로와 요한은 자주 한 조가 된다. 유월절 식사를 준비할 때나(눅 22 : 7 - 8). 예수의 무덤에 같이 뛰어간다(요 20 : 2 - 4). 사도행전에 보면, 이 베드로와 요한은 기도하기 위하여 성전에 함께 가며(3 : 1), 군중하게 말할 때 같이 있고(4 : 1), 감옥에 같이 투옥이 되고(4 : 3), 함께 담대히 맞서며(4 : 13), 석방이 되어 교회에 돌아와 같이 보고한다(4 : 23). 이러한 두 사람의 짝을 안드레와 야고보에게서도 본다.

  그러나 이러한 두 사람씩의 편성이 여행 사정과 목적에 의하여 달라지는 경우가 생긴다. 그러므로 마태의 제자 명단을 기본으로 생각을 하면 다른 복음서의 명단에서는 순서에 있어서 네 사람씩 3조로 구성하는 명단의 순서가 변화가 생겨난다.

  성서학자들은 예수가 제자들의 짝을 어떻게 구성하였는가에서 제자들의 성격의 차이 인품과 개성의 차이를 숙지한 것으로 판단을 한다. 가령 당돌한 기질의 베드로는 명상적이고 조용한 요한과 짝이 된다. 조심성이 너무 많은 빌립은 단순한 신앙의 소유자인 나다나엘과 한 조가 되고, 회의적 질문을 하는 이성적인 도마는 확고한 신앙의 소유자인 마태와 한 조가 되었다. 이러한 보완적인 조의 구성은 서로의 힘을 극대화하고 개인의 결점을 보완하여 극소화(極小化)하는 현명한 방법이라고 주목이 된다.

저희들은 변화를 받았다

미국의 유명한 설교가 피더 마샬(Perter Marshall)은 「진흙으로 빚은 제자들」이라는 설교집에서 예수의 제자가 되기 위해서 면접시험을 받는 비유를 상상하여 다음과 같이 묘사하였다. 생선 비린내가 몸에 쩌른, 뚝뚝하고 교양과 거리가 먼 충동적인 성미의 베드로 역시 생선 비린내가 풍기는 교양이 부족한 안드레와 야고보와 요한. 마음의 결정을 정하지 못한 빌립. 냉소가 입가에 있는 도마. 민족의 반역자라고 하는 죄책에 시달려 암울한 마태. 음산한 인상 그리고 위험한 성격의 젤롯당원 시몬. 정직해 보이지 않는 가룟유다. 이러한 제자의 면면은 서로가 호선(互選)으로 선출하라고 해도 몇 사람은 꼭 낙선(落選)이 될 그러한 인상의 사람들이었다.

예수와 함께 생활을 하면서 저희들은 여러 번 여러번 적절한 제목이 아니라고 하는 결함과 성격상의 치부들이 드러난다. 저희들은 예수가 공중과의 만남에서 열린 교훈을 하며 그리고 논쟁에 답변하고 또 반문을 할 때 예수의 진의를 즉각 이해할 수 있는 눈치가 있는 사람들이 아니었다. 저희들은 여러 번 사사로운 설명을 재차 요구한다(막 4 : 10, 10 : 10). 저희들은 예수의 부활 승천시까지 가시적(可視的)으로 예루살렘에 건설되어야 할 이스라엘의 왕국의 꿈을 집념처럼 버리지 못하였다.

가장 명확한 사실로서, 저희들에게 예수가 죽음 다음에 올 부활을 예고적으로 혼돈이 있을 수 없는 언어로 일러주었음에도 도시 그것을 믿을 수가 없었다는 것이다. 물론 초기에는 요한복음 2장 19절의 경우에서와 삷이 "너희가 이 성전을 헐라 내가 사흘동안에 일으키리라." 말씀한 우회적인 암시에서 진의를 오해할 수도 있는 일이다. 그러나 후반기에서 마가복음의 맥락에서와 같이 세 번이나 확실한 언어로 삼일만의 부활을 지적한 경우(막 8 : 31, 9 : 31, 10 : 33이하)에도 저희들은 당혹할 뿐이었고 이해가 없었다(눅 9 : 45).

예수의 부활이 사실적인 사건으로 일어났을 때 당초 저희들은 믿지를 못하였다. 오히려 예수의 반대자들은 부활의 예언을 대비하여 예수의 무덤을 봉하고 로마관청이 로마 직업군인들을 차출하여 지키도록 조처하였다(마 27 : 62-66).

저희들은 가르침을 배워야 했다

예수의 복음이 온 인류에게 미치게 하는 역사에서, 인간에게 요구되는 자격은 유순하여 어린이같이 따라가는 일이다. 예수는 아는 것이 많다고 자부하는 자나 학자나 부호나 사회 지도자를 선택하지 않았다. 그러한 지도자들은 겸손해질 수가 없는 사람들이다. 제자들은 깨닫는 것이 더디지만 그러나 유순하게 따라온다. 스스로의 지혜로 가득한 사람이었다면 저희들에게 예수의 교훈이 들어 갈 여지가 없는 것이다. 그러므로 예수는 가르쳐 배우기를 원하고 또 가르칠만한 사람을 선택한다.

한 고등학생이 어떤 명문대학에 지원서를 내면서, "나는 특출한 지도자는 아닙니다. 그러나 잘 따라가는 사람입니다"라고 자기 소견을 보냈다. 입학허가서가 회신으로 오면서 답신에 이런 글이 단서에 있었다. "우리 대학의 신입생 600명 모집에, 599명이 지도자들입니다. 그러니 남은 한 자리를 잘 따라오는 당신에게 기회를 주기로 결정하였습니다. 당신의 입학을 축하합니다"라고.

14

저희들은 훈련을 받았다

미국의 학술지 '오늘의 심리학'(Psychology Today)(1981년 5월)에 실린 한 논문에서 "사람이 나이 20세가 넘은 후에 달라질 수 있는가?"라고 하는 글이 있었다. 그 논문에 의하면, 사람이 나이 30이 되면서 그간의 모든 습관이 석고처럼 굳어 그후에는 그의 사람됨의 변화를 기대하기 어렵다고 논술한 제임스(William James)의 심리학적 이론이 있으나, 1970년에 미국을 휩쓴 영성운동의 결과를 관찰하면 사람에게 있어서 변화의 가능성은 무한하다고 하는 보고가 많은 사례와 함께 그 논문이 지적한 요지이다.

60년대에 방랑벽(彷浪癖)의 소유자였던 문제의 청년이 70년대에 넘어와서 보수적 은행가나 변호사로 안정이 된 경우 등이 예증이 되어 사람의 인격 변화는 연령과 환경의 조건을 초월하여 무한하다고 하는 것이 그 논문의 결론이었다. 사람마다 그의 인격의 일치성이 유지되면서 동시에 변화와 성장이 일어나는 법이다.

예수의 강력한 감화력은 제자들로 하여금 예수의 의도하는 바대로의 성숙한 인격으로 틀이 잡혀 나가게 하였다. 당초 예수의 제자들은 마치 들쭉날쭉한 불협화음(不協和音) 같은 집단이었다. 그러나 삼년의 훈련이 지난후 저희들은 하나같이 각기 자기의 과업을 수행하는데 부족함이 없는 능력의 사람으로 변화되었다.

예수의 교육이 제공한 중요한 국면은 저희들에게 미래의 가능성이라는 자신과 그 환상이 잡히게 하는 일이었다. 예수는 지금의 약점을 사실대로 인지하면서 그럼에도 미래의 가능성을 일러 준다. 가령 베드로를 앞에 세워 그가 반석이라고 하는 극적인 가능성을 강력하게 암시하는 별명을 주었다. 이러한 그의 별명은 베드로에게 현재의 충동적이고 다혈질적인 약점과 함께 하나님의 능력에 의하여 앞날에 찾아 올 경이적 가능성을 지향한 지각을 잠깨운다.

야고보와 요한 형제에게는 "우뢰의 아들"이라고 하는 별명을 주어 저희들로 하여금, 불 같은 집념과 편견을 알게 하여 앞날에 그러한 개성이 놀랍게 원만하여질 미래의 가능성을 깨우친다. 가령 레위에게는 '하나님의 선물'이라고 하는 의미로 마태라고 하는 이름을 주어 그의 어두운 서리라고 하는 과거의 생활을 청산하고 참으로 넉넉하게 남에게 베푸는 하나님의 선물이 되게 한 것이다.

우리는 각기 열두 제자에게 예수가 지어 준 별명을 모두 알지는 못한다. 그러나 충분이 유추되는 사실은, 예수가 한 사람 한 사람의 개성을 파악하여 그의 약점이 미래에 크게 보완이 되게 한 교육이었음을 짐작힐 수 있는 것이다. 깨달음이 둔한 제자들에게 예수가 간직한 인내심은 무한한 분량이다. 특히 예수의 사역의 종반에 이르기까지 저희들에게 겸손한 섬김을 가르쳐야만 했다.

한번은 장차 올 나라에서 누가 큰 자인가 시비가 저희들 사이에 뜨거웠을 때 저희들 앞에 어린이들을 세우고 어린이 같아야 한다고 교훈하였다(막 9 : 34 − 37). 그러나 저희들 사이에 여전 그 나라에서 정상의 두 자리는 누구의 것인가가 쟁점이 되자 예수는 자기의 섬김의 목적을 예를 들어 종이 되어야 한다고 교훈하였다(막 10 : 35 − 45). 그러나 이 문제는 좀처럼 해결이 나지 않았다. 그러므로 십자가 전야(前夜)에 다락방에서 예수는 저희들의 발을 씻어 주었다.

예수는 깨달음이 더딘 제자들을 참을성으로 기다리며 저희들의 인격의 변화를 위한 노력만이 아니라 참으로 다양한 교육방법론을 활용하였다. 예를 들어, 예수가 어떻게 죄인들을 용서하는가를 현장적인 교육에서 배우게 하였다. 예수의 기도가 참으로 효험이 놀라운 기도였기 때문에 저희들은 주여 우리에게 기도를 가르쳐 주옵소서 하였다(눅 11 : 1). 저희들은 예수가 얼마나 가난한 자들과 소외된 자들을 사랑하는 가를 배웠다. 예수는 저희들을 둘씩 짝을 지어 내보내므로 하나님이 저희들을 통하여 역사하심을 직접 사회로 나가 그 안에서 부딪쳐 배우게 하였다.

사실적으로 제자들은 예수에게서 언제나 현장적으로 함께 하는 3년 과정을 집중적으로 그리고 중단 없이 교육받은 셈이 되는 것이다. 저희들은 예수의 은혜의 말씀을 들었고, 권능의 이적을 보았으며, 참으로 수정 같은 고결하고 정직한 그의 인격을 공동생활로 알게 되었을 것이다.

예수는 질문으로 추적하여 제자들의 사고력을 자극하여 문제의 핵심을 바로 보고 그리고 제자들로 하여금 직접 진리가 무엇인가를 탐구하여 해결을 찾게 만드는 그러한 위대한 교사(the Master Teacher)이셨다. 그러한 교육의 규범과 방법을 현대교육에서 현장 교육 내지는 창조적 교육이라고 평가할 것이다.

예수는 실물교육과 함께 주변의 사정들 그러니까 양떼들, 백합꽃, 포도나무와 가지, 촛불, 목자, 참새, 밀알, 가라지, 고기 그물, 물고기, 떡, 종자, 진주와 보화, 주인과 일꾼과 노임 등등과 같은 생활의 조건들을 사용하여 이야기를 엮어 영원한 영적 교육을 가르치신 천재였다.

예수의 교육 주제를 정리하면, 하나님의 나라의 성격, 기도, 진정한 의, 자신의 인격, 예수의 오신 목적, 십자가, 부활, 겸손, 자기 희생, 바리새의 위선, 저희들 자신을 개발하여 주시고, 세상을 변화시키시는 성령의 역사 등이다.

예수의 집중적인 제자교육이 얼마나 적절한 것이며 많은 시간을 경주한 사역이었는가를 이해하기 위하여 예수의 공중을 위한 교육적 접근과 제자 교육의 비율을 비교하여 알 수 있는 것이다. 예수는 저희들과 같이 취침과 취식을 하였고, 시골길을 걸었으며, 번잡한 동리와 번잡한 장터와 갈릴리 바다와 그리고 성전과 회당에 거동한다.

예수의 깊은 의도 즉 예루살렘과 유다와 사마리아와 땅끝까지의 복음의 전파, 즉 당신의 하나님의 나라의 소식을 전하는 일을 위하여 선택한 제자들을 자기 자신의 모델을 따라 인격의 개혁을 시키기 위하여 중단없이 진행이 된 공동의 생활이었다.

예수는 당신의 교회가 피상적인 동조가 아니라 깊은 확신 위에 세워지기를 원하여 당신의 제자들의 의기 투합(意氣投合)하는 동행자만이 아니라 불타는 정열로 회개와 사죄의 복음을 땅끝까지 전하는 일을 감당하게 되기를 원하였다. 제자들이 어떻게 학습하고 배웠는가. 얼마나 예수의 교육이 적절한 것이었는가.

저희들은 변화되었다

사람이라고 하면 예수와 함께 3년을 같이 살았는데 변화가 없을 수가 없다. 그 인격의 부실함이 진흙과 같은 베드로가 반석이 되었다. 한 고을 인심에 분격하여 벼락을 내리기를 원했던 요한은 사랑의 사도가 되었다. 폭력을 정당시한 정의한(正義漢)이었던 젤롯 시몬은 변하여 복음의 전도자가 되었다. 성서신학자 중에는 예수의 이적 중에서 제자들의 변화가 가장 위대한 경이적 이적이라고 말하는 학자가 있다.

예수의 기도가 "우리가 하나인 것 같이 저희도 하나 되게 하옵소서"(요 17 : 22)였거니와 각기 성격과 배경과 직업과 정치적인 입장을 달리하는 제자들이 영으로 하나가 되어 태어났다.

짐작하건대, 간혹 그리고 한두 번은 정치적 입장이 상극적인 친로마의 세리 마태와 반로마의 혁명가인 젤롯 시몬의 충돌에서 중간에 예수가 가로막은 일이 있었을 것이다. 이러한 가능성은 야고보 요한이 장점의 두 자리를 소원하여 베드로와 다른 제자들이 강력하게 반발한 것으로 짐작이 간다.

위대한 기마상(騎馬像)을 조각하기 위하여 방금 참으로 훌륭한 말의 조각을 끝낸 미술조각가에게 어떻게 그와 같이 생동감이 있는 말을 조각할 수 있는가의 비결에 대한 질문을 받고 그의 답변은 말같이 않은 것은 모조리 찍어 내면 된다고 했다고 한다. 예수께서 제자들에게 행한 것이 바로 그 일이었다. 경건치 못한 것은 모조리 제거하는 교육이었다.

드디어 제자들은 온 세계에 찾아간 모든 어떤 요청에도 적임자가 된 것이다. 교만과 성급한 것과 편견과 참을성의 부족과 사랑하지 않는 것과 온유하지 못한 것 등이 모조리 예수의 교훈과 인격으로 순화되고 적절한 사도의 재목이 된 후 예루살렘의 다락방에서 약속의 성령을 받으므로 불타는 복음의 전도자가 된 것이다.

사도행전은 말하자면 부적절했던 제자들이 어떻게 참으로 적절한 사도 되어 초대교회의 사역을 승리로 이끌었는가의 증언이다. 위대한 스승 교육이 끝나고 보니 저희들은 능력 있는 어부들이 되어 넓은 세상의 다에 큰 그물을 던져 사람을 낚는 어부가 된 것이다.

전승에 의하면 사도들은 각기 개성과 적성과 일치하게 전도의 전략을 성하여 각기 흩어져 자기의 목표로 매진했다고 한다. 각기 사도들은 곳에서 전도와 교육과 조직과 교회 건립을 추진하여 끝내는 거의 예외 이 모두가 순교하였다.

베드로는 로마에서 머리를 아래로 거꾸로 달리는 십자가 처형으로 순교.

야고보는 제일 먼저 예루살렘에서 칼로 목이 잘리는 죽음.

요한은 도미디안 황제의 박해시 끓는 기름가마에 들어갔다가 이적으로 구조되어 후에 밧모섬으로 유배당하여 그곳에서 지하 갱에서 유황을 캐는 노예 노동에 시달리며 주일에 계시의 환상을 보았다. 그는 후에 에베소에 돌아와 장로(長老) 사도로 장수하여 자연사.

안드레는 희랍의 파드라에서 X형의 십자가에 처형이 되어 지금도 X형의 십자가는 안드레의 십자가라고 불린다.

빌립은 소아시에서 교수와 십자가와 돌로 치는 여러 처형의 방법 중 하나로 순교를 당했다고.

바돌로매는 아르메니아에서 몽둥이로 처형을 한 후 참수를 당했다.

마태는 에디오피아에서 칼로 처형이 되고,

도마는 인도에서 창으로 산 채로 몸을 관통하여 순교.

작은 야고보는 예루살렘의 높은 탑에서 내어 던져 돌로 치고 그래도 목숨이 있어 톱으로 토막을 내는 처형을 당한다.

다대오의 유다(레배오)는 메소포타미아에서 화살로 사살이 되었다.

젤롯당인 시몬은 페르시아 가까운 곳에서 불한당의 습격을 받아 목숨을 잃었다.

반역자 유다는 자살하여 제 갈곳으로 가고 만다.

언제부터인지 이러한 전설이 생겨났다고 한다. 예수께서 승천하시자 뭇천사들의 환영을 받으셨다. 가브리엘이 입을 열어,

"주가 온 인류의 죄를 위하여 고난 끝에 십자가를 지셨습니다. 그러나 모든 사람들이 그 사실을 알고 있나요."

"아닐세, 나의 고난과 죽음을 아는 사람은 예루살렘과 갈릴리에 사는 몇 사람 뿐이라네."

"주여 온 인류에게 주의 큰 사랑을 알게 하려고 하신 계획은 어떻게 되었습니까." 이와 같이 아리숭하다고 질문을 한 가브리엘에게 주께서 주신 답변의 말씀은,

"내가 사도들에게 땅끝까지 미치도록 소식을 전하라고 당부하였네. 우선 이웃에게 전하고 그리고 그들은 또 이웃에게 전하여 결국은 세상 끝의 마지막 한 사람이 이 소식을 알게 될 것이네." 이 말을 들은 가브리엘의 얼굴에 그늘이 지난다.

"주여 베드로가 주의 당부를 잊고 다시 옛 직업 어업으로 돌아가면 어찌하십니까. 다른 어부 제자들도 그렇고 그리고 마태가 다시 세리업으로 되돌아가면 어찌시렵니까." 잠깐 침묵하신 주는 조용한 목소리로,

"가브리엘, 나에게 다른 계획은 없다네." 이 전설은 여기에서 끝이다.

사도들은 성실하게 명령받은 대로 실천하였다. 그러나 그 사역은 아직도 미완성 상태이다. 선교대명은 오늘 우리에게도 막중한 대명이다. 예수께서 이같이 말씀하셨다.

"아버지께서 나를 보내신 것같이 나도 너희를 보내노라"(요 20 : 21).

끝내, 반석(盤石)이 된 베드로

부르심을 받음 : 마 4 : 18 - 20, 막 1 : 16 - 18, 눅 5 : 1 - 11.
요 1 : 40 - 42.
12사도로 선정 : 마 10 : 2, 막 3 : 16, 눅 6 : 12 - 14.
그리스도의 고백 : 마 16 : 16, 막 8 : 29, 눅 9 : 20.
변모산에 참여 : 마 17장, 막 9장, 눅 9 : 28 - 36.
베드로를 위한 예수의 기도 : 눅 22 : 31 - 32.
베드로의 삼중부인 : 마 26 : 69 - 75, 막 14 : 66 - 72, 눅 22 : 54 - 62.
요 18 : 17, 25 - 27.
다락방에 모인 사도와 회중에게 연설하는 베드로 : 행 1 : 15 - 22.
예루살렘의 광장에 모인 군중에게 설교 : 행 2 : 14 - 36.
공회 앞에 선 베드로 : 행 4장.
아나니아와 삽비라를 책망 : 행 5장.
마술사 시몬의 제의를 거절 : 행 8 : 18 - 24.
애니아를 치유, 다비다를 다시 살려내다 : 행 9 : 32 - 43.
고넬료 문중에게 복음을 선포 : 행 10장.
천사가 베드로를 감옥에서 풀어내다 : 행 12장.
이방인과 무할례자를 복음 안으로 용납하는 연설 : 행 15 : 6 - 11.
바울에게 책망을 들음 : 갈 2 : 14.
바울의 교훈에 대한 베드로의 해명 : 벧후 3 : 15 - 16.
베드로의 최후에 관한 예언 : 요 21 : 18 - 19, 벧후 1 : 14.
교회를 위로하고 거룩한 삶을 권고 : 벧전과 벧후.

　　본래 시몬 베드로는 벳새다에서 성장한 사람으로 가버나움으로 이주하여 그곳에서 형제 안드레와 짝이 되어 세베대의 두 아들 야고보와 요한 형제와 함께 어업에 종사하였다(참조 요 1 : 44, 마 8 : 14, 눅 5 : 10).
　　그의 교육 수준은, 정식교육의 과정으로서는 지방의 회당교육 이상을 받은 일이 없다. 그래서 사도행전 4장 13절에 보면 예루살렘의 지도자들 앞에서 베드로가 성령이 충만하여 예수 그리스도의 구속을 최초로 변론하였을 때, "그 본래 학문 없는 범인으로 알았다가… 이상히 여겨"(13절)라고 공개적으로 반응이 나온다.

베드로가 처음 예수를 만나 그의 제자가 되었을 때 이미 그는 기혼자였고 형제 안드레와 공유하는 집에서 장모를 함께 모시고 있었다(막 1 : 29 - 30, 요 1 : 42).

베드로에 대한 교회의 이미지는 건장한 몸에 굵은 손과 팔, 씨름꾼 같이 뚜벅뚜벅 걷는 모습이지만 그의 이러한 외양과는 달리 마음이 여린 순진한 남자였다고 한다. 복음서에 나오는 베드로의 소묘(素描)는 가혹하리만큼 모순에 차 있고 그리고 다른 한편 매우 사실적이다.

그는 좀 생각을 하여야 할 때는 우선 말해 버리고 깨어 있어야 할 때는 잠을 자고 침착하여 기다려야 할 때는 행동하고, 마치 갈릴리 바다처럼 사나웁게 일어섰는가 하면 졸지에 물러서 버리고, 물 위를 걸었다고 했더니 침몰하여 살려주오! 한다. 위대한 신앙고백을 했는가 싶은데 예수의 구속사역을 간섭하여 사탄의 대리라고 하는 준엄한 책망을 동일 맥락에서 들어야 할 위인이다.

예수께서 발을 씻어 주시니 "그리하지 마옵소서" 거부하였으나 즉시 온몸도 씻어 주시기를 지나치게 청하기도 한다. 예수와 함께 죽기까지 하겠다고 맹세한 그였으나 그날 새벽이 되기 전 닭이 두 번 울 때까지 예수를 세 번이나 모른다고 부인하였다.

이러한 충동적이고 의지가 뒤따르지 못하는 외양이 건장한 어부 베드로를 가리켜 예수님은 요한복음 1장 42절에서 "요나의 아들 시몬아 너를 게바라 부르리라"하셨는데 게바는 아람어로 그 의미를 번역하면 반석이다. 예수는 첫눈에 베드로의 앞날의 위대한 가능성을 내다 보신 것이다. 요나의 아들 시몬은 약한 인간이었다. 그러나 주와의 만남으로 시몬의 허약한 군살이 빠지고 칼로 깎고 끌로 쪼아내어 드디어 초대교회의 위대한 기둥 같은 지도자 베드로가 되게 하셨다. 훗날 사도행전 1장부터 12

장까지의 사도 베드로의 눈부신 역할은 참으로 초대교회의 위대한 반석으로 유감이 없는 존재인 것이다.

처음 베드로는 어업과 예수의 전도 사역 두 가지 일을 왔다 갔다 번갈아 했다. 그러다가 밤새도록 고기 한 마리도 잡지 못하고 빈손으로 어항으로 돌아와 그물을 씻는데 마침 그 자리에 예수께서 무리들에게 하나님의 말씀을 교훈하시다가 베드로에게 배를 좀 육지에서 떨어지게 하라 하신 후 선상에서 육지에 모인 군중에게 설교하신 후 베드로에게 "깊은 곳에 그물을 내려 고기를 잡으라" 말씀하셨다. 베드로는 경험이 많은 어부이다. 간 밤에 한 마리의 고기도 잡지를 못하고 밝은 아침에 그물에 고기가 잡힐리 없다. 더구나 깊은 곳에 그물을 내리는 법이란 상식밖의 일이다. 그러나 어부 베드로는 목수 예수의 지시를 순종하였다. 그랬더니 그 결과는 놀라움이었다. 너무나 그물이 무겁게 고기가 가득하여 주변의 모든 어부들의 손을 빌려야 할 정도였다.

심성이 착한 베드로는 즉각 예수의 무릎 아래 엎드려 참회의 응답을 말한다. "주여 나를 떠나소서, 나는 죄인이로소이다." 주님은 "무서워 말라 이후에는 네가 사람을 취하리라" 말씀하셨다. 그리고 이 한마디에 베드로는 그의 형제 그리고 야고보와 요한 형제와 함께 육지로 배를 댄 후 모든 것을 버리고 예수를 전적으로 쫓는다(눅 5 : 4 — 11). 이것이 베드로의 두 번째 부름이었다.

사실 베드로의 인물과 신학 연구는 신약신학에 있어서 매주 중요하고, 또한 상당히 중후한 연구 논문들이 적지 않다. 그러나 여기에서는 베드로의 한 인물을 네 가지의 시각이 주는 굴절 효과적(屈折效果的)인 이해로 생각하려고 한다.

물 위를 걸어 간 베드로(마 14 : 22 — 33)

5,000명을 떡의 이적으로 먹이신 예수는 그 저녁 일몰시에 제자들을 재촉하여 갈릴리 바다 건너편으로 앞서 배를 저어 떠나라고 하였다. 예

수의 의중에 제자들이 풍랑을 당하게 될 것을 족히 아신 것이다.

심한 바람과 파도가 높아지면서 제자들은 있는 힘을 다해 배를 저었지만 6시간이 지났는 데도 육지에서 3마일밖에는 전진을 못한 형편이었다. 거의 새벽이 가까울 쯤하여 예수는 물 위를 걸어 그들에게 가까이 접근하였다. 배를 저어 죽을 힘을 다하고 탈진 상태에 있는 제자들은 파도 위를 거침없이 걸어오는 환상을 보고는 유령이라고 소리를 질렀다. 예수님은 "내니 두려워 말라" 말씀하셨다. 거의 충동적으로 베드로가 "주시거든, 나를 명하여 물 위를 오라 하소서"(마 14 : 27-28) 요청한다.

예수는 간단히 짧막하게 "오라" 한마디 하셨다. 베드로는 배의 모서리 밖으로 뛰어 넘어 파도를 밟았다. 그리고 주를 향하여 걸음을 떼었다. 그러자 제 정신이 든 베드로는 발 밑을 보고 두려움에 얼었다. 그 순간에 그는 물 속에 빠졌다. 그리고 소리쳤다. "주여 나를 구원하소서." 예수는 즉시 손을 내밀어 저를 붙잡으시고 말씀하시기를 "믿음이 적은 자여, 왜 의심하느냐"하셨다.

이 극적이고 아름다운 광경의 순간을 묘사한 유명한 설교가 스펄존(Spurgeon)은 그 팔로 산을 빚고 우주 공간에 별을 던지신 창조주의 손이 물 속에 빠진 베드로를 꽉 잡으셨다고 그의 설교에서 비유한 일이 있다. 그리고 보니 그처럼 감격적일 수가 없는 것이다. 물에 흠뻑 젖은 시몬과 예수는 나란히 배로 걸어와 합류하였다.

우리는 물 속에 모양 없이 빠져 버린 베드로가 믿음이 없는 자의 소치라고 비난하기 쉬우나 그러나 예수님은 "믿음이 없는 자"라고 하신 것이 아니라 "믿음이 적은 자"라고 하신 것을 주목하여야 한다. 다른 제자들은 모두 배에 머물러 있을 때 베드로는 몇 발자국이나마 파도 위를 걸어 주께 걸어갔다고 하는 긍정적인 교훈이 있다고 지적하는 설교가의 해석은 정당하다.

베드로는 복음의 문을 연 사람

베드로의 생애에서 영광으로 기억되어야 할 것으로 복음서의 기사에 나오는 가이사랴의 고백은, 오늘 우리가 계속적으로 그리고 반복적으로 되돌아가야 할 중요한 신앙고백이다.

사람들이 나를 누구라 하느냐 하신 주님의 질문에 더러는 세례 요한, 더러는 예레미야, 그리고 더러는 예언자 중의 한 사람, 이렇게 다른 제자들이 여론을 대변하는 자리에서 베드로는 "당신은 그리스도시요 살아계신 하나님의 아들이십니다." 직선적으로 대담한 고백을 한 것이다.

주님은 이 베드로의 지식이 하늘에 계신 아버지가 주신 계시라고 칭찬하시여 "네 이름이 베드로라 이 반석 위에 내가 교회를 세우리니 지옥의 문이 이기지 못하리라"라고 하는 엄숙한 약속을 주셨다.

이 반석의 의미가 베드로의 고백 행위인지, 이 반석의 의미가 그리스도의 고백인지, 주와 제자가 함께 있는 공동체의 사귐인지, 성서학자의 주석에 따라 차이가 있어, 이 모든 것의 종합이라고 하여야 틀림이 없을 터이지만, 그러나 확실한 사실로서 베드로가 이 땅과 하늘을 열 수 있는 '복음의 열쇠'를 받은 것은 사실이 되었다.

그러므로 그후 계속적으로 전혀 새로운 계층사회를 받아들이기 위하여 복음의 문을 여는 3번의 계기가 있을 때, 언제나 베드로가 주역을 감당하고 있는 것을 주목하여야 한다. 가령, 사도행전 2장 14절에서 41절의 맥락에서 유월절에 모인 유대인의 군중에게 복음을 선포하였고, 사도행전 8장 15절에서 17절의 맥락에서 사마리아 사람들에게 복음의 문을 열 때, 그리고 고넬료 문중에게 복음을 전한 사도행전 10장 25절에서 48절에 베드로는 항시 주역인 것이다.

그러나 위대한 그리스도의 고백을 한 베드로, '복음의 문지기'가될 영광을 위임받은 베드로는, 고난을 받아 십자가에 들려야 할 그리스도의 죽음에 반발하여 "사탄아 물러서라 네가 나를 넘어지게 하는 자로구나." 준엄한 책망을 동시에 받는 아이러니의 주인공이었다. 우리는 초대교회가 왜 이러한 곤혹스러운 베드로의 책망을 전승으로 보존하고 있는가 신중하게 음미하여야 한다.

당초부터 그리스도의 복음 곧 구원과 생명, 그리고 신앙의 본질과 진정한 제자도는, 십자가의 죽음에 의하여 나타나신 바 된 하나님 아버지의 끝없는 사랑 그리고 아들이 십자가의 세례를 자기 몸으로 감당하신 죽음의 순종으로만 복음이기 때문이다. 그러므로 "하나님의 아들 예수 그리스도 복음의 시작"이라고 저자 자신의 고백을 문서로 증언한(막 1 : 1) 최초의 복음인 마가복음의 확실한 주제는 그리스도의 고난과 십자가인 것이다.

초대교회에도 예수의 십자가의 고통이 없다고 한 가현론(假現論)의 이단(異端)이 있었다. 현대에도, 복음의 핵심에서 십자가의 고난을 마땅히 제거하여야 할 부정적인 요소로 생각하는, 말하자면 적극적 사고의 심리학이나 행동학의 범주인 문화철학(文化哲學)으로 애써 기독교의 본질을 변질시킬려는 강단이 있고 또 그런 논문이 쏟아져 나온다. 예수는 이러한 베드로의 일체의 사고와 그리고 오해에 대하여 사탄적인 것, 악마적 의식이라고 정의하셨다.

베드로는 변모산(變貌山)의 사건에 참여

베드로에게 있어서 고난과 죽음 앞에 무력하여야 하는 그런 메시아란 도저히 이해되는 것이 아니었다. 그래서 메시아의 죽음을 간한 그를 책망하여 그의 의도와 그의 행위가 악마적인 것이요 하나님의 의도에 개입하는 일이라고 가이사랴 빌립보에서 준엄한 질책을 당한 곤혹스러운 베드로에게 그후 일주 후에 찾아 온 변모산의 경험은 "죽음을 당하여 할 하나님의 아들" 즉 십자가에 달리셔야 할 메시아가 아버지의 뜻이며 세상에 보내신 사역임을 막연하나마 서론적으로 자각하게 만드는 중요한 기회가 된다.

물론 이 이야기의 후반부에서 베드로는 역시 오해에 따른 교정을 다시 받게 되나 그러나 예수의 의도를 하나님이 변증하신다고 하는 서론적인 교정을 재차 받는다.

그리고 오늘의 독자에게는 예수께서 말씀하여 "인자가 영광으로 임하심을 죽지 않고 볼자가 있다" 하신 일이 있거니와 불가사의한 이 약속의 성취가 제자들이 현장에서 목격한 예수의 영광의 변모라고 하는 신비한 경험에 의하여 성취된 것이다라고 하는 다른 복합적인 의미도 있는 것이다.

누가복음 9장 28절에서 36절에 보면, 예수의 모습이 기도하시는 중에 용모가 변화하시고 그 옷이 희어져, 문득 두 사람이 나타나 예수와 함께 대화를 하는데 모세와 엘리야이다.

그분들의 대화가 들리는 데, 예루살렘에서 예수께서 별세하실 일을 의논하고 있는 것으로 기록이 되어 나온다. 그 자리의 제자들은 눈까풀이 무거워 곤하여졌는데 베드로가 마침 깨어나 모세와 엘리야가 떠나감을 보고 조급한 마음에서 무엇인가 생각 없이 한다는 말이 "주여 우리가 여기 있는 것이 좋사오니 우리가 초막 셋을 지어 하나는 주를 위하여 하나는 모세를 위하여 하나는 엘리야를 위하여 정합시다" 하였다.

여기에서도 다시 노출이 된 베드로의 실수와 오해는 주님을 모세와 엘리야와 동격인 성자로 그리고 예수의 메시아 직무가 하늘로 도피하게 될 유형이라고 단정을 한 본질적인 문제의 혼돈이었다.

물론 당시의 베드로의 사정에서 보면 참으로 무리 없는 판단이었다. 그러나 홀연히 구름에 쌓여 저희가 두려워할 때, 구름 속에서 소리가 들려 "이는 나의 아들 곧 택함을 받은 자니 너희는 그의 말을 들으라" (33-35절) 아들에 대한 아버지의 변증이 있었다.

베드로가 주역이 되어 이끌어 낸 드라마는 복음서에 허다하다. 가령 베드로가 예수께 질문을 하여 "몇 번 용서하여야 합니까. 7번이면 족합니까?" 한 일이 있다. 그리고 보니, 베드로에게도 학구적 호기심이 아주 없는 것은 아니다. 예수는 7번의 70번을 용서하라고 하신 후 저 유명한 비유 이야기 즉, 2000만불을 빚진 자가 빚을 탕감받은 후에 200불을 빚진 하인을 감옥에 처 넣었다고 풍자적인 예를 드신 후 "너희가 용서하지 않으면 하늘에 계신 아버지도 용서하시지 않으신다"(마 18 : 35) 말씀한 교훈의 계기가 된다.

다락방에서 최후의 만찬시 예수님 친히 자기와 모든 제자들의 발을 씻어 주신 일에는 어찌 송구하고 또 오래토록 기억이 되는지 베드로는 베드로전서 5장 5절에서 "다 서로 겸손의 허리를 동이라." 이렇게 젊은이들에게 훈계하고 있는 것이다.

베드로의 삼중부인(三重否認)과 회복(回復)

그 운명의 밤, 다락방에 모인 제자들이 죽을지언정 주님을 떠나지 않겠다고 하는 그런 열띤 분위기에서 베드로는 한끝 목청을 돋구어 "다 버릴지라도 나는 그렇게 않겠나이다"(막 14 : 29) 장담하였다.

그러나 그 밤중에 겟세마네에서 잠을 이기지 못한 베드로는 예수가 끌려가는 뒷 모습을 먼 거리에서 몽유병자처럼 따라간다. 제자 요한의 도움으로 용케 대제사장의 저택 안으로 들어선 베드로는 단상(壇上)에서 예수께서 재판 받으시는 그 시각에(막 14 : 53, 55−65) 단하(壇下)에서 불을 쬐며 있다가(막 14 : 54, 66−72) 하복(下僕)과 하녀가 "예수당"이 아니냐고 더러는 넘겨짚고, 한 사람은 묘하게 일이 뒤틀리려고 베드로의 칼에 귀를 부상 당할 때 현장에 있었다고 하는 말에(요 18 : 26) 낚시에 걸린 대어가 물을 차듯 적극적인 부인을 하고 나니 새벽 닭이 두 번째 울었다(막 14 : 72). 베드로는 즉시 주님의 경고가 생각이 나서 목을 놓아 울었다(*RSV* "and be broke down and wept").

이러한 베드로의 삼중 부인은 같은 부인의 3회 반복이 아니라 진행적으로 증폭이 된 성격을 보여 준다. 첫번째는, "나는 네 말하는 것이 무엇인지 알지 못하겠노라"라고 비녀(婢女)에게 그녀의 말을 부정하는 의도였고, 두 번째는 문 앞으로 나오는 가까운 거리에서 또 다른 비녀에게 이 사람이 나사렛 예수와 함께 있었다 질문하니 "내가 그 사람을 알지 못한다.” 자기의 지식을 부인하였고, 세 번째는 가장 심각한 형식으로 요한복음에 의하면 베드로가 칼을 사용하여 대제사장의 종 말고의 귀를 친 일이 있고 현장에 있던 그의 친척이 베드로를 인지하자 베드로는 다급하여 가장 적극적인 부정 형식인 저주의 부인을 한다. 그렇게 최종 단계가 넘어가니 아뿔싸! 두 번째의 새벽 닭이 울었다. 마가복음의 구성에 의하면 상술한 바와 같이 단 위에서는 예수가 심문을 당하고, 단하에서는 베드로가 심문을 당하는 극적인 동시사건(同時事件)이 벌어진다. 그리고 베드로는 완전히 실패한다.

베드로의 부인은 아무리 상황에 몰린 일이라고 해도 변명의 여지가 없는 확실한 자기 의사였다. 그러나 닭이 울자 즉시 주님의 경고가 생각이 났다. 그는 밖으로 나가 심히 울었다. 날이 밝아, 예수는 전혀 가망이 없는 급전직하의 사태가 되고 끝내 정오에 즘하여 진행이 되는 십자가의 처형을 먼 발치에서 무력하게 바라보며, 베드로는 한 없이 울었다.

이윽고 예수는 장사되었다. 예수와 함께 자기 목숨을 바치겠다고 자존심이 대단했던 그가 몽둥이를 맞아 방향 없이 도주하는 ‘들개 한 마리’가 되어 그렇게 무력한 외톨이가 되고만 것이다. 만사는 이렇게 비참하게 그리고 자기는 이렇게 끝이 나고 마는가 생각을 하며, 눈물만 흘렸을 것이다.

그런데 부활의 새벽, 그의 귀가 번쩍 열리는 소식을 들었다. 무덤을 찾아 간 여인들이 “제자와 베드로에게 가서” 예수의 다시 사심을 전하라고 하며 그리고 자기 개인의 이름이 나왔다고 하기 때문이다. 이 소식이 첫 번째의 회복의 신호이다. 천사가 자기의 이름을 찾았다고 하는 것이다.

그러므로 그는 요한과 함께 무덤으로 달려 갔고 선뜻 내실로 들어 간 것이다. 그리고 그날 몇 시경인지 분명하지는 않으나 예수님이 개인의 만남으로 베드로에게 현현하시여 너무 슬퍼 말라 위로를 주셨다. 그후 몇 주간이 지나, 주님은 제자들을 증인으로 저희들 앞에서 사랑을 고백하는 베드로에게 “내 양을 먹이라.” 세 번 간곡한 부탁을 주셨다.

시몬, 그는 드디어 회복이 되어 반석이 되었다. 그후 다락방에서 공동체의 기도회를 인도하는 중 성령이 충만하여 저 유명한 오순절에 사도의 대표적 설교를 행하여 하루에 3000명을 구원하였고 이튿날에는 5000명이 결신을 하였다.

기원 65년 전후하여 베드로는 로마에서 순교하였다. 알렉산드라의 클레멘트가 그의 '그 밖의 문서'에 기록하였다가 후에 유세비어스가 교회사에 수록을 한 그대로를 굿스피드(Edgar J. Goodspeed, *The Twelve*, p. 157)가 옮겨 놓은 글에 의하면 십자가의 거꾸로 달린 자기 앞으로 순교의 처형을 당하기 위하여 끌려 지나가는 자기 처를 보고 드디어 하늘의 본향으로 돌아감을 크게 기뻐하며 "사랑하는 그녀의 이름을 불러 격려와 위로를 하여 '임자여 주님을 기억하시오'"하였고, 이것이 베드로의 최후의 말이었다고 한다.

사람을 인도하는 안드레

부르심을 받음 : 마 4 : 18−20.

예수께 시몬을 인도 : 요 1 : 40−42.

감람산에서 종말사건의 시간을 질문 : 막 13 : 3−4.

광야의 떡의 이적에서 예수께 한 소년을 인도 : 요 6 : 8−9.

빌립과 함께 찾아온 헬라 사람을 인도 : 요 12 : 20−23.

다락방에서 함께 기도하여 성령을 기다림 : 행 1 : 12−14.

안드레는 벳새다의 출생인 갈릴리 사람으로 형제 베드로와 함께 어부였고 그리고 베드로와 집 한 채를 공동명의(共同名義)로 함께 소유하며 그곳에서 생활하였다.

그는 같은 형제이지만, 성격이 베드로와는 아주 상반된 기질이어서 베드로가 폭죽(爆竹)처럼 요란하게 터지기를 좋아하는 편이라고 하면, 그는 밑불처럼 숨쉬며 조용히 열기를 간직하고 기다리는 편이었다. 베드로는 충동적이고 안드레는 조심스럽게 생각하는 사람, 베드로가 앞장을 서서 가면 안드레는 뒤를 따라가는 사람이다. 안드레는, 베드로처럼 예수의 명령에 따라 많은 고기를 잡게 되자 예수 앞에 무릎을 꿇지는 않았으며, 주께 향하여 물 위로 걸어가겠다고 파도 위를 뛰어내리는 일은 하지 않았다. 다급하다고 하여 베드로처럼 말고의 귀를 칼로 쳐 상처를 주는 공격적인 성격이 그에게는 없는 사람이다. 안드레는 조용하고 침착한 사람이었다.

항상 표면에 나서는 그의 형제 베드로에게 가려져 그의 뒷일을 처리하는 입장이었는지 몰라도, 그러나 그의 이름이 안드레 곧 '남자' 또는 '장

30

부'라고 하는 의미라고 하는 점으로 미루어서 이름 그대로 과묵하고 묵직한 장부였을 것이다.

안드레는 복음서와 사도행전에 13번 나온다. 요한복음에 보면 안드레는 3번에 걸쳐 예수에게로 사람을 인도하는 안내자의 역할로 나오고 그리고 3번 모두 사도 요한은 자세히 기록하고 있어서 의미가 있다.

초대교회는 안드레가 가장 먼저 부름을 받은 자라고 하여 '프로토클렛' (protoclete)이라고 불렀다. 첫번째가 된다고 하는 것은 그가 용기가 있는 사람이라고 하는 뜻이다.

나는 1950년대에 육군 군목으로 28사단(師團)의 80연대(聯隊)에 배속이 된 일이 있었다. 당시 우리 부대는 연천의 최전방 부대였다. 그때 나는 문관으로 군목이었지만 이상하게 내 주변에는 80연대 수색중대(搜索中隊) 요원들과 가장 친근한 사귐이 있어, 그 수색중대의 병사들이 자주 진중예배에 나오고 그리고 휴가를 얻으면 귀향(歸鄕)하지 않고 군목실로 놀러와 그대로 휴가기간 눌러 있는 경우가 자주 있었다. 이 수색중대는 적군(敵軍)과 아군(我軍) 중간지점에 늘 매복(埋伏)하여 있다가 상황이 발생하면 가장 먼저 적군의 첨병(尖兵)과 조우전투를 벌이게 되어 있는 중대 병력이다. 그리하여 아군의 주력이 준비를 갖추도록 시간을 얻게 한다.

저희들이야말로 적군이 서울로 들어 오는 길목의 첫 관문의 수문장들이다. 저희들 수색중대원, 백병전(白兵戰)의 용사들, 말하자면 남자 중의 남자들이었다. 그리고 중대장 이 대위(李大尉)는 볼에 지나간 유탄(流彈)이 찢어 놓은 상처로 더욱 돋보이는 쾌남 중의 쾌남이었다. 이들 수색대원들은 참으로 한 가족이다. 저희들끼리만 모여 있을 때 사병들은 중대장을 '아버지'라고 애칭으로 부른다. 나는 지금도 가끔 그들과의 생활을 잊을 수가 없다. 그들은 '프로토클렛' 첫번째로 적과 겨룰 용사 중의 용사들이다.

안드레는 예수를 따라가기로 결심을 행동으로 표시하였다. 그리고 그 뒤를 베드로, 빌립, 나다나엘 이렇게 줄을 있게 되는 것이다. 안드레는 예수와의 첫 만남에서 흔들리지 않는 충성(a never-to-be-broken-allegiance)이 섰다. 그러므로 두 번째의 부름으로 나를 따르라는 주의 말씀을 듣고 별다른 극적인 사건이 필요하지 않았다. 안드레의 응답은 동요가 없었다.

안드레가 보인 사역의 성격은, 예를 들면, 부흥사적 설교사역이 아니라 은근한 개인 전도와 상담의 유형이다. 설교가 투망식으로 그물을 던지는 어부라고 하면, 개인 전도자의 기술은 한 마리 한 마리를 낚아 올리는 절묘한 낚시 기술자라고 비교할 수 있다.

어느 역사가의 기록에 의하면, 메도디즘이 한창 맹렬할 때의 일이라고 한다. 어느 부호집에서 요리사를 모집하는데 감리교 신자는 사절한다고 했다고 한다. 그 이유는 감리교 신도가 채용이 되면, 얼마 안 있어서 가정부가 감리교 신도가 되고 그리고 청소부가 감리교 신도가 되고 아랫층의 잡역인 모두 감리교 신도가 된 후 결국은 온 식구가 감리교 신도가 되고마는 것이 아닐까 하는 두려움이 실제로 있었다고 한다.

우리는 복음서에서 안드레가 중요한 개인을 예수에게 인도한 세 번의 경우를 주목하여야 한다.

첫번째로, 안드레는 그의 형제 베드로를 인도하였다(요 1 : 41 ─ 42)

요한복음의 맥락으로 보면, "우리가 메시아를 만났다 하고 베드로를 데리고 예수께로 오니"하였다.

시몬은 성격이 괄괄하여 매사에 화끈한 성격 때문에 개인전도에 의하여 고분고분하게 "그러냐"고 따라올 사람이 아니다. 그러니 안드레가 "우리가 메시아일지 모를 그러한 랍비 한분을 소개할터이니 어떠냐?" 이러한 의향을 타진하는 일을 하지 않았다. 베드로에게 "어떻게 할터이냐?" 물었다고 하면 "웃기는 소리 말어, 그런 사람이 어디 한 두 사람이더냐?" 등을 돌려 다시는 들으려고 않았을 것이다.

그러나 안드레의 어투는 단호, 간결, 확실, 요지부동의 내용이다. "형

제 시몬을 찾아 말하되, 우리가 메시아를 만났다 하고" 그것뿐의 본문이
다. 중언부언 말을 많이 하여야 남이 듣는다고 생각하는 사람, 그것은 오
판이다. 말은 적게 끊어 간단 명료하여야 상대의 마음을 잡는 법이다. 베
드로 같은 위인도 꼼짝없이 낚시에 걸린 대어(大魚)처럼 예수에게로 인
도되었다. 예수에게와 예수와 만나면 그것으로 끝이 난다.

예수는 첫번 만남의 첫마디에서 "너는 바위이다!" 하는 풍자로 그를
자기 사람으로 묶었다. 그러고 보니 '시몬 베드로의 작전'에서는 안드레
와 예수는 호흡이 들어 맞았다.

사실 진정한 전도는 자기 가정식구에게서 시작이 되어야 한다. 의외로
몇 천원의 선교비, 몇 만원의 헌금을 출연(出捐)이 쉬워도 자기 가족에
게 전도하기란 용이하지 않은 경우가 있다.

혹 이러한 진상은 인용하지 않은 것이 현명할는지는 모른다. 이야기인
즉, 한국 고아들의 아버지라고 너무나 유명한 모 외국의 세계적인 부흥
사가 계셨다. 그가 조직한 세계적인 기구나 그가 한국 동란시에 한국국
민에게 끼쳐준 공헌은 참으로 위대한 것이 있다. 나는 그의 감동적인 설
교를 여러 번 통역을 한 일이 있다. 그러나 나는 그가 말년에 참으로 가
련하고 쓸쓸한 모습으로 휠체어에 앉아서 망연자실(茫然自失)한 무기력
의 모습이었던 것을 지금도 불행한 기억으로 간직하고 있다. 그가 백발
이 되어 의기소침한 마지막 모습이 나의 슬픈 기억으로 음각(陰刻)이 된
이유는 그의 사랑하는 딸이 자살을 하였기 때문이었다. 그 평생의 유명
한 부흥사, 무수한 고아들을 돌보던 그가 자기 딸의 불행을 막지 못한 충
격에서 재기불능의 백발노인의 가련한 모습이 되고 말았기 때문이다.

그러나 나는 이 계제에 무디 선생의 일화 하나를 더 추가하여 상술한
이야기가 던진 침울한 분위기를 씻으려고 한다. 무디 목사의 일화에 의
하면, 그분이 전에는 구두수선공이었었다고 한다. 틈틈이 집에 송금을
하였고 디스카운트로 좋은 구두를 사서 식구들에게 자주 선물을 하였다.

그러한 그가 예수를 구주로 영접한 후 집안식구들에게 전도하려고 귀
가했는데 그것이 그렇게 쉬운 일이 아니었다고 한다. 밭일을 도와 감자

34

씨를 밭에 심으면서 전도를 하는데 어찌나 요령부득인지 무디가 무슨 말을 하는 것인지 왜 그렇게 말을 끌어내는 것인지 종잡을 수가 없었다고 한다. 무디 같은 미국이 나은 대부흥사도 그에게만은 개인 전도는 곤혹스러운 사역이었던 모양이었다.

두 번째로, 안드레가 사람을 주께 인도한 경우는 네 복음서가 다 기록을 하고 있는 떡의 이적과 관련이 된다

그 상황을 설명하자면, 우선 갈릴리의 주위를 뛰어 예수의 일행이 배로 떠난 다음, 다음의 도착지점까지 따라온 많은 군중들의 존재를 염두에 두어야 한다. 그와 같이 달려 온 군중들이 종일토록 예수의 설교를 듣다가 이제는 주렸다고 하는 심각한 상황이 생겨났다. 그 많은 주린 배들이 어떻게 채워져야 하는가, 마을은 멀리 떨어져 있는 광야 복판이다. 마치 과거 이스라엘 사람들이 모세를 따라와 광야에서 주렸다고 하는 절박한 사정과 흡사하게 되었다.

영의 갈급함은 만족이 되었으나 시장하고 주린 군중은 무서운 집단으로 변한다. 주린 군중은 인내심이 없다. 이러한 절박한 사정에서 당황한 제자들은 "무리들을 돌려 보내셔야 합니다"(마 14 : 15). 더 사태가 악화되기 전에 저희들은 진언을 한다. 그러나 예수는 제자들을 시험하시려고 "어디에서 이 무리들을 위하여 먹을 것을 살꼬" 말씀하신다. 빌립의 답변은 한 개인이 1년간 일한 임금으로 계산을 하여 200데나리가 최소한의 비용이라고 하였다.

그런데 안드레가 입을 열어 "여기 한 소년이 있습니다" 하였다.

우리는 안드레의 이러한 등장을 주목하여야 한다. 보리떡 다섯 개와 물고기 두 마리가 전부라고 하는 한 소년의 점심 내용과 그리고 그 소년의 사정을 자상히 알고 있는 안드레의 지식은, 안드레에게 그러한 자상한 내용을 알게 한 만큼의 그 소년과 그 사이에 밀착이 된 우정관계가 그 하루 사이에 있었다고 하는 자연스러운 해석이 가능하다. 어린 소녀와 소년의 우정은 쉽게 자기가 가지고 온 점심 사정을 공개한다. 우리도 자기의 점심 사정을 알리고 그리고 점심을 자기와 단 둘이 하자고 하던 그런 어린 시절이 있었다.

우리는 청소년의 친구이어야 한다. 도시락을 세 개나 싸가지고 아침 일찍이 집을 나서는 벌써부터 오늘의 무거운 짐을 걸머진 우리의 소년들을 깊이 동정하여야 한다.

나는 아침 강의장으로 나가기 위하여 아침 6시에는 시외로 달리는 버스를 집어 탄다. 많은 경우 신도림 입구에 있는 정류장에 잠간 멎었을 때, 창문 밖 바로 앞에 서 있는 학원 건물 안으로 줄을 지어 빨려 들어가는 배낭 차림의 그 많은 남녀 청소년의 집단을 보면 참으로 침울하여진다. 영. 수. 국어. 최고 실력의 강사들의 총집결이라고 써붙인 색색의 현수막이 20여 개나 마치 행여의 만장처럼 늘어진 그 건물이 그렇게 추하게 보일 수가 없다. 그리고 나는 21세기의 한국을 환상으로 내다본다. 그것은 아무래도 살벌한 미지의 이질 사회처럼 느껴진다.

안드레는 한 소년의 겸허한 도시락 사정을 소개하였다. 그러나 그 결과는 초대교회가 가장 소중히 여기는 그리하여 네 복음서에 모두 수록이 된 광야의 잔치가 된 것이다.

한 선교신학자가 이렇게 말한다. 어느 교회에서 일주 내내 열정적인 부흥회가 끝나고 헌신자를 초대하는 시간에, 그 결실은 단지 한 소년만이 앞에 나와서 무릎을 꿇었다고 한다. 그러한 교회의 뒷 잔치의 쓸쓸함은 표현키 어려운 무거운 분위기일 것이다. 부흥사의 불같은 외침이 가져온 결실이 이와 같이 공허함을 말해 주는 듯하다. 그러나 그 한 소년이 훗날에 아프리카를 미래의 광명으로 문 열어준 저 유명한 성자 리빙스톤(David Livingstone)이었다고 한다. 아프리카의 흑인들은 그의 심장을 선교지에 묻고 그의 시신을 웨스트민스터 사원으로 도보로 운반하여 왔다.

또한 이러한 기록을 읽은 일이 있다. 유럽의 어느 미술관에, 화가 머리로(Murillo)가 그린 성 안드레의 순교의 모습이 걸려 있다고 한다. 그런데 화가 머리로는 시간을 초월하여 그 순교의 현장에 서서 눈물을 흘리며 얼굴을 돌리고 지켜보는 한 소년을 세워 놓았는데 그가 안드레에게 자기 점심을 바친 그 소년의 이미지라고 하는 감동의 걸작이라고 하는 것이다.

성숙한 크리스찬들은 우리 소년, 소녀에 대한 깊은 관심과 애정을 이 주일학교의 성자(the patron saint of Sabbath schools)에게서 배워야 하는 것이다.

셋째로, 안드레는 이방인을 인도하였다(요 1 : 20 ~ 33)

예수의 공생애의 사역이 종막을 내리려고 하는 그러한 때의 어느 날이다. 명절에 성전예배에 찾아 온 헬라인들이 빌립에게 청하여 "선생이여, 우리가 예수를 뵈옵고자 하나이다"하였다.

짐작컨대, 빌립이라고 하는 이름이 희랍 사람의 이름이기 때문에 제일 먼저 그에게 찾아왔을 것이다. 그러나 빌립은 즉각 안드레에게 도움을 구하였다. 안드레와 빌립이 함께 예수에게 같이 가서 예수에게 말씀을 드린다.

만일 그 사람이 베드로에게나 야고보나 요한에게 찾아가 부탁을 하였다고 하면 그들의 성격이나 그리고 예루살렘으로 오는 도중 베드로가 어린이와 부녀자가 축복을 원하는 노상에서 예수에게 접근하려고 하자 저지한 일이 있고 그래서 예수에게 책망을 당한 베드로나, 오는 도중에서 사마리아 촌에서 불친절에 화가 치밀어 하늘에서 "불을 내릴까요"라고 응수한 요한과 야곱의 심경을 전제로 할 때 이러한 침통한 최후의 분위기에서 저희들은 "무슨 이방인들의 참견이냐, 주님은 잃어버린 이스라엘을 찾아오신 분이요"라고 현관에서 완강히 거절을 했을 것이다.

이와 같이 지혜 있는 헬라 사람들은, 헬라 이름을 갖은 빌립에게 청하였고 빌립은 또한 늘 사람을 주께 인도하는 큰 아량을 지닌 안드레에게 협력을 청한 이 맥락이 참으로 리얼한 현장의 맥락인 것을 주목하여야 한다.

안드레와 빌립이 헬라 사람을 주께 인도하자, 주님은 깊은 구원의 진리를 피력하신다. "인자의 영광을 얻을 때가 왔도다(요 12:23b) 내가 진실로 진실로 너희에게 이르노니 한 알의 밀이 땅에 떨어져 죽지 아니하면 한알 그대로 있고 죽으면 많은 열매를 맺느니라"(24절).

"자기 생명을 사랑하는 자는 잃어버릴 것이요 이 세상에서 자기 생명을 미워하는 자는 영생하도록 보존하리라"(25절).

"사람이 나를 섬기면 나를 따르라. 나 있는 곳에 나를 섬기는 자도 거기 있으리니 사람이 나를 섬기면 내 아버지께서 저를 귀히 여기시리라"(26절).

예수님은 구약의 율법과 예언 전통과 무관한 헬라 이방인들에게 자연법의 변증으로 구원을 설명하여 하나의 생명이 죽음으로 많은 열매를 맺는 이치를 설명하였다.

이 세상을 사랑하사 독생자를 주신 아버지 하나님의 사랑을 저희들에게 설명하신 주와의 만남에서 저희들이 무엇을 깨달았으며 저희들의 만남의 결과가 무엇이었는지 알 길이 없으나, 그러나 외증(外證)에 따른 전승에 의하면 이때의 일행 중에는 훗날에 누가복음과 사도행전의 저자가 되었고 그리고 사도 바울의 주치의가 된 누가가 섞여 있었다고 한다. 물론 확실하게 고증할 길은 없다.

부활 이후에 40일간 제자와 함께 계신 주가 마지막 주신 선교대명은 땅끝까지 찾아가 복음을 전하고 제자를 만들라고 하신 지시였다. 우리는 헬라 사람을 예수에게로 인도한 긍정적인 안드레의 행위에서 가히 오늘의 선교사상의 유형을 찾을 수 있고 그리고 외인선교의 최초의 타입을 보는 것이다.

안드레의 이야기를 맺으면서

우리는 그의 인격에서 몇 가지의 원숙한 인격의 특징을 주목하여야 한다. 그것은 안드레가 항상 두 번째의 위치(a secondary spot)를 잘 지켜 왔다고 하는 사실이다. 마가복음 3장 18절에 나오는 제자들의 명단에서는 안드레는 네 번째로 나온다. 마태복음 10장 2절과 누가복음 6장 14절에서는 그의 위치는 베드로 다음의 두 번째로 나오며 그를 설명한 베드로의 형제라고 한 단서와 같이 나온다.

요한복음 6장 8절 보면, 점심을 가지고 온 그 소년을 안드레가 예수에게로 인도한 맥락에서 요한복음의 독자들이 정확하게 이해하도록 도와 주기 위한 수단으로서 "시몬 베드로의 형제 안드레가…"라고 단서를 추가하였다. 그러니까 당시의 독자들에게 안드레는 그의 이름이 뛰어나게 유명하지 않았다고 하는 상황을 짐작하게 한다. 다시 말하여 늘 베드로의 형제라고 하여 베드로의 그늘에 자기 위치를 정한 느낌이 든다.

더욱 확실한 사실은, 그는 12제자 중 내원에 끼어들지 못하였다고 하는 것이다. 그래서 야이로의 딸이 다시 살아나는 치유의 현장에 없었고, 변모산의 눈부신 영광을 목격한 일이 없다. 심지어는 겟세마네 동산 예수와 함께 기도하는 자리에서 제일 가까운 앞줄, 예수의 기도의 음성이 들리는 자리에서 베드로 야곱 요한이 있었던 그 자리에 참여할 권한이 없었던 제자였다.

구약의 용사 '브나야'는 그의 전과가 혁혁하여 시위대장을 삼았으며 "세 용사 중에 이름을 얻고 30인보다 귀하다. 그러나 첫 3인에게는 미치지 못하니라"(대상 11 : 24-25)라고 기록이 된 인물이다. 그러나 이 '브나야'는 30인보다 존귀하고 첫 3인 안에는 들지 못하였다고 한 경우와 신약의 안드레의 경우는 너무나 흡사한다.

안드레는 다른 8인 제자보다는 더 존귀한 인물이지만 그러나 정점에 있는 베드로, 야곱, 요한의 3인의 반열에는 들지 못하였다. 그러나 이러한 그의 자리는 그의 능력 때문에 일어난 서열이 아니라 그가 자기 분수와 자기의 설 자리를 스스로 그와 같이 결정한 그의 인격의 원숙함 때문이라고 해석이 된다. 이와 같이 뒤에 지켜 선 그의 원숙성은 그가 처음 세례 요한의 제자였을 때 선생 요한에게서 배운 귀한 덕성이라고 생각을 하는 성서신학자들도 있다.

세례 요한은 예수를 앞세우고 그 뒤에 자기의 위치를 정한 덕성의 인
격자였다. 신약에 의하면 예수는 '말씀'(the word)이지만 세례 요한은
'소리'(the voice)라고 겸손하였다. 자기는 광야의 소리라고 겸손하였고
예수는 이스라엘이 기다려 온 메시아, 자기는 그의 앞길에서 뛰는 전령
(傳令)이라고 천명을 하였다. 그러나 세례 요한의 최후는 메시아의 죽음
의 예형(豫型)이었다.

이러한 두 번째의 자리에서 앞으로 밀고 들지 않으려는 자기 비하(卑
己卑下)의 덕목(德目)은 쉬운 것이 아니다. 그리고 세례 요한에게서 비
웠을 것이다.

건실한 교회는 어떠한 교회인가. 베드로 같은 인물이 많아서는 안 되
며, 안드레 같은 인물이 회중에 많아야 건강하고 건실한 교회라고 의미
심장한 말을 한 교회신학자들도 있다.

성격이 급한 야고보

부름을 받음 : 마 4 : 21, 막 1 : 19, 20, 눅 5 : 10, 11.
열두 제자가 됨 : 마 10 : 2, 막 3 : 14, 눅 5 : 6, 13, 14.
변모산에 참여 : 마 17 : 1, 막 9 : 2, 눅 9 : 28.
겟세마네 동산에 참여 : 마 26 : 36−37, 막 14 : 33.
헤롯에게 참수(斬首) 당함 : 행 12 : 1−2.

예수의 12제자 중에서 유별나게 불같이 급한 성격 때문에 예수께서 "보아너게의 지식들" 곧 "우뢰의 자식들"이라고 별명을 주신 형제가 있었다(막 3 : 17). 야고보와 요한 형제였다. 어떤 의미에서는 베드로도 급한 성격인 듯 생각이 된다.

그러나 이들 형제가 하나님의 아들과의 접촉으로 인격의 변화가 일어났다. 요한은 '사랑의 사도'가 되었으며 야곱은 의를 위하여 고통의 극한을 참고 견디어 낸 최초의 순교자가 된 것이다. 우리는 야고보의 인격과 사람됨에서 네 가지의 원색적인 측면을 응시한다.

첫째로, 야고보는 예수의 제자 중 가장 친밀한 내원의 세 사람 중 한 사람이었다(a member of the inner three)

안드레가 시몬을 찾아 예수에게로 인도한 거와 같이 이름 없이 '다른 제자'라고 기술이 된 짐작컨대 요한이 자기 형 야고보를 예수에게로 인도했을 것이 거의 확실하다.

안드레와 베드로, 그리고 요한과 야고보의 두 쌍의 형제의 경우는, 처음 예수를 만난 후 예수의 공생애에 참여하거나, 저희들의 생업인 고기 잡이를 교차적으로 진행하는 일을 당분간 이어가는 어간에 가나의 혼인 집에서 물이 포도주로 변하는 첫번째의 표적과 야곱의 우물가에서 사마리아 여인이 구원받는 경험을 현장에서 목격한 후, 전적으로 헌신을 위한 두 번째의 부름을 받았다.

이 두 번째의 부름을 입을 때, 야고보와 요한 형제는 어망을 깁느라고 한참이나 바쁠 때였다. 그 자리에는 아버지 세베대가 함께 일을 하고 있었다. 세베대는 자기 어선이 있고, 어부들을 고용한 부요(富饒)한 자산가였다고 생각이 된다. 그래서 남쪽 예루살렘에 어물을 판매할 특약점(特約店) 같은 것을 차리고 귀족층과 대제사장 저택에 자주 출입을 하여 왔기 때문에 요한복음 18장 15절같이 얼굴이 익은 사도 요한이 예수의 재판 받으시는 그 저택에도 아무런 거리낌이 없이 출입이 가능했음을 설명해 주는 배경이 된다.

그의 부친 세베대는 이러한 어업에 능숙한 솜씨를 익힌 야고보와 상류 사회에 얼굴이 잘 알려진 요한 두 형제에게 사업의 희망을 걸어 앞으로 어떻게 가업을 번창시킬건가 의중에 계획이 있었을 것이다. 그런데, 두 형제와 아버지가 배에서 그물을 깃는 현장을 지나가시는 예수님의 눈길이 저들을 사로 잡은 것이다. 저희들에게 나를 따르라, 사람을 낚는 어부가 되게 하리라 하신 것이다(마 4 : 18이하, 눅 5 : 10-11).

아마도 그 상황을 재현하면, 해가 지면 고깃배를 띄우려고 부자가 시간이 없어 급하게 그물을 수선하고 있는데 "나를 따르라 하시니" 즉시 두 형제가 배와 부친을 버려두고 예수를 따라 갔다고 하니, 상황의 혼란과 부친의 경악은 그림을 보듯 훤하다. 주님의 부름을 입을 때에 이것은 과거와의 단절이 빚는 혼란인 것이요, 필연 불가피의 혼란인 것이다.

안드레가 베드로의 뒤에서 후원자처럼 자기의 위치를 늘 정하는 것과 같이 야고보는 형이면서 자기 동생 요한의 그늘에 서 있기로 자리를 정한 사람이 되었다. 야고보의 이름은 요한을 떠나 단독으로 나오는 일이 없고, 요한은 또한 한번도 자기 형 야고보의 이름을 언급한 일이 없다.

야고보가 처음 등장하는 최초의 언급에서는, 세베대의 아들이라고 나오며 최후의 언급인 사도행전 12장 2절에서는 요한의 형제 야고보라고 나온다. 이와 같이 잘 알려진 인물과 연결이 되어 나오는 야고보가 신약의 네 곳(마 10 : 2, 막 3 : 17, 눅 6 : 14, 행 1 : 13)에 나오는 12명의 제자 명단에서는 언제나 요한보다 먼저 그의 이름이 자리를 정하고 있어서 우리의 주목을 끈다.

이와 같이 야고보가 요한보다 먼저 나오는 순위는 야고보가 요한의 형이기 때문인 것이다. 그래서 성서학자들이 요한보다 나이가 많은 그를 가리켜서 "큰 야고보"(James the Great, James the Major) 또는 "형 야고보"(James, the Senior)라고 부른다.

그러나 예수께서 야고보를 부르신 것만이 아니라 그로 하여금 내원의 친밀한 제자로서 각별히 가까이 하신 데는 주의 명확한 의지가 있는 것이다. 가령 베드로는 지도자이기 때문에, 요한은 예수의 사랑하는 제자이기 때문에, 그리고 세 사람 중의 나머지 마지막의 야고보는 그의 인격에서 그가 아니고는 대신할 수 없는 미래의 드러날 위대한 가능성을 이미 아셨기 때문일 것이다.

베드로, 야고보, 요한 이 세 사람은 다른 제자들이 보지 못한 현장을 목격하는 증인(證人)이 된다. 가령, 야이로의 딸이 살아날 때 그의 차가운 시신이 일어나는 것을 놀라운 큰 눈이 되어 목격한다. 변모산에서 보여 주신 예수의 영광의 본체를 눈부신 광망(光芒) 속에 "이는 내 사랑하는 아들이라"하신 하나님의 음성과 함께 그 현장을 목격한다. 겟세마네 동산에서는, 한 밤중의 고요 속에 땀방울이 핏방울이 되는 고독한 고통의 기도를 올리시는 하나님의 아들의 기도를 가장 가까운 거리에서 지켜보며 그분의 통곡과 오열(嗚咽)을 들었다.

예수님은 이 세 사람이 앞으로 초대교회의 지도자가 되어야 할 재목들이기 때문에, 능력과 영광과 고독의 현장을 함께 할 동반자로 선택하였다. 그러한 결과로서, 장차 야고보가 서야 할 자리는 사도행전에서 두 번째의 기록이 된 순교자(행 7 : 59-60, 12 : 2)의 자리였다.

두 번째로, 야고보의 불 같은 복수심(His venzeful zeal)이 그의 개성이었다(눅 9:51-56)

변모산의 영광을 경험한 후 얼마 안 되어 예수의 갈릴리 사역이 끝날 무렵이었다. 주님은 사마리아를 통하여 예루살렘까지 제자들을 인솔하여 지나가실 때이다.

야고보와 요한 두 제자를 앞서 보내어, 그 밤에 투숙할 민박(民泊)을 찾도록 하셨다. 짐작하건대 나머지 일행은 그간의 먼지 이는 보행으로 다리는 아프고 사정없이 쬐는 태양으로 지쳐 있어 시원한 물에 발을 씻는 일과 가정 취사로 준비된 음식과 편한 한때의 휴식이 간절하였을 것이다.

그런데 앞서 주선을 위해 나갔던 두 제자들이 돌아오는데 몹시 흥분해 있지 않는가. 사마리아 사람들이 일체 유대인 여객들은 사절한다고 하여 거절당하고 빈손으로 돌아왔다는 이야기이다. 성깔이 불붙은 야고보는 "주여 과거 엘리야가 한 것처럼 하늘에서 불을 내리기를 원하시나이까." 화가 머리 끝에 와 있었다.

과거 아하시아의 수하(手下) 50명이 엘리야를 잡으려고 왔을 때 "하늘에서 불이 내려와 저희들을 삼킬 것이다." 말하니 그대로 되었다. 두 번째로 파견이 된 50명도 몰살을 당하고 세 번째로 온 왕의 수하들은 두려워 항복하여 오니 엘리야가 저희들과 동행하여 아하시아 왕궁으로 갔다고 하는 고사(古事)가 왕하 1장 9절 이하에 나온다.

사실 예수께서 두 사람씩 짝지어 문도들을 파송하여 전도하게 하셨을 때, 동리 사람이 음식과 쉴 곳을 제공하기를 거부하면 소돔과 고모라의 운명보다 가혹한 운명을 맞게 될 것이라고 언급하신 일도 없지 않았다(참조, 마 10:14-15). 그러나 이 경우는 복음의 선포를 거부할 시 종말적으로 맞게 될 운명에 관한 해석인 것이다.

그러나 야고보와 요한은 모욕을 모욕으로 되갚으려는 응수요 그리고 개인의 복수심리가 구약에 있는 비근한 선례로 정당화 될 수 없는 것이다. 그러므로 예수님은 책망하셨다.

우리는 야고보와 그의 형제의 말을 비난하기 쉬우나 그러나 우리들 자신도 종종, 남에게 모욕을 당하면 참기가 그리 쉬운 일이 아님을 우리 자신들이 잘 안다.

세 번째로, 야고보는 지나친 야심가였다(마 20：20－28, 막 10：35－45)

여러 번의 경우에, 예수께서는 확실한 언어로 예루살렘으로 올라 가시면 많은 고난과 그리고 끝내는 죽음이 온다고 하셨다. 제자들은 그 말씀을 문자 그대로 받아들이지 않았고 예수의 진의를 전혀 이해하지를 못하였다(눅 18：31－34).

십자가 사건을 눈앞에 둔 최후의 여행에서도 저희들은 저희들의 수고의 대가로 주어질 권익을 기대하고 있었다고 하는 증거가 없지 않다(마 19：28).

예루살렘에 당도하면, 당국과의 충돌이 불가피하고 예수의 죽음으로 끝이 날 것을 완전히 착각하여, 하나님의 나라가 세워질 터이니 누가 최상의 위치에 앉을 것인가 그것만이 모두의 생각이었다.

얼마 전 베드로에게 천국의 열쇠를 주신다고 하신 말씀을 듣고 적지 않게 충격을 받은 듯 싶은 야고보와 요한은 모친을 동원시켜 주의 나라에서 주의 좌우편의 자리에 있도록 명하소서 요구하였다(마 20：21).

사실 따지고 보면, 세베대의 두 아들 야고보와 요한은 예수의 제자 누구보다도 기득권을 버리고 예수의 뒤를 따라온 사람일 것이다. 아버지 세베대의 넉넉한 재산과 그리고 그간에 예루살렘에 닦아 놓은 ‘마케팅’을 남에게 넘겨 주고만 결과가 된 것이다. 그러한 배경을 깔고 생각하면 이 두 형제의 요구가 이해가 간다. 더구나 이 형제들은 어머니편에서 예수와는 종형지제간(從兄之弟間)이다. 그 형제의 어머니는 예수의 이모(姨母)에 해당이 된다는 이야기다.

교회의 주도권을 정치적으로 장악하고 그리고 자기의 이익과 자기의 맥을 같이 하는 사람들만 중심에 모으려고 한 초대교회의 정치 공작과 술책의 사람 디오드레베(Diotrephe)라고 하는 자 때문에 사도 요한까지도 멸시 당하는 경우가 발생하는 일이 많은 시간이 흘러 후에 온다(요 3 : 9 － 10). 이러한 야심과 공작은 초대교회나 중세나 그리고 지금에 와서 더욱 만연하고 있는 교회 정치의 일면이기도 하다.

두 형제의 요구에 대한 예수님의 답변은 "내 잔을 마시며 나의 죽음의 세례를 받을 수 있는가"였다. 저희들은 깊은 생각 없이 "할 수 있다"라고 대답한다. 그러나 저희들은 영광의 관(冠)이 아니라 십자가(No crown but the Cross)의 처형인 것을 미처 깨닫지 못하였다. 다락방에 모였을 때도 저희들은 이 같은 망상에서 아직 잠이 깨지 않은 상태였다. 그러므로 아무도 동료들의 흙 묻은 발을 씻으려고 하지 않았다.

네 번째로, 그러나 야고보는 순교자가 된 최초의 제자이다(행 12 : 1 － 2)

구체적으로 신약에 기술이 되어 나오는 기록은 두 제자의 최후뿐이다. 하나는 야고보의 순교이고 다른 하나는 배신자 유다의 말로이다. 야고보의 순교는 베드로가 오순절 예루살렘 광장에서 성령 강림 직후에 행한 저 유명한 설교가 기록이 된 시간 맥락에서 10년쯤 지나서 찾아온, 참으로 간결하면서 냉혹한 참수형(斬首刑)에 관한 기록으로 밝혀진다.

헤롯대왕의 손자가 되는 헤롯 아그릿바가 유대인들의 지지 기반을 확고하게 다지기 위하여 교회 박해를 시작하였다. 그리하여 누구를 먼저 손 댈 것인가 하는 중에 당시 예루살렘 사람들이 증오하는 대상인 가장 적극적인 예수의 제자 야고보를 살해하기로 결정한다. 다시 말하여 반기독교, 반교회 측에서 판단하여 야고보가 베드로보다 우선으로 제기되어야 할 위험 인물로 선정이 된 것이다.

신약의 맥락으로 판단하면, 야고보는 결코 눈부신 각광을 받는 인물이 아니었다. 야고보의 기록은 처음의 거동과 그리고 중간을 비약한 후 그의 목이 잘리기 위하여 등장을 하는 것으로만 나와 참으로 그의 사역을 추측하기가 곤란하다. 가령, 야고보는 예수가 처형이 된 후 갈릴리로 옛 직업인 고기잡이로 복귀한 7인 중에 끼어 나오고 다락방에서 기도한 12 제자 중에서 언급이 된다(요 21 : 1-2, 행 1 : 13). 그리고 베드로가 고넬료 문중에게 말씀을 전하여 그러한 이방인과의 직접적인 접촉이 아직 예루살렘에서 비판이 되었을 시에 야고보는 아직 예루살렘에 있는 것으로 암시가 된다(행 11 : 1).

그런 후에 그간의 시간을 건너뛰어 사도행전 12장 1절에서 2절에 와서, "그때에 헤롯왕이 손을 들어 교회 중 몇 사람을 해하려 하여, 요한의 형제 야고보를 칼로 죽이니" 이렇게 갑자기 그의 순교 사실이 언급이 된다.

그러나 서반아(西班牙) 기독교의 전통에 있는 비화(秘話)에 의하면 오순절 이후 10년 간 야고보는 당시의 땅끝인 서반아에 찾아와 선교 활동을 하였고, 그러한 의미에서 제자 중에서 예수의 선교대명인 "땅끝까지 복음을 전하고 제자를 삼고 세례를 주라"하신 그 명령을 당대(當代)에 실천한 단 한 사람은 야고보뿐이라고 하는 가능성을 생각하게 한다.

당시 사정으로 유명하게 알려진, 서반아의 '디아스포라'에게 복음을 전하고 10년만에 예루살렘으로 돌아온 야고보는 헤롯 아그릿바의 안목에서 가장 위험한 인물로 판단이 되었고 제일 먼저 제거되어야 할 지도자로 지목이 되었을 것이다. 그리하여 야고보는 지금도 서반아 교회의 수호자(守護者)의 영광을 차지하고 있는 것이다.

우리는 왜 하나님이 야고보는 순교하도록 방임하시고 그리고 베드로는 이적으로 옥에서 풀려나게 하셨는지 그 이유를 알지 못한다. 그러나 분명히 아는 것은 초대교회는 그가 순교한 후 빈자리를 결코 맛디아의 경우와 같이 다시는 보충하지 않았다고 하는 엄연한 사실이다. 그의 영광은 아무 누구도 보완할 수 없는 최초의 순교 제자인 것이다.

예수의 품에 의지하여 있는 자, 요한

요 13 : 21 - 30.

제자로 부르심 : 마 4 : 21, 막 1 : 10, 눅 5 : 10.

사도로 임명 : 마 10 : 2, 막 3 : 17.

무리한 요구와 책망 : 마 20 : 20 - 23, 막 10 : 35 - 40, 눅 9 : 49 - 56.

예수의 인성과 신성을 선언 : 요 1 : 1, 요일 1 : 1 - 5.

예수가 요한을 사랑함 : 요 13 : 23, 19 : 26, 21 : 7, 20.

예수의 모친을 보호하도록 위임 받음 : 요 19 : 27.

베드로와 함께 산헤드린에 출두 : 행 4 : 13.

순종을 권고 그리고 거짓 교사를 경계 : 요일 1 - 5장.

하늘에 계신 그리스도의 영광을 눈으로 봄 : 계 1 : 12이하.

천사의 예배를 거부 : 계 19 : 10, 22 : 8 - 9.

주의 속히 오심을 기도 : 계 22 : 20.

예루살렘의 성문은 닫치고 해는 졌는데, 다락방에 묵묵히 모여 앉은 예수와 12명은 최후의 만찬을 이 다락방에서 하기로 되어 있었다. 방안에 들어서자 모두가 각기 앉은 자리에서 한동안 움직이지를 못하는 듯 보였다. 그 저녁은 그 만큼이나 모두 심신이 피로하였다.

예수는 저희를 사랑하시되 끝까지 사랑하셨다. 베드로와 다른 제자들의 발을 차례로 씻어 수건으로 닦아 주신 후, 저희들에게 이같이 본을 보이시기 위하여 하신 것을 지금은 깨닫지 못할 것이나, 후에는 알게 될 것이라고 조용조용 교훈을 하신 후 식탁 중앙에 앉으셨다.

요한복음 13장 21절에 보면, 저자 요한은 예수의 심령이 민망하여 이 밤은 참으로 보기에도 딱할 만큼 심난한 것으로 묘사하였다. 예수는 그러한 분위기에서 "너희 중 하나가 나를 배신하여 팔아 넘길 것이다"라고

47

뜻밖의 말씀을 하셨다. 그 자리에 있던 모든 제자들은 모두 놀랐다. 베드로는 머리짓을 하여(이 말을 RSV에서는 "Peter beckoned to him"이라고 번역하였다. 즉 예수의 얼굴을 정면으로 바라보며) 누구인지 말하라 되물었다.

25절에 보면, 사도 요한은 예수의 가슴에 그대로 의지하여 "주여 누구오니이까" 물었다. 예수는 떡 '한 조각을 찍어 주는 자가 바로 그 사람이다' 하시면서 가룟 유다에게 주셨지만 그 밤에 예수의 조각을 받아 먹은 자가 그 한 사람만이 아니고 또 예수가 그에게 속히 할 일을 하라 내 보내시니 그는 아무에게도 의심의 눈치를 보이지 않은 채로 그 조각을 받아 먹은 후에 나가니 밤(어둠)이었다.

대충 이것이 저자 요한이 그 운명의 마지막 밤을 기술한 현장 묘사이다. 긴장감을 높인 드라마의 전개와 현장 재현이 지극히 뛰어난 저자 요한은 그러한 비감(悲感)한 분위기를 조화시키는 표현으로서, 우리의 미소를 자아내게 만드는 무사기한 천진스러운 인물 하나를 표출시켜 놓았다. 우리 인간의 일상생활에서 경험하는 슬픔의 자리에서도 그러한 나무랄 수 없는 역작용(逆作用)은 있는 법이어서… 여기 예수의 품에 기대어 있는 사도 요한이 있는 것이다.

다 빈치(Leonard da Vinchi)의 명화 최후의 만찬에 나오는 사도 요한은 둥근 얼굴에 소녀 같은 웃음을 짓고 흰손을 얌전히 포개 잡고 있는 모습이다. 화가들이 표현하는 사도 요한의 얼굴에는 깔그러운 수염이 없다. 학자들은 그가 예수의 제자가 되었을 때의 그의 나이가 20이 못되는 10대 후반의 소년이었다고 본다.

얼마 전, 미국 인구조사에 의하면, 한 해 남아로 태어난 600만이 요한이라고 하는 작명(作名)을 하였고, 그 다음 300만이 야고보이고 토마스는 200만이며, 베드로의 이름을 따라 작명한 사내아이는 30만이 넘을 정도라고 하였다. 이러한 비율을 서양권 전역으로 확대하면 단연 요한이라고 하는 작명으로 해마다 얼마나 많은 남아가 태어나는가 짐작이 간다.

예수이 제자 요한은 본래 그의 형제 야고보와 함께 동료 안드레, 베드로와 더불어 가버나움에서 어업(漁業)에 종사하였다. 요한의 부친은 세베대이다(마 10 : 2).

이 가버나움은 해발 100미터나 내려 앉은 동리이고 해면 수위보다 훨씬 아래에 처진 갈릴리 바다가 지리적으로 더운 지중해 해안선과의 마찰로 돌풍(突風) 같은 기상변화가 심한 곳이므로 이 갈릴리 호에서의 어업은 바닷사람 만큼이나 노동력이 필요하고, 돌풍과 싸우며 파도넘어 배를 젓거나 사정없이 쬐는 태양 아래 암반 위에서 그물을 펴 말리거나 수선을 하여야 하는 어부들의 손마디는 굵고 피부는 구리같이 검게 익어 소년 요한도 나이는 10대이지만 이러한 튼튼한 장부의 몸매였다고 생각을 한다.

본래 사도 요한은 처음 세례 요한의 제자였었다. 그러다가 세례 요한의 증거로 안드레와 함께 예수에게 옮겨와 몇 마디를 나누는 중에 오랫동안 기다려 온 메시아가 이분이라고 하는 확신이 섰다. 당시 그에게 찾아온 전환의 계기가 너무나 생생한 기억으로 간직이 되었기에 요한은 그 후 60년이 지난 후에도 요한복음서에 기록하기를 그 일이 있은 때가 그 날의 제10시였다고 시간을 기억하고 있을 정도이다(요 1 : 35−39).

1980년대 이후이 최근의 요한신학에서는, 요한복음의 구성이 빛과 어둠, 신앙과 불신앙, 생명과 사망 등의 이원론(二元論)의 특성으로 되어 있는 이유를 설명하여 전자의 불트만(Bultmann)의 비판처럼 요한복음이 2, 3세기의 희랍주의의 영향 때문이라고 따라가는 것이 아니라, 저자 요한이 본래 광야의 사람인 세례 요한의 제자로 있을 시 받은 영향 때문이고 그리고 광야의 문서인 사해 두루마리(1947−)에 보면 요한복음과 일치하는 특성의 문서가 발견이 된다고 하는 움직일 수 없는 근거 위에서 새로운 확신을 전개한다.

신약에서 보면 사도 요한은 요한복음, 요한계시록, 요한 1, 2, 3서 등 5종류의 저술을 남긴 위대한 저자이다. 다락방에서 예수의 품에 기대어 앉은 가장 나이 어린 소년, 예수의 재판의 현장에 베드로를 따라 오라고 앞장을 서 대제사장의 저택 뜰 안으로 들어간 요한, 뒤따라 오던 베드로가 3중 부인의 수모를 당한 후 밖으로 허전히 사라진 후에도 홀로 더 안으로 들어가 예수의 심문현장을 목격한 요한, 제자들 모두는 도망을 하였으나 십자가 옆에 지켜서서 주가 모친을 위탁하실 때 기진한 마리아를 속히 예루살렘의 모처로 귀가를 시킨 후 황급히 형장으로 돌아와 "목 마르다"와 "다 이루었다"의 십자가에서 하신 최후의 말씀을 직접 들었으며, 이윽고 많은 피와 물을 흘리심을 목격한 제자 요한, 십자가 위에서의 예수의 이러한 양 같은 철저한 순종의 모습을 시종 지켜보았기 때문에 훗날에 "세상 죄를 지고 도살장으로 끌려 가시는 하나님의 어린양"이라고 하는 놀라운 주제의 설교자가 된 요한이다.

부활의 아침에 베드로와 함께 빈 무덤의 소식을 듣고 베드로보다 앞질러 무덤까지는 달려갔으나 베드로의 뒤를 따라 들어가 보고 그 비밀을 안 요한, 갈릴리의 호반에서 새벽이 뿌옇게 동틀 무렵 빈 그물만 건져 돌아올 때, 배 오른편에 그물을 던져라 개입하는 육지의 사람의 말대로 마지막 그물을 던져 153마리의 큰 고기를 들어 올리면서, 아침 햇살을 등진 그 뿌연 실루엣의 사람을 "주시다!" 제일 먼저 알아 본 눈이 밝은 제자 요한!

위에서 언급한 대로 개략적으로 보아도 사도 요한은 언제나 그런 결정적인 때의 현장에 참여한 초대교회의 가장 중요한 증인이다. 그는 베드로와 깊은 우정이 있는 사이여서 항상 베드로와 함께 예수의 제자 중에서 내원(內圓)에 속하는 한 짝이었다.

그후에 예수께서 아버지께로 가신 후, 사도행전 4장 20절에 보면 베드로와 함께 심문 받는 산헤드린 앞에서 "보고 들은 바 진리를 말하지 않을 수 없다"고 할 때 그 심문장에 힘이 있었으며, 빌립이 사마리아에서 부흥을 일으킬 때에 현장의 조사를 위하여 예루살렘에서 내려 올 때도 베드로와 함께 동행하였다(행 8 : 14).

성전 미문 밖의 앉은뱅이를 "금과 은은 내게 없거니와 나사렛 예수의 이름으로 일어나라"하여 이적으로 치유하였을 때(행 3 : 6), 요한은 마침 늘 하던대로 베드로와 그 시각에 성전에서 기도하기 위하여 함께 출입을 하고 있었다.

그후 사도 바울이 유대교에서 개종하여 14년만에 예루살렘으로 찾아 갔을 때 갈라디아 2장 9절에 보면, 바울은 요한과 베드로와 예수의 형제 야고보 이렇게 초대교회의 기둥격인 세 사람을 만났다고 증언하고 있다.

다시 우리는 다락방에 모인 최후의 만찬의 자리를 회상하여 예수의 품에 기대어 앉은 사도 요한이 그후 초대교회의 역사 맥락에서 어떠한 발 자취를 남겼는가의 대충 일부를 추적하여 보았다. 이번에는 사도 요한의 사람됨을 긍정과 부정의 이분법(二分法)의 원리에 의하여 고증하려고 한다.

첫째로, 그의 생애의 초기에서 보는 편견과 성급한 성격이다

사람마다 타고난 성격의 바탕이 있다고 한다. 그가 세례 요한의 주변 에서 선뜻 예수에게로 사상의 전환과 편력을 했다고 하는 것과 아버지 세베대와 함께 어망(魚網)을 깁다가 아버지의 만류에도 불구하고 그 자 리에서 아버지와 그물을 두고 아버지의 노여움과 고함소리를 뒤로 하며 즉시 예수의 제자로 몸 던져 여행을 시작한 것도 그렇다. 이것을 예수 연 구에서는 두 번째의 제자의 부름이라고 한다.

사도 요한의 성격은 그 천진한 소녀 같은 용모와 끈끈한 애정과는 달 리 대쪽 같은 급한 성격의 다른 일면이 또 있다. 부전자전격(父傳子傳 格)으로 그의 아버지 세베대의 불같은 성격을 이어 받은 근본 바탕이라 고 하여야 할 것이다.

한번은 이런 일이 있었다. 마가복음 9장 38절에서 40절(참조, 눅 9：49−50)에 보면, "요한이 예수께 여짜오되 선생님 우리를 따르지 않는 어떤 자가 주의 이름으로 귀신을 내어쫓는 것을 우리가 보고 우리를 따 르지 아니하므로 금하였나이다"라고 요한의 행위를 기록하고 있다.

사정이 아마 이런 것으로 짐작이 간다. 요한이 우연히 어느 마을 어귀 에서 많은 사람들이 모여 구경하는 틈에 끼여들어 현장을 보았다. 그랬더니 사람들이 모여 구경하는 사정이란, 생판 얼굴을 모르는 작자가 예수의 이름을 불러 귀신들린 사람을 고치고 있는 것이다. 둘러선 구경꾼들 목전에서 귀신이 신음을 지르며 그 귀신 들린 사람에게서 나가고 그 사람이 제 정신을 찾는 것이 아닌가! 사람들이 그 이적을 현장에서 보고 큰 감동을 받았다. 그러자 요한은 발끈 불쾌한 생각에서 큰 소리로 "당신이 뉘시요, 나는 예수의 제자란 말이요. 나는 당신의 얼굴을 본 일도 없는 사람이요. 그러니 함부로 우리 선생의 이름으로 이런 일이랑 하는 법이 아니오!" 그것은 시비였다. 그리고 즉시 돌아와 예수께 보고 한 것이다.

요한의 대쪽 같은 성격이 단적으로 드러난다. 그러나 예수님은 요한을 책망하여 하신 말씀이 "급하지 말라, 내 이름을 의탁하여 능한 일을 행하고 즉시 나를 비방할 자가 없느니라. 우리를 반대하지 않는 자는 우리를 위하는 자니라"(막 9 : 39, 40) 하였다(참조, 눅 9 : 50).

예수께서 이 무명의 치유사(治癒師)를 용납하신 이유가 아마도 요한의 보고 내용이 훗날에 사도행전 19장 13절에서 14절에 등장하는 유대의 한 제사장 "스게와의 일곱 아들"처럼 돈을 받고 예수의 이름으로 사귀를 쫓거나 병을 고치는 직업인이 아니라고 판단하셨기 때문일 것이다.

이 요한의 급한 성격을 말해 주는 기사가 또 한곳 나온다. 예수와 일행이 사마리아를 거쳐 갈릴리로 내려갈 때는 이곳 사람들의 후한 인정을 경험하고 대접을 받은 경험이 있는 터에 이번 예루살렘으로 올라가는 길에서는, 사자들을 앞서 보내어 예수의 일행을 맞을 준비를 하려고 한 일이 있는데도 저희들이 도착을 하고보니(눅 9 : 51-) 맞아 주는 사람 한 사람도 없어, 이미 인정이 식어 민심이 돌아선 것이었다. 야고보와 요한이 이를 보고 가로되 "주여, 우리가 불을 명하여 하늘로 좇아내려 저희를 멸하라 하기를 원하시나이까"(54절) 하였다.

예수께서 돌아보시고 꾸짖으시고 함께 다른 촌에 가시니라. 이렇게 누가복음에 나온다. 그러나 다른 사본에 보면, "너희는 자기 행위를 너무도 모르고 있구나, 인자가 온 것은 사람의 목숨을 멸하게 하려함이 아니요 구하려 왔노라!"라고 되어 있다.

이만 하면 사도 요한의 자연인으로서의 적라(赤裸)한 성격을 참으로 알만하다. 오죽하면, 마가복음 3장 17절에서 제자들에게 별명을 주실 때 세베대의 아들 야고보와 동생 요한에게는 "보아너게" 곧 우뢰의 아들(Sons of Thunder)이라고 하는 성격묘사를 별명으로 주셨겠는가.

그러나 이들이 변한 것이다. 사도행전 12장 1절에 보면 야고보는 제자 중 최초의 순교자가 되어 헤롯왕의 칼에 목이 떨어졌다. 그리고 사도 요한은 참으로 사랑의 사도로 변한다.

두 번째로, 생애 후반에 접어들면서, 사도 요한은 사랑의 사도, 교회의 감독, 장로, 저술가, 그리고 신학자로 원숙하여진다

일반적으로, 성서의 매 페이지마다 '하나님의 사랑'이 가득 언급이 되어 있는 것으로 생각을 하기 쉬우나, 구약의 전부를 열어 보아도 그리고 신약의 중요 부분의 전부가 지난간 후 요한서신에 가서야 요한일서 4장 16절에 와서 "하나님은 사랑이시니라"(God is love). 비로소 이러한 정언(定言)이 나오는 것이다.

사도 요한이야말로 이 놀라운 정언 "하나님은 곧 사랑이시다." 이 맥심(Maxim)을 선언할 자격이 있는 것이다. 어언간 혈기 방자한 청소년이 예수의 인격과 교훈에서 이와 같이 원숙하여진 것이다. 사도 요한의 이 놀라운 설교를 들어 보라.

하나님의 사랑이 우리에게 이렇게 나타난 바 되었으니 하나님이 자기의 독생자를 세상에 보내심은 저로 말미암아 우리를 살리려 하심이라(요일 4 : 9).
사랑은 여기 있으니 우리가 하나님을 사랑한 것이 아니요 오직 하나님이 우리를 사랑하사 우리 죄를 위하여 화목제로 그 아들을 보내셨음이니라(요일 4 : 10).

사랑하는 자들아 하나님이 이같이 우리를 사랑하셨은즉 우리도 서로 사랑하는 것이 마땅하도다(요일 4:11).
어느 때나 하나님을 본 사람이 없으되 만일 우리가 서로 사랑하면 하나님이 우리 안에 계시고 그의 사랑이 우리 안에 온전히 이루느니라(요일 4:12).

이 노사도(老使徒) 요한의 사랑 설교는 그의 인격이었다. 그의 신학이었다. 그의 생활이었다. 이 요한서신을 읽으면서 "소자들아" "아이들아" "사랑하는 자들아" 이와 같이 애정이 담긴 칭호와 함께 그의 입김을 느끼게 하는 설교에서 우리는 그의 원숙한 사랑을 보는 것이다.

그러나 이와 같이 표시된 노사도 요한의 사랑은 결코 노망이나 맹목의 것이 아니라 그 속에 강철 같은 의지가 심지처럼 들어가 있는 인격인 것이다. 그의 복음서와 서신들을 연구한 성서학자들은 그의 사랑이 양새끼를 노리고 습격하는 이리로부터 지키려는 독수리의 눈을 가진 수호자의 사랑이라고 한다.

그러므로 영지론(靈知論)이 교회 안에 침투할 때에 "태초에 말씀이 계시니라. 이 말씀이 하나님과 함께 계셨으니 그는 곧 하나님이시니라. 그가 태초에 하나님과 함께 계셨고, 만물이 그로 말미암아 지은 바 되었으니 지은 것이 하나도 그 없이는 된 것이 없느니라"(요 1:1-3). 그의 복음서 초두에 언명하여 영지론자들이 예수는 피조물이며 하나님과 같은 자리에 있을 수 없고 창조주가 결코 아니라고 하는 철학적 도전을 명쾌하게 거부하여 그리고 그리스도론을 영원히 수호한 것이다.

또한 하나님은 물질인 육체로 온 일이 없다고 하는 가현론(假現論) 이단에게 준 반론으로 "미혹하는 자가 많이 세상에 나왔으니 이는 예수 그리스도께서 육체로 임하심을 부인하는 자라 이것이 미혹하는 자라. 적그리스도니"(요 2:7)라고 반박하였다.

전설에 의하면 한번은 에베소에 있는 공중목욕탕에 들어갔다가 그 욕탕에 이단 영지론의 대표인 세린터스(Cerinthus)가 있는 것을 보고 함

께 들어간 동료들에게 "빨리 밖으로 도망하세 진리의 적이 여기에 있
니 지붕이 무너질 것일세!" 고함을 치며 튀어 나갔다고 하니, 말년 노
도의 기백을 보는 것 같다.

결론으로, 소아시아가 연고지인 이레니어스(Irenaeus)는 요한의 제
폴리캅(Polycarp)을 알고 있었고 사도 요한이 트리얀 황제 때에 에베
에 살고 있었다고 언급한 일이 있는데 이 트리얀 황제는 서기 98년에
제가 되었다. 여러 가지의 근거로 보아, 사도 요한은 기원 100년 그의
이 90세까지 장수한 것이 틀림이 없다.

그가 참으로 장수하므로 아시아 교회에서는 그를 장로(長老)라고
경으로 불렀다. 그러한 애칭이 요한계시록에 "장로 요한"이라고 나오
배경으로 이해되며, 참으로 장수하므로 기원 90년부터는 아마도 예수
서 재림할 때까지 죽지 않을 보장을 받은 사도라고 와전(訛傳)이 돌
그래서 요한복음 21장에서 본인이 "예수 오실 때까지 그를 머물러 있
한들 네게 무슨 상관이냐 베드로는 나를 따르라"라고 하는 가정법(假
法)이며 보장이 아니라고 해명을 하여야 할 필요가 있었다고 하는 정
였다.

우리는 여기에서 하나의 교훈을 지적하여야 한다. 만년에 원숙한 인
은 10대나 20대의 초년의 신앙이 중요하다고 하는 것이다. 왜냐하면
리는 다락방에서 예수의 품에 의지한 요한을 회상하기 때문이다.

신중한 성격의 빌립

부름을 받다 : 요 1 : 43.
열두 사도로 선택이 됨 : 마 10 : 3, 막 3 : 18,
눅 6 : 14, 요 12 : 22, 행 1 : 13.
다락방에서 질문하여 책망을 받음 : 요 14 : 8−9.

　　교회의 당회 소집이 있어, 교회의 신축을 위한 기본 계획을 놓고 회의가 있는 경우에, 여러 당회원들은 각기 그 안에 대하여 찬반을 표시할 것이다. 그러한 회의에서 반드시 한 사람쯤은 빌립을 닮은 발언을 하는 이가 있는 법이다. 그래서 건축비의 조달은 어떻게 하며, 건축 헌금이 무리가 없을까, 회중들에게 이러한 부담이 과중하지 않을까, 그리고 지금이 그러한 건축의 적기인가 등등 여러 측면에서 거부하는 동기가 아니라 하나하나 신중하고 조심성 있는 검토와 적절한 여과를 거쳐야 한다고 하는 견해가 반드시 나온다.

　　우리는 그러한 견해를 피력하는 유형의 사람을 쉽게 열두 사도 중에서 원형적으로 빌립의 성격이라고 한다. 그는 부정을 위한 부정이 아니라 건실한 신중론자(愼重論者)인 것이다.

　　빌립이라고 하는 이름의 어원은 '말을 사랑하는 자'의 어의라고 한다. 혹 북쪽 갈릴리 지역에 강력한 인상을 남겨준 마게도니아의 알렉산더 대왕이 이유가 되어 그의 아버지 빌립이라고 하는 성명이 일반화되는 경향에서 하나의 이름으로 뿌리를 내린 것이 아닌가 하는 견해도 있다. 아니면, 북부 관할을 책임진 분봉왕 빌립의 왕명을 따라 그의 아버지가 자기 아들의 이름을 빌립이라고 작명하는 관행을 따랐는지도 모른다.

그의 배경이 헬라 사람의 혈통이었을 거라고 하는 암시가 있어서, 예수께서 앞날에 유대인만이 아니라 헬라인에게도 복음이 선포되어야 할 가능성을 예견하시고 그를 열둘 중의 하나로 부르셨을까.

그의 부모는 알려진 바가 없다. 그러나 벳세다는 안드레와 베드로의 고향이기 때문에 그와는 어린시절부터 사귐이 있는 사이라고 보아야 하고(요 1 : 44), 벳세다 사람들의 주된 업종이 어업이므로 따라서 그도 어부라고 하여야 자연스럽다. 빌립도 메시아를 찾는 일에 안드레와 베드로와 공감이 형성이 된 신앙의 벗들이었다. 이러한 경로에서 그 역시 주로 어부로 구성이 된 "사람을 낚는 어부들"의 '차터멤버'가 된다.

빌립의 성격은 그의 오랜 친구인 베드로와 정반대이다. 갈릴리 바다 위를 물을 밟고 걸어간 그 밤에, 빌립은 배 안에 머물러 있었다. "물이 대지가 아니라 액체인 것은 어린아이도 아는 상식이 아닌가. 어쩌자고 뛰어내린담. 물 속에 빠지고 말일이 뻔하지 않는가." 베드로는 신앙의 모험으로 걸었으나 빌립은 다른 오랜 친구인 안드레와 함께 배 안에 있기로 마음 먹는다.

예수의 원 제자 빌립은 초대교회 시대에 많은 자선금을 희사하고 그리고 사마리아로 성공적인 전도를 전개한 빌립 집사와 혼돈해서는 안될 별개 인물이다. 빌립 집사는 또한 에디오피아의 고관에게 복음을 전하였고 그리고 신약 중에서 "전도자"라고 기록이 된 유일한 인물이다. 이 집사는 딸이 네 명이었고 모두 예언을 하여 바울이 최후에 예루살렘 여행을 가는 도중 지극한 심정으로 접대한 일이 있다(행 6 : 5, 8 : 12, 26－40, 21 : 8－9).

우리가 여기에서 언급하는 제자 빌립은 주로 요한복음에 나오고, 그리고 다음 네 가지의 시각에서 그의 인물됨에 관한 에피소드를 정리하여야 한다.

첫째로, 나다나엘에게 증거할 때, 그는 신중하였다(요 1 : 43−46)

빌립은 당초부터 메시아를 기다리는 경건한 네 사람 안드레, 베드로, 야고보, 그리고 요한의 무리에 속한다. 위의 네 사람과 그리고 나다나엘이 가세하여, 저희들은 구약의 약속을 상고하면서 이스라엘의 위로를 탐구하였다.

요한복음에 보면, 안드레가 베드로를 예수에게로 인도한 다음 "이튿날 예수께서 갈릴리로 나가려 하시다가 빌립을 만나 이르시되 나를 따르라 하시니"(1 : 43)라고 기록이 된 것으로 미루어, 안드레와 베드로가 빌립에게 예수를 증거했을 가능성이 크다. 베다니와 갈릴의 중간쯤인 어느 지점에서 예수님은 빌립을 제자로 부르셨다. 그러나 예수님은 우연하게 빌립을 만난 그런 사람이 아니라 세례 요한의 제자로 있는 무리 속에서 그를 알고 있었을 것으로 사려된다. 그러나 본문의 맥락이 서본 고증으로 정확한 문절(RSV)로, 여기에서 주목하여야 할 점은 예수께서 스스로 갈릴리로 가시기로 결정하고 빌립을 추적하여 만났다고 하는 두 사람의 접촉의 성격인 것이다.

선한 목자이신 예수는 양을 찾아 오신다. 빌립에게 해당이 되는 만남은 모든 순수한 회심과 공통의 것이다. 사실적으로 우리의 결단은 먼저 주께서 우리를 찾으시니 우리가 응답을 하는 것이다.

가령 삭개오가 나무 위로 올라간 것은 예수의 걸음을 멈추게 할 의도가 아닌 예수의 모습을 한번 보려고 한 것이었다. 그러나 걸음을 멈추시고 위를 보시고 그를 부르셨고 그의 집에 임하시겠다고 선결적(先決的)인 말씀을 하신 것은 주이시다. 그러므로 그 이야기의 매듭을 짓는 문절에서 "인자의 온 것은 잃어버린 자를 찾아 구원하려 함이라"(눅 19 : 10)라고 적절하게 요약이 되어 나온다.

예수의 부름에 빌립은 긍정적인 응답을 하였다. 흥미있는 교회의 전통에 의하면 "제자 중에 또 하나가 가로되 주여 나로 먼저 가서 내 부친을 장사하게 허락하옵소서"(마 8 : 21) 말한 그 제자가 바로 빌립이었다고 한다. 이 전승이 정확하다고 하면, 그의 신중하고 또 우유부단한 성격에 걸 맞는 유추(類推)라고 할 수 있다. 그러나 확실한 것은 그의 응답에 그리 많은 시간이 걸린 것은 아니라고 하는 점이다. 빌립의 결심이 좀 늦는 편이나 그러나 경솔함이 없고 그의 깊은 마음에서 우러난 것이다.

빌립은 자기의 결단이 서자, 즉시 자기의 친구 나다나엘에게 달려간다. 이 행동이 빌립의 최초의 전도이다. 그는 새로 찾은 생명에 흥분하였다. 감사의 감격이 솟아 그를 행동하도록 촉발시킨 것이다. 빌립은 나다나엘에게 말한다. "모세가 율법에 기록하였고 여러 선지자가 기록한 그 이를 우리가 만났으니 요셉의 아들 나사렛 예수니라"(요 1 : 45).

빌립이 나다나엘에게 증거하는 시점에서 빌립은 이미 예수가 구약의 율법과 예언이 약속한 메시아이심을 확신한다. 그러나 빌립의 증언은 나다나엘의 반문에서 벽에 부딪친다. 나다나엘은 "나사렛에서 무슨 선한 것이 날 수 있느냐." 이 한마디의 반문으로 그의 권유를 봉쇄한다. 논리적으로 예루살렘이야말로 메시아가 출현할 더 합리적인 고장이 아니냐 하는 암시이다.

상식으로 말하면, 나다나엘의 이러한 차가운 응수에 빌립의 감정이 상처를 받고 볼멘소리로 비양거리거나, 아니면 예수로 인해 구약의 약속이 모두 성취된 이유를 자기의 소신대로 나열할 수도 있다. 그러나 그러한 토론 대신에 간단하게 한 마디 "와 보라"(46절) 하였다. 논거(論據)가 확실한 토론도 신앙의 근거이다. 그러나 이러한 토론의 방법으로 상대를 능가할 수는 있으나 토론으로 이긴다고 하여 하나님의 나라로 이끌지는 못한다.

교과서적으로 말을 한다고 하면 나다나엘과의 만남에서 빌립이 취한 태도가 최상의 것이라고는 하지 않는다. 이와 같이 쉽게 자기 논리의 한계를 인지하는 그의 태도는 매사에 적극적인 것보다는 신중한 소극성을 보이는 성격에 기인하기 때문이다.

그러나 논리의 역점을 주의 인격에 의존하는 방법론은 매우 현명하다. 이러한 방법을 현대의 번안으로 수정을 하면, "나는 자네의 이론을 당하

60

지 못하네. 그러나 자네의 반문에 대답을 해주실 분을 소개할터이니 다음 주일에 교회로 가 보세. 내가 10시 정각에 자동차로 픽업하겠네"라고 하는 우정 있는 권고가 될 것이다.

빌립의 전술은 적중하였다. 나다나엘은 예수와의 단 한번의 만남으로 예수께서 메시아이심을 고백한다. 예수의 열두 제자의 순서가 빌립이 다섯 번째가 되고 그리고 나다나엘은 여섯 번째가 된다. 훗날에 둘씩 짝을 지어 전도로 파송이 될 때 그는 자연히 나다나엘과 한짝이 된다.

두 번째로, 5000명을 먹이신 떡의 이적에서 그는 당초에 산술적인 가능성만을 생각하였다(요 6:5－14)

1900년대의 이야기이다. 미국 오하이오주 데이돈 시의 어느 목사는 조간신문에 실린 기사에서 앞으로 인간은 새처럼 하늘을 날게 될 것이라고 하는 레오나르드 다빈치의 날틀의 삽화가 곁들여진 미래학의 견해를 읽었다.

그 목사는 하나님이 당초에 인간을 창조하실 때 공중을 날으도록 의도(意圖)하시지 않았으니 하나님의 창조 명령에 대한 거역이라고 하는 논점에 맞추어 인간은 결코 그런 허황된 꿈을 실현할 수도 또 그래서도 안된다고 하는 연구논문을 게재하기 시작하였고 그의 세련된 반증논문(反證論文)은 수년에 걸쳐 그 신문에 연재되어 나왔다.

그 목사가 그와 같이 신학논쟁에 몰두하고 있는 동안 라이트 형제는 정반대의 일에 몰두하였다. 오늘 인간은 항공과학의 경이로운 발전을 성취하였고 그리고 데이돈 시에는 그 라이트 형제의 이름으로 기념하는 공항이 있으나 그러나 지금에 와서 그 유명했던 목사의 이름을 아는 사람은 거의 없다.

수천명이 넘는 군중이 광야에 집결을 하자 예수는 빌립에게 "저희들이 먹을 떡을 어디에서 구입하랴" 말씀하신다. 예수의 의도는 이미 성취될 결과를 보시고 질문하셨으나 빌립의 소견은 불합격의 것이다.

빌립은 군중의 요구를 충족시키면 자기의 일년간의 수입으로도 약간씩 시장기를 면하게 할 정도라고 하는 생각에서 "200 데나리의 떡이라고 하여도 이 주린 무리들을 만족시킬 수 없을 것입니다"라고 답한다. 이러한 사고의 틀은 기계적이고 산술적이고 방법론적이고 실질적이다. 전사의 선례가 없으면 한 발도 앞으로 전진을 못한다. 이것이 상식의 귀납(歸納)이다.

그러나 빌립의 계산은 신앙과 단절이 된 수학이었다. 그러므로 빌립은 협소한 시계(視界)의 사람이라고 할 수 있다. 확증이 있어야 하고, 계산기 같이 십진법(十進法)에 의해서만 사리를 판단한다. 예수께서 여하한 위기에서도 넉넉하신 주이심을 생각 못한다. 그에게는 이적(異蹟)이 일어날 여지가 없다.

신앙의 가능성으로 그를 교육하기를 원하신 예수는 이 많은 사람들을 먹이려고 하면 떡이 얼마나 들겠는가 질문하셨다. 빌립이 참으로 상상력이 없는 답변을 하고 있는 동안 예수는 한 소년의 도시락을 들고 서 있는 안드레를 바라보신다. 빌립이 환상이 없는 계산을 언급하는 것과는 반대로 안드레는 "여기 한 아이가 있어 보리떡 다섯 개와 물고기 두 마리를 가졌나이다. 그러나 그것이 이 많은 사람에게 얼마나 되겠삽나이까"(요 6 : 9)라고 주께서 무엇인가 하실 수 있으시다고 하는 서론적인 기대를 걸서 서 있었다.

안드레의 믿음이 시작이었다. 아무리 보잘것없는 씨앗과 같은 작은 출발이라고 할지라도 예수는 그 소년의 도시락을 풍성한 양이 되게 하시므로 큰 무리가 배불리 먹고도 열두 광주리의 부스러기가 남는 축복을 하신다.

그러한 현장의 목격자가 된 빌립은 그후부터 그의 치밀한 산술의 계산 속에 하나님의 이적을 가산하는 지혜를 터득하였을 것이라고 생각을 한다. 그는 비로소 깨닫게 된 것이다. 즉 주의 손에 잡힌 작은 것은 이미 작은 것이 아니라고 하는 진리이다.

교회 공동체는 신중한 지도자를 필요로 한다. 그래야 공동체 생활에

62

있어서 무리한 예산 초과의 확장이나 낭비적인 행사 같은 무궤도한 행동을 피하게 한다. 그러나 신앙 공동체에는 또한 하나님께서 작은 것과 미천한 것을 통하여 행하실 위대한 역사에 대한 신뢰가 있어야 한다. 소수 청교도의 메이플라워, 공산독재의 붕괴, 그리고 철의 장막과 죽(竹)의 장막 뒤에 성장하는 교회, 북한의 구령(救靈)운동은 모두 오병이어의 이적과 같은 이적으로 성사가 될 하나님이 사역이 아닌가.

치밀하고도 신중한 산술적인 두뇌와 그리고 철저한 분석과 탐구의 학문 그 자체가 불신앙은 아니다. 빌립과 같은 두뇌의 소유자가 따사로운 애정이 그 마음에 없다고 하는 것이 아니다. 그의 타당한 논리적 추적으로 이 사태는 불가능이다라고 결론을 내리고 마는 포기상태가 시정이 되어야 한다. 역사적으로 불가능하다고 판단이 된 것이 오히려 위대한 가능으로 뒤바뀐 일이 비일비재하다. 주께 향한 무제한의 신앙이 당초에 빌립에게 없었다고 하는 것이 반성이 되어야 할 교훈이다.

이스라엘이 홍해를 앞에 두고 진퇴양난이었을 때, 하나님은 물을 가르셨다(출 14 : 8-31). 감옥에 갇힌 베드로는 내일 아침이면 참수형이 기다리고 있었다. 그러나 하나님은 그의 쇠사슬을 푸셨다(행 12 : 1-10). 절대절명(絕對絶命)일 때 주를 앙망하라. 우리의 불가능이 주의 개입으로 위대한 가능과 성취가 된다.

세 번째로, 헬라 사람이 찾아왔을 때 빌립은 우유부단하였다(요 12 : 19-22)

요한복음에 의하면 나사로가 살아난 후 "보라 온 세상이 저를 쫓는도다"(12 : 19)라고 바리새인들의 불만이 대단하였다. 그러한 예수의 명성의 실세를 증명하여 저자 요한은 다음의 20절의 연속적인 문절에서 "명절에 예배하러 올라온 사람 중에 헬라인 몇이 있는데"라고 언급을 한다. 여기에 등장한 헬라 사람은 진정으로 진리를 탐구하려고 한 구도자들이다. 저희들은 나름대로 진리의 빛을 밝힌 소크라테스나 플라톤이나 아리스토텔레스의 제자들이라고 하여야 할 구도하는 헬라인들이다.

군중의 외곽에서 이 유명한 스승의 교훈을 현장적으로 들은 일이 있는 이들 헬라인들은 예수와의 인터뷰를 원하였다. 누구를 통하여 신청을 할 것인가. 저희들은 빌립을 선택하였다. 빌립이란 헬라 사람의 이름이 아닌가. 혹 빌립이 벳새다 사람이기 때문에 과거부터 친분이 있는 사이였는지 모른다. 좌우간, 저희들은 빌립에게 "선생이여 우리가 예수를 뵈옵고자 하나이다"(21절) 신청을 한다.

그러나 빌립은 저희들을 즉시 대동하여 예수에게로 가지 못하였다. 그가 멈짓한 것은 저희가 기피하여야 할 이방인이었기 때문이다. 전자에 예수께서도 "차라리 이스라엘 집의 잃어버린 양에게로 가라"(마 10 : 6) 말씀하신 일이 있지 않는가. 이들 헬라인들은 사마리아인들보다 더 천한 이방인이 아닌가. 빌립의 마음에 갈등이 일어났다.

빌립은 먼저 안드레에게로 간다. 그러나 안드레는 주저하지 않았다. 혹, 안드레는 "무슨 걱정이요. 예수님은 전자에 수로보니게 여인을 용납하시지 않았소. 사마리아 사람을 칭찬하시지 않으십디까." 이렇게 빌립에게 되물었을 것이다.

빌립과 안드레가 인도한 헬라 사람들은 주와의 면접에서 복음서에 기록이 된 주의 말씀 중에서 지극히 소중한 "자기 생명을 사랑하는 자는 잃어버릴 것이요 이 세상에서 자기 생명을 미워하는 자는 영생토록 보존하리라"(요 12 : 25, 32)의 이 말씀을 최초로 듣게 되는 것이다.

본래 타고 난 신중한 성격이 그의 바탕이지만 그는 주와의 사귐으로 그리고 성령의 내주로 인하여 그 성격이 과묵하고 실천력이 뛰어난 인격자로 원숙하여졌다.

미국의 한국교포교회가 미국교회의 건물을 세드는 형식으로 사용하는 교회가 상당히 많다. 그러한 교회를 담임한 교역자가 일차적으로 미국교회를 찾아 갔을 때 당하는 경험은, 위에서 주를 찾아 온 헬라 사람이 신중한 빌립과 부딪친 때의 일차적인 거부감과 같다. 그러나 원숙한 교회 지도자들의 호의로 두 개의 이질적인 문화 배경을 가진 기독교가 한 건물 안에서 시차(時差)를 두어 공동으로 교회를 사용하는 아름다운 결과를 낳은 많은 예가 있다.

네 번째로, 하나님 아버지를 보여 주소서 간청한 빌립(요 14 : 8 - 11)

다락방에서 최후의 교훈을 하시는 주는, 당신께서 아버지께 나가는 유일한 길이심을 언명하신다. 그리고 추가하여 "너희가 나를 알았다면 내 아버지를 알았으리로다 이제부터는 너희가 그를 알았고 또 보았느니라"(7절) 말씀하신다.

그러나 분석적이고 귀납적인 성격인 빌립에게 하나님 아버지는 희미하게 먼 거리에 계신다. 그는 막연하고 답답하였다. 그러므로 질문을 한다. "주여 아버지를 우리에게 보여 주소서 그리하면 족하겠나이다"(8절).

일견, 이 빌립의 질문은 경건한 자의 질문같다. 그러나 몇 가지의 치명적인 결점이 함께 있다. 첫째로, 거기에는 하나님이 물리적 형상으로 자기를 나타내신다고 하는 지극히 원시적인 종교 감정이다. 둘째로, 하나님의 존귀한 본성과 속성이 객관적으로 한번 확인되어야 한다고 하는 숨은 동기이다. 셋째로, 자기와 다른 제자들이 지금껏 예수의 교훈을 들었으나 그것으로는 만족이 안 된다고 하는 또 다른 형태의 불신앙이다.

예수님은 제자들에게 하나님의 영광을 보여 주셨다. 그러한 게재는 여러번의 경우이다. 그러나 빌립의 상식적인 요구는 아직 안개 속에 있는 것과 같이 확신이 없었다. 그래서 아버지를 한번만 보면 모든 막연한 지식이 일괄 타결이 되며 뒤진 것들의 일시에 만회가 된다고 하는 생각이었다. 평상시 전혀 학문의 수업을 제쳐놓고 있다가 기말고사가 눈앞에 다가오자 금식기도를 하는 경우와 같다. 말하자면 일시에 신비경험으로 뛰어넘어가겠다는 산술적인 욕구이다.

예수는 이러한 빌립의 질문에 대하여 "빌립아 내가 이렇게 오래 너희와 함께 있으되 네가 나를 알지 못하느냐. 나를 본 자는 아버지를 보았거늘 어찌하여 아버지를 보이라 하느냐. 나는 아버지 안에 있고 아버지는 내 안에 계신 것을 네가 믿지 아니하느냐. 내가 너희에게 이르는 말이 스스로 하는 것이 아니라 아버지께서 내 안에 계셔 그의 일을 하시는 것이라"라고 권고하셨다.

다시 말하여, 신중하여 무엇이든 일어나는 일을 자세히 살펴보는 빌립이 예수께서 친히 지금까지 행하신 권능과 기사와 이적과 표적을 묵도하였거늘 그러한 목격한 바의 경험이 아직 아무런 의미를 주지 않았느냐 하신 말씀이다.

그러나 한편으로 다시 생각을 하면, 이러한 빌립의 질문이 우리 모두를 위한 지극히 중요한 기독론적(基督論的)인 지식을 터득하게 했다고 하는 것이다. 다시 말하여 빌립에게 주신 예수의 답변은 우리 모두에게 예수가 곧 하나님이시다라고 하는 것, 예수 안에서 하나님이 일을 하셨다고 하는 것, 예수로 말미암아 하나님이 인류를 구원하실 의지를 명백하게 하셨다고 하는 것, 끝으로 예수를 순종하는 것은 하나님을 순종하는 것과 동질의 신앙 행위라고 하는 기독교 신앙의 본질을 천명하여 주셨기 때문이다.

빌립은 신앙이 쉬운 일이 아님을 경험하는 같은 유의 성도들에게 큰 위로가 된다.

오늘 우리의 상황은 과학적 방법과 이론과 근거를 중시하는 세대이다. 많은 사람의 성향이 빌립과 같다. 그러나 빌립은 성실한 질문을 두려움 없이 계속하였고 예수는 그에게 참으로 적절한 대답을 주셨다. 주님은 지금도 우리에게 우리의 한계를 넘어 예수의 권능을 바라보고 위대한 신앙을 소유한 자되라고 말씀하신다.

간사함이 없는 사람, 나다나엘

요 1 : 45-51, 21 : 2.

요즘같이 하루종일 뛰어다니며 매사에 서두르는 현대인들, 동행이 없는 운전석에 혼자 앉아 크고 작은 자기 차를 몰고 나와 그런 같은 사정으로 나온 길을 꽉 메운 자동차의 홍수 속에서 양보 없이 앞을 다투어 신경질적으로 전진만하는 아침, 저녁의 출퇴근 길에서, 이러한 과잉(過剩) 동작의 습성에 빠져 있는 현대인들이 모두 하나같이 정신적으로 불조율 상태라고 하는 심리학적 아브노말에 해당이 되는 것이 아닌가 섬뜩 그런 생각이 들 때가 있다.

사색을 중히 여겨 자기만이 자주 찾아가는 친숙한 공간에서 영혼의 평정을 찾고 인격을 다듬고 구워 지혜를 쌓는 그런 사려깊은 삶을 몸에 익히려고 단련하는 사람들, 깊은 생각과 명상 속에 잠기는 일을 좋아하는 그런 사람들이 과거에는 있었다.

나다나엘은 이러한 조용한 장소를 가진 사람이었다.

예수는 그가 "무화과나무 아래 있을 때"(요 1 : 48) 보신 일이 있다고 말씀하셨다. 기원 1세기의 시간대(時間帶)와 그리고 갈릴리 지역의 맥락에서 이해를 하면, 갈릴리 사람들에게 있어서 무화과나무 그늘이란 자기만의 친숙(親熟)한 말하자면 서재(書齋)나 사랑방과 같은 의미를 지닌다. 이 무화과나무는 대충 땅에서 나무 키가 5미터쯤으로 크고 그리고 가지가 8미터 사방으로 무성하게 덥는다.

갈릴리 서민들은 대체로 단칸 방에서 한 가족이 생활을 하기 때문에 혼자만의 사색을 하기 원하는 사람들은 이런 무화과나무를 찾게 된다.

이 제자는 이름이 둘이었다. 하나는 바돌로매이고 다른 하나는 나다나엘이다. 짐작컨대, 바돌로매의 '바'는 '아들'의 뜻이고 '달마이'의 아들이라고 하는 합성어라고 전제를 하면, 구약시대의 다윗에게 자기 딸을 주어 압살롬의 생모가 되게 한 달마이 왕(삼하 3:3)과 혈통이 관련이 있다고 추적을 하는 성서학자도 있다. 이러한 같은 유추에 따른 다른 견해에 의하면 바돌로매가 애굽의 왕 톨레미 가문과 관련이 있는 집안이라고 하는 비약도 나온다.

그의 두 번째의 이름은 나다나엘이다. 그 어의가 '하나님의 선물'이기 때문에 다른 경우와 같이 예수와의 만남에서 예수께서 주신 이름이 아닌가 하는 생각이 된다.

어떤 이유에서 나다나엘과 바돌로매가 동인이명(同人異名)이라고 생각하는가. 신약에 자리 잡은 첫 세 권의 복음서와 사도행전에 의하면, 열두 제자의 명단이 나올 때 바돌로매는 여섯 번째가 아니면 일곱 번째에 나온다(마 10:3, 막 3:18, 눅 6:14, 행 1:13). 그러나 한번도 나다나엘의 언급은 없다. 요한복음에서는 바돌로매는 한번도 언급이 된 일이 없고 대신에 나다나엘이 제자로 포함이 되며, 요한복음 1장은 그에 대한 언급에서 7절이나 할당을 한다(45-51절). 그리고 요한복음의 끝장에서는 나다나엘이 갈릴리의 가나에서 온 것으로 설명이 되고, 그 역시 어부였을 가능성이 크다(21:2). 이러한 원제자 중에 속하는 바돌로매와 나다나엘은 배제추리(排除推理)의 원칙에 의하여 동일 인물이라고 하여야 자연스럽다.

또 하나의 추리에서, 마태나 마가나 누가복음의 명단에 보면 바돌로매가 빌립보가 항상 밀착이 되어 나온다는 점을 주목한다. 제자들의 이름이 나올 때 바돌로매는 언제나 빌립과 짝이 되어 나오고, 그리고 요한복음에 의하면, 나다나엘을 예수에게로 인도한 사람은 빌립이었다. 바돌로매—나다나엘은 빌립의 친구였다.

교회 전승에 의하면, 사도 나다나엘은 부리기야와 히에라포리스와 알메니어 그리고 인도에까지 그의 선교 활동을 폈다고 전한다. 그의 순교는 사정없는 몽둥이질과 살아 있는 채로 칼로 저미는 가혹한 고문과 그리고 십자가에 거꾸로 달리는 최후를 마지했다고 하며 그의 시신은 자루에 넣어 바다에 던졌다고 한다. 그가 산 채로 칼로 저미는 가혹 행위를 당한 이유로 하여 나다나엘의 상징은 세 자루의 칼이 그려진 상징이거나 어떤 때는 무화과나무로 대신한다고 한다.

나다나엘의 인간성에 관하여 세 가지 시각에서 유추된 명상은 유익한 것이 된다.

첫째로 나다나엘은 하나님의 말씀을 고증(考證)하여 탐구하였다

예수께서 하신 말씀 "네가 무화과나무 아래 있을 때에 보았노라"의 의미는 나다나엘이 조용한 장소에서 기도하고 명상하고 그리고 하나님의 말씀을 탐구하고 있는 모습을 예수께서 보셨다고 하는 의미의 요약적 표현이다. 나다나엘의 친구는 그가 배를 타고 고기잡이를 나가지 않았을 때, 반드시 그가 무화과나무 동산에 있는 것을 안다.

예수가 그를 서슴지 않고 간사함이 없는 유대인이라고 한 이유는 그가 명상의 사람인 것을 아셨기 때문에 하신 평가이다. 나다나엘은 여러 시간을 무화과나무 아래에서 명상하여 그의 영혼이 순결하여지고 그의 인격이 고결하여진 원숙한 인격의 소유자였다.

우리는 온갖 잡음과 소요 속에서 마음이 갈라지고 우리의 신경이 마모(磨耗)되어 만신창이 되고 있었다. 버스나 휴게소나 심지어는 가정에서까지 때를 가리지 않고 격렬한 리듬과 격렬한 몸짓과 감각적인 자극을 강요 당하고 있다. 쉬지 않고 자동화기를 난사하며 상대를 메주가 되도록 구타하는 격투기가 반복적으로 우리 두뇌에 입력이 되는 절구통과 같은 환경 속에서 인격은 고사하고 인간성이 파편으로 조각이 나는 프로세스 속에서 함께 돌아간다. 무엇 때문에 쉴새없이 연정(戀情)의 노래를, 그리고 깔깔거리고 킬킬대는 홍소(哄笑)의 연속인지 정신이 이상하여질 정도이다.

우리는 또한 무엇이 그렇게 밤낮없이 분주하게 서둘러 가야 하는지 알 수 없다. 어느 미국의 설교자는 미국이 도덕적으로 성숙하여지기 위해서는, 초현대형의 스포츠 카를 더 많이 소유하는 것보다 가구점에서 흔들 의자를 더 많이 생산하여야 한다고 풍자로 비판한 일이 있다. 나다나엘의 이야기로 다시 말한다면 더 많은 무화과나무의 그늘을 찾아야 한다고 하는 풍자가 될 것이다.

인격자의 생활에는 사람마다 예외없이 이러한 명상과 기도의 장소가 있었다. 한 밤중의 이삭은 들판으로, 엘리야는 광야를 가로질러 굴 속으로, 예수는 겟세마네의 동산을 찾으신다. 이러한 무화과나무 아래에서만은 눈물을 흘려 하나님께 자신을 드렸다고 어거스틴도 그의 고백에서 말한다.

나다나엘의 "무화과나무 아래"는 기도를 일러준다. 기도는 크리스찬에게 우주의 신비한 가슴에 포옹이 되게 하고 하나님의 능력과 연결이 되게 하는 불가결의 고리이다. 한국의 신도들은 일찍부터 이 기도의 은혜와 능력에 젖었다. 새벽마다 교회를 찾는 경건한 홍수가 개교회의 새벽 제단을 찾는다. 한국의 오늘이 있게 한 것은, 텔레비전의 채널마다 바람을 일으키는 현란하고 감각적인 무대공연이나 머리가 빈 이야기쇼의 공허한 웃음과 철없는 청소년의 코에 걸린 게임 진행의 화술 등이 창조한 탈윤리(脫倫理)의 감각문화(感覺文化)가 가져온 축복이 아니라 경건한 성도의 기도가 새벽마다 하나님의 은총을 구하기 때문이다.

유명한 기도신학자의 저술에 의하면, 하루 15분의 기도를 3구분하여 5분은 하나님의 영광을 희구하고, 다음 5분은 자기 문제를 놓고 솔직한 간구를 그리고 나머지의 5분간은 남과 이 사회와 세계를 위한 기도 그리고 선교를 위한 기도로, 이와 같이 매일 정한 시간 그리고 정한 장소에서 쉬지 않고 계속하는 기도를 생활화하면 놀라운 영적인 성숙에 도달하게 된다고 권장한다.

요는 우리는 나다나엘과 같이 자기만의 무화과나무 그늘을 소유하여야 한다. 조용한 서재이거나, 밀실이거나, 교회가 모이지 않았을시의 조용한 뒷자석이거나, 그 공간이 어디든 간에 성숙한 인간은 이러한 조용한 명상의 장소가 반드시 있어야 한다.

나다나엘의 이야기가 암시하는 바는 그는 조용한 기도와 명상만이 아니라 메시아를 기다리며 구약의 말씀을 탐구하였다고 하는 것이다. 요한복음 1장 45절에 보면, 빌립이 주를 만난 후 나다나엘에게 찾아와 한 말이 "모세가 율법에 기록하였고 여러 선지자가 기록한 그이를 우리가 만났으니 요셉의 아들 나사렛 예수라"이었다. 빌립의 말이 주는 암시는 빌립과 나다나엘이 그 무화과나무 그늘에서 율법과 예언을 통하여 메시아에 관한 진지하고도 열띤 토론을 자주 한 일이 있었음을 의미한다.

짐작이 가는 추적(追迹)으로, 빌립이 나다나엘을 찾아갔을 때 그는 순서적으로 그의 집으로 먼저. 갔을 것이고 그리고 무화과나무로 찾아 가 거기에서 역시 두루마리를 펴들고 명상 중인 그를 만났을 것이 틀림이 없다.

현대의 청소년들은 팝송의 가사나 복잡한 율동의 동작 순서는 재치 있게 암기하여 따라가나 그러나 초보적인 성서 지식도 지극히 미약하다. 미국의 모대학의 신입생에게 성서 지식을 테스트한 결과는 다음같이 경악스러운 내용이었다고 한다. 십계명은 예수가 감람산에서 주셨다. 예수는 로마에서 태어났고 모친의 이름은 가브리엘이고 오순절에 홍해에서 요한에게 세례를 받았다. 예수는 삼손이 배신하므로 베들레헴에서 십자가에 죽었다. 이상과 같은 무지(無知)는 창작하기조차 어려울 정도이다.

우리 한국의 성도들을 언필칭(言必稱) 하나님의 말씀을 사랑하고 많이 읽는다고 하는 평판의 말을 듣는다. 그러나 한국교회의 회중들도 설교와 연관이 된 직접적인 본문을 반복적으로 익숙한 경우가 많고 전체적인 이해를 각권의 맥락으로 검토하여 보면 역시 미약하다.

성서는 세계적인 베스트셀러물이다. 호기심으로 접근한다. 그러나 "너희가 성경에서 영생을 얻는 줄 생각하고 성경을 상고하거니와 이 성경이 곧 내게 대하여 증거하는 것이로다"(요 5 : 39) 친히 주께서 하신 말씀과 같이 성경에서 그리스도를 만나야 하는 것이다.

그리고 애스베레(Asbury) 신학대학(神學大學)의 모헐랜드(Mulholland) 교수의 저서의 내용과 같이 성서가 우리의 인격을 형성하여야 한다(그의 1085년의 저서 *Shaped by the Woro*를 참조. 그는 성서가 우리에게 주는 지식은 information만이 아닌 formation이다라고 강조하였다). 성소(聖所)를 떠나지 않고 하나님의 말씀을 상고한 시메온이나 안나처럼 그리고 나다나엘처럼 성서를 전체적으로 탐구하여야 한다.

나다나엘의 인격이 주는 그 다음의 유추(類推)는 나다나엘이 자기의 회의주의를 인정하였다고 하는 것이다

빌립이 그에게 전한 열띤 소식에 대한 그의 반응은 "나사렛에서 무슨 선한 것이 날 수 있느냐"(요 1:49)라고 튕겨진 냉소였다. 나다나엘이 얻은 성서의 메시아 이해는 메시아는 당당하게 왕적 권위(王的權威)를 몸에 갖춘 예루살렘 출신이어야 한다. 어찌 나사렛에서 나온다는 것인가 하는 고정관념을 떨쳐 버릴 수 없는 응수였다. 혹 미가 선지의 말씀과 같이 베들레헴에서 나온다고 하면 또 모를 일이다. 이러한 예수의 출신 고향에 관한 충분한 혼란은 짐작컨대 예수의 부활 이후 다락방에서 구약의 변증이 상당히 진행이 되었을 때에 이르러서야 예수의 나사렛 배경이 납득이 되었을 것이다(참조, 마 2:23, 눅 24:43-44).

오늘 교회 주변에서 일고 있는 교회에 대한 냉혹한 비평 역시 유사한 점이 없지 않다. 교회에 열심이 있는 사람들이 내분과 갈등에서 노출시킨 탈도덕과 위선과 불정직과 그리고 편협한 개인주의적인 고집들을 관망한 교회 밖의 교양인(敎養人)들은 하나같이 "교회에서 무슨 좋은 것이 나오겠는가"한다. 사실 이러한 편견은 그리스도를 희화적(戱畵的)으로 격하하려고 하는 안목이 현대교회의 치부(恥部)에 조준을 맞은 일방적인 공격이라고 하여야 정당하다.

그러나 나다나엘의 회의는 정직한 것이었다. 그가 지금껏 탐구한 자기의 성서 지식에 의하면, 메시아는 나사렛에서 나온다고 하지 않았다. 이러한 이유에서 많은 성실한 인격이라도 굴절(屈折)이 된 성서 지식 때문에 편견에 빠진다. 이러한 편견의 이유는 성서를 충분히 많이 읽지 않았거나 아니면 해석학적으로 오류에 서 있기 때문이다. 그러나 그러한 오류를 인하여 저희들은 회의에 빠져 있으나 그러나 저희들의 인격이 성실한 것만은 사실이다.

이러한 성실하고 정직한 오해는 진리와 빛을 지향한 길이 열리기 마련이다. 나다나엘이 회심한 후 약 2년후 예수의 적들은 "상고하여 보라 갈릴리에서 선지자가 나지 못하느니라"(요 7 : 52)라고 꼭 같은 회의를 내뱉는다. 그러나 저들의 맹목은 예수의 영광을 인지하지 못한다. 저희들의 극한적인 거부는 예수를 십자가에 처형하고 만다. 반대로 간사함이 없는 나다나엘의 회의 속에는 진리의 빛이 들어온다. 그의 정직과 관용이 그의 인격이기 때문이다.

빌립은 일차적인 나다나엘의 거부를 듣고 논쟁하지 않았다. 순간적으로 나다나엘은 자문자답을 했을 터이다. "그 예수가 자기의 가장 친근한 친구 빌립에게 확신을 주지 않았는가." 자연 간사함이 없는 인격은 눈으로 보기를 원한다. 그러므로 나다나엘은 앞으로 전진한 것이다.

나다나엘에 관한 세 번째의 유추(類推)는 그의 위대한 발견이다

빌립과 나다나엘은 같이 길을 걸어 얼마전 빌립이 예수를 만난 그 자리, 그러니까 아마도 사람들이 둘러 쌓아 그의 교훈에 귀를 기울이고 있는 장터로 서둘러 갔을 것이다. 나다나엘은 가벼운 호기심 그리고 가까이 오면서 빌립의 경우는 솔직한 불안이었을 것이다. 그러나 요한복음 1장 47절에 보면, 자기에게 다가오고 있는 두 사람을 보신 예수는 "보라 이는 참 이스라엘 사람이라 그 속에 간사한 것이 없도다." 먼저 환영을 하셨다. 이러한 기록은 참으로 드문 경우이다.

"참 이스라엘 사람"이라고 한 예수의 말씀은 참으로 적절하게 압축이 된 나다나엘의 평가이다. 바울은 이스라엘 사람을 두 가지로 분류하여, 육신의 자녀와 약속의 자녀라고 하였다(롬 9:6-8).

혈통만을 자랑하는 이스라엘 자손들은 이미 아브라함이 믿음으로만 보행을 한 그 신앙의 의미를 상실하였다. 그러나 그들 속에 경건한 생활과 쉬지 않고 말씀을 탐구하며 메시아를 대망하는 소수들이 섞여 있었다. 말하자면 나다나엘은 그러한 영적인 갈구가 있는 영적인 자녀였다. 예수는 그를 반기시며, "보라 이는 참 이스라엘 사람이라"라고 하시므로 그가 하나님이 약속을 기다리는 말하자면 범 이스라엘 속에 하나님이 심어 놓은 영적인 이스라엘인 것을 간파하신다. 오늘 우리가 교회의 정기적인 회중이거나 제직만이 아니라 "참으로 크리스찬이다"라고 하는 존경스러운 평가를 얻는다고 하면 그것은 참으로 영광이 아닐 수 없다.

"간사함이 없는" 사람이라고 하신 예수의 감탄은 복음서의 기록에서 참으로 드문 경우이다. 손쉬운 비교로 이스라엘의 열두 지파의 조상으로 떠받들어 평가하는 야곱의 경우라도 그의 인격을 지적하여 그러한 감탄의 대상이 되지 못한다. 오히려 야곱은 속셈이 있는 간사한 인격의 모델이다.

예수는 자주 바리새인들을 향하여 위선자들이라고 질타하였다. 당시 바리새인하면 경건하고 청결한 인격으로 존경의 이유가 되는 도덕교사(道德敎師)였다.

그러나 나다나엘을 보고 말씀한 이 한 마디는 놀라운 충격이 아닐 수 없었다. 빌립을 따라 오면서 메시아라고 증언한 그분에게 무엇을 따져 물어 볼 것인가를 곰곰이 구상하던 나다나엘은 자기의 구상이 한꺼번에 날아가 버리는 느낌이었을 것! 그가 첫눈에 알아본 예수, 그 은혜로우신 인격에 감격하고만 그는, 겨우 묻는다는 것이 "어떻게 나를 아시나이까"(요 1:48) 이 한 마디였다.

"빌립이 너를 부르기 전에 네가 무화과나무 아래 있을 때에 보았노라"(1:48) 즉각 주신 이 예수의 답변은 나다나엘의 품은 모든 의구를 단번에 말끔히 씻어 주고 만다. 자기의 생각 전부를, 이같이 꿰뚫어 아시는 그 앞에서 그가 말할 수 있는 전부는 "랍비여 하나님의 아들이시요, 당신은 이스라엘의 임금이로소이다"(49절)의 고백이었다.

이 나다나엘의 고백은 베드로나 도마의 경우와 같이 심각한 것은 아니나 그러나 정직하고 순수하다(참조, 마 16 : 16, 요 20 : 28).

나다나엘은 편견에서 신앙으로 그리고 회의에서 고백으로 전환을 한 좋은 본보기가 된다. 18세기 영국의 귀족, 그리고 상원의원이었던 리틀톤(Lyttleton)은 자기가 저술한 바울의 회심의 서문에 이런 경험을 언급하였다. 원래 자기와 자기 친구 길벗 웨스트(Glibert West)는 성서가 얼마나 편견에 찬 오류의 책인가를 증명하기 위하여 자기는 바울의 회심 경험을 분석하기로 하고 그리고 웨스트는 예수의 부활을 조사하기로 하였다. 충분한 시간이 지난 후에 각기 자기들의 부정적인 분석과 비판의 자료들을 비교하는 자리에서 저희들은 참으로 의외로 성서의 기록과 예수의 부활과 바울의 회심 경험이 얼마나 진실인가를 결론 내리게 되었다고 하는 실화이다. 자기들의 학문적인 분석은 역으로 기독교의 중후한 변증이 되고 말았다는 것이다(참조, Leslis B. Flynn, *Twelve*, p. 87).

네 번째로, 나다나엘에 관한 유추는 그가 장차 더욱 확대되고 심화된 예수 이해와 지식에 도달하게 된다고 하는 약속에 관해서이다

어떤 성서학자는 나다나엘의 모델을 구별하여 약간은 신비적이고 약간은 학자적인 그런 초현실적(超現實的)인 인물이라고 평가를 한다. 그 성서학자의 연구가 정당한 것인지 여부는 중요하지 않다.

여기에서 우리가 주목을 하여야 할 것은 예수께서 그에게 주신 보다 원숙한 지식에 관한 약속이다. 예수는 그에게 말씀하시기를 "내가 너를 무화과나무 아래서 보았다 하므로 믿느냐 이보다 더 큰 일을 보리라." 그리고 이어 말씀하시기를 "진실로 진실로 너희에게 이르노니 하늘이 열리고 하나님의 사자들이 인자 위에 오르락 내리락 하는 것을 보리라"(요

1 : 50 - 51) 하셨다.

이렇게 말씀한 예수의 의도가 무엇인가. 몇 가지로 해석이 가능하다. 가령 예수의 영광의 승천과 재림이라고 할 수도 있다. 그러나 아직은 이러한 큰 교리적인 진리가 이 만남의 맥락과 잘 일치하지 않는다. 그것보다는 구약의 야곱이 꿈에 본 사다리라고 유추가 된다. 창세기 28장 12절에 보면 이 땅에서 하늘까지 도달한 사다리로 천사들이 오르락 내리락 하였다. 나다나엘이 이해한 그의 구약 지식을 바탕으로 그는 예수의 지상 생애가 하늘과 땅을 화해하는 사역인 것을 즉각 이해하였을 것이다. 혹 나다나엘이 빌립과 함께 예수에게로 나오기 전 무화과나무 아래서 이 야곱의 사다리를 읽었을 것으로 전이해(前理解)가 되는 것이다.

나다나엘이 예수의 측근에서 직접 목격을 한 다른 많은 것 중에서 이적과 은혜가 충만하신 교훈과 죄의 용서를 목격하였을 것이다. 놀라움의 연속이었다. 귀머거리가 듣고, 벙어리가 말을 하고, 맹인이 시각(視覺)을 찾는다. 문둥이가 깨끗함을 즉시적으로 얻고, 군중의 주린 배가 채워지고, 폭풍우가 잔잔하여지며, 죽은 자를 살리신다. 다른 사람들은 그저 놀라워하지만, 나다나엘은 자기가 하나님과 동행하며 먹고 마시고 거침을 함께 하고 있다고 깨달아 알았을 것이다.

그러다가 그러한 영광의 전진은 갑자기 역전이 된다. 유월절의 밤, 예수에게 배신과 체포가 찾아오고, 심한 매질과 계획이 된 재판과 십자가의 처형이 이어진다. 다른 제자들도 그러하였거니와 나다나엘 역시 예수의 죽음과 부활 어간에는 모든 희망이 완전히 분쇄되고마는 좌절이었을 것이다. 그런데 예수가 부활을 하셨다. 나다나엘도 이 예수의 부활이 동기가 되었을 때 비로소 하나님의 사죄의 복음을 땅 끝까지 선교할 수 있는 새 힘을 얻는다.

그러한 일련의 진행의 와중에서 나다나엘에게 있어서, 예수는 야곱의 사다리! 죄인들이 사함을 얻고 거룩하신 하나님과 화해를 얻게 하는 하늘과 땅을 이어 주는 사다리라고 하는 확신을 얻었을 것이다.

사실 인간들은 여러 가지 노력으로 하늘에 도달하려고 하였다. 바벨탑

이 하늘에 닿을 높이가 되도록 하기 위하여 그 많은 벽돌을 굽고, 운반하여, 경이적인 축공법으로 높이 쌓아 보았다. 그러나 이러한 인간의 사업은 실패였다. 나다나엘은 하나님이 하늘에 닿는 사다리를 지금에 이르러 아들의 인격으로 길러 주심을 보았다. 죄 없으신 그리스도가 우리 죄를 대신 담당하셨다. 하나님의 아들이 이 높은 간격을 사다리로 가교하여 하나님의 의를 통하여 찾아오셔서 의롭다하심을 입은 사람들을 용납하신다.

이러한 나다나엘의 사다리는 지금도 여전히 유효하다. 그리스도는 길이요, 떡이요, 물이요, 생명이요 그리고 사다리이시다. 하나님이 이미 우리에게 사다리를 세우셨다. 그런데 인간이 자기의 지혜로 하늘에 오르려고 하니 얼마나 어리석은 생각인가. 비유적으로 유추하면 인간의 종교적인 수행(修行), 사랑의 실천은 그 사다리를 몇 계단 더 높이는 수고에 불과하다. 경건한 종교인인 자기 인생의 종말에 처하여 자기의 업적이 하늘 구름 위까지 높이 올라간 사다리의 끝이라고 생각하고 그곳에서 아무것도 발견할 수 없을시에 그의 실망과 좌절은 문자 그대로 머리를 아래로 한 추락(墜落)의 경험일 뿐이다.

요한복음 10장 1절에서 사도 요한은 "다른 데로 넘어가는 자는 절도며 강도요" 하신 주의 말씀과 그리고 14장 6절에서 "나로 말미암지 않고서는 아버지께로 올 자가 없느니라" 하신 주의 결론을 전해 주고 있다.

나다나엘의 '사다리'는 우리 모두의 '사다리'이다.

질문하는 도마

열두 사도 중 한 사람 : 마 10 : 3, 막 3 : 18,
막 3 : 18, 눅 6 : 15, 행 1 : 13.
그의 열심 : 요 11 : 16.
그의 회의와 고백 : 요 20 : 24 이하.

　"의심 많은" 도마라고 하는 별명은 유년주일학교의 시절부터 유명하다. 도마의 이러한 일면을 모르는 교회 어린이가 거의 없는 정도이다. 그러나 그렇게 지금껏 1000여 년이나 불려온 그의 오명(汚名)은 공정한 평가가 아니다.

　물론 그가 의심 많은 자의 질문 형식으로 질문을 한 것은 사실이다. 그러나 역시 우리가 일방적으로 오해하고 있는 그의 정체를 바른 이해로 교정할 필요가 있다. 의심이 그의 질문 표현으로 드러난 것이 사실이지만 그러나 그의 회의는 정직한 회의였다. 도마의 회의는 진리를 밝히고자 한 의도에서 일어난 회의였다. 한번 그 질문이 정확한 해답으로 충족이 된 후에는 그는 전적으로 동요가 없는 그 확신에 선다.

　예수의 언급이나 대화 속에서 직접 간접으로 도마의 적극적인 질문에 대하여 예수께서 노여워하셨거나 불쾌하셨다고 하는 암시가 전혀 없다.

　도마의 질문이 결코 부정적인 동기의 것이 아니라고 하는 이러한 가장 적절한 예는 요한복음에만 나오고 있는 그리고 거의 결론적인 제자 고백의 성격으로 요한복음의 위치를 정한, 바로 부활 사건의 맥락에서 확실하다. 여기에 나오는 도마 나름의 개성이 강한 질문으로 된 이 에피소드는 오늘 우리의 편견과 상관없이 요한복음 저자에게는 구조적으로 그 위치에 그의 에피소드를 정해 놓으려고 한 분명한 지극히 긍정적인 의도가 있는 것이다.

말하자면 도마의 회의와 그만이 할 수 있는 철저한 질문 형식으로 예수의 부활이 더 이상 논란의 대상이 되지 않는다고 함이 저자의 확연한 의도인 것이다. 사실 도마의 고백 "나의 주 나의 하나님이여!"는 가장 요한복음의 주제와 일치한다. 그러므로 저자 요한이 이 전승의 수용과 함께 결정적인 위치를 선택한 것이다.

도마의 성실한 회의는 오늘의 회의적 지성인들에게 지성적인 신앙을 바르게 걸어가도록 인도하여 준다. 그러므로 "의심 많은 도마"라고 하는 별명보다는 "질문하는 도마"라고 그의 별명이 교정이 되어야 공정하다.

공관복음 중에서 마태는 도마의 이름을 열두 제자의 명단 속에서 일곱 번째(10:3) 그리고 마가복음(3:18)과 누가복음(6:15)에서는 여덟 번째의 순서로 언급하는 것 말고는 그에게 대한 별다른 언급이 없다. 사도행전에 보면 부활 후의 고백 사건이 있은 다음 그의 순서가 다락방에 모인 제자들 중 여섯 번째로 나오고 있고 그리고 요한복음 21장 2절에서는 그의 이름이 베드로 다음의 위치로 부상한다. 그리고 요한복음에만 기술이 된 독자적인 세 종류의 단화 속에서 도마의 언동은 지극히 적극적인 주인공의 역할의 것으로 묘사가 된다.

요한복음의 저자는 도마에 관하여 그가 디두모라고 하는 별명이 있다고 하는 것과 그리고 그의 원래의 직업이 어부일 가능성을 제시하였다(21:2).

도마의 인격에는, 현대 심리학에서 말하는 소위 우울증(憂鬱症) 같은 성격의 경향이 있는 듯하다. 그래서 어떤 성서학자는 그가 건강이 좋지 않은 사람이었다고 구분하는 일도 있다. 그러나 그러한 추측이 가능하다고 하는 것과 그럼에도 그가 주께 참으로 충성스러운 제자였고, 훗날에 지극히 먼 나라 인도에서 처절한 순교를 한 사도였다고 하는 위상에 대해 아무런 영향도 주지 않는다.

혹 그의 견해가 비관주의의 색조를 풍기는 인물인지는 알 수 없어도 그가 그리스도를 위하여 생명을 바치기로 결의가 있는 제자라고 하는 점에서는 틀림이 없다. 혹, 그러한 그의 부적응성(不適應性)의 성격이라고 하는 복합성(複合性) 때문에 그를 가리켜서 '디두머' 곧 쌍둥이라고 했는지 모른다. 다시 말하여 쌍둥이 형제가 있었다고 하는 일차적인 가정 외에도 그의 이러한 성격상의 판이한 양면성이 그러한 별명을 얻게 한 동기가 아닌가 하는 추측도 낳게 한다. 그러나 그에게 우울한 면이 있으나 즉시 그는 영웅적인 용기의 소유자였다고 하는 점을 의심해서는 안 된다.

전통적으로 도마에 관한 상징의 유래는 그가 인도에서 교회 건물을 직접 건립하고 그리고 무릎을 꿇고 기도하는 자세에서 창에 맞아 순교를 당하였기 때문에 목공의 측량기와 창을 함께 그린 도안으로 나타낸다.

도마는 복합적으로 회의와 신앙을 거의 동시에 품은 불가사의 한 인격자이다. 그리고 그의 생애가 우리에게 주는 중요한 세 가지의 교훈을 주목하여야 한다.

첫째로, 도마는 용기가 있는 비관주의를 보여 준다 (요 11:1-16)

도마가 드디어 우리의 시야에 등장하기는 예수의 사역이 종말에 가까운 때, 구체적으로 나사로를 살리신 일이 있기 직전이다. 예수의 인기가 민중 사이에서 절대적인 것만큼이나 예수의 원수들이 품은 적개심은 참으로 격렬한 것이었다. 이미 수차에 걸쳐 유대 지도자들은 군중을 선동하여 예수를 돌로 치려고 시도한 일이 있었다. 그러므로 예수는 제자들을 인솔 위험한 예루살렘 지역을 벗어나 비교적 안전한 요단강 너머의 베레야로 후퇴하신다.

그런데 그곳으로 급한 전갈이 찾아와 예수의 사랑하는 친구 나사로가 급환에 쓰러졌다고 하는 것과 생명이 위독하다는 전언이다. 예수는 이틀 후에 나사로가 사는 베다니로 간다고 하셨다.

그러나 제자들은 당황하였다. 그 위험한 곳으로 되돌아가기가 두려운 것이다. "랍비여 방금도 유대인들이 돌로 치려 하였는데 또 그리로 가시려 하나이까"(8절). 제자들은 반발하였다.

저희들의 반발을 보시고 예수는 당신의 확실한 목적을 말씀하여 "우리 친구 나사로가 잠들었도다. 그러나 내가 깨우러 가노라"(11절) 하셨다. 제자들의 반발은 대단하여 "주여 잠들었으면 낫겠나이다"(12절)라고 응수한다. 다시 한번 제자들의 오해가 기록이 된다. 요한복음의 구성에서는 오해(誤解)가 나온 후에 예수의 정답(正答)이 나오는 그러한 순환법(循環法)이 자주 활용이 된다. 예수는 밝히 말씀하여 "나사로가 죽었느니라…." 그리고 그의 죽음이 제자들의 신앙의 성장을 위하여 유익하다고 하는 말씀을 부언하신다(14－15절). 이미 예수는 나사로의 위독이 하나님의 영광을 나타내기 위함이라고 밝히신 바가 있었다(4절).

이와 같이 예수의 결심이 확고하자, 잠깐 동안 제자들은 할 말을 잊었다. 혹 제자들은 앞으로 돌아가야 할 먼길을 멀리 실망스러운 시선으로 바라보거나 먼지 묻은 자기들의 샌달에 말 없이 눈을 떨구었을 것이다.

그러자 도마가 다른 제자들을 향하여 입을 열었다. "우리도 주와 함께 죽으러 가자"(16절). 도마는 자기가 하는 말의 뜻을 잘 알고 한 말이다. 그는 주와 같이 가 거기에서 죽을 생각이었다.

이러한 도마의 발언은 그가 냉정한 회의주의자라고 보아야 할 이상의 것을 우리에게 일러 준다. 베드로를 위시하여, 예루살렘 지역으로 되돌아가는 행위는 자살이 아니냐고 답답해 하는 제자들의 침체(沈滯)된 의식에 도마가 충성의 불꽃을 일으켰다. 물론 도마는 그의 이러한 용기와 충성이 그후에도 수년이 지나서야 자기의 순교로 입증이 될 것에 대하여 아직은 아무것도 모를 때이다.

그러나 도마의 결의에는 그가 가는 끝에 파멸이 기다린다고 예상하는 병적인 굴절심리(屈折心理)가 있음을 부인하지 못한다. 그의 결의가 장부의 음성이지만 그러나 결말을 절망으로밖에는 다른 기대가 없는 비관주의(悲觀主義) 그 자체이다. 도마의 예수 이해 역시 너무 한정적이다. 그의 의식에 용기는 있어도 예수가 나사로를 살리신다고 하는 희망은 보이지 않는다.

그러나 이러한 도마의 인간성을 너무 가혹하게 비판할 필요는 없다. 마틴 루터 역시 심히 우울하여 탁상의 잉크를 악령(惡靈)에게 집어 던진 일이 있지 않는가. 요한 번연(John Bunyan)의 작품에도 의심의 성이 나오고 좌절이라고 이름한 거인이 등장한다. 열왕기상 19장 4절에 보면 엘리야도 로뎀나무 아래 앉아서 "여호와여 넉넉하오니 지금 내 생명을 취하소서." 자기의 절대절명을 독백한 일이 있는 것이다. 다윗왕도 "내 영혼아 네가 어찌하여 낙망하며…"(시 42:5)라고 좌절의 늪에 깊이 빠진 일이 있었다.

두 번째로, 도마에게 있는 그의 우울함이 원인인 불가지론(不可知論)적인 태도를 주목하여야 한다(요 14:1-7)

십자가에 달리시기 전 다락방에서 예수가 고별 교훈을 주신 그 밤에, 도마는 발언을 한다. 제자들은 예루살렘에서 내심 실현이 될 것으로 기대한 권력자의 등극이 아닌 죽음의 절망이라는 예고를 듣고 완전한 좌절이었다. 처음 길을 떠나오며 막연히 두려워한 사실들이 확실한 것으로 눈에 보이기 시작한다. 이제는, 예수와 예수를 추종한 저희들 모두의 끝장이다.

그러나 예수는 이것이 끝이 아니라 참으로 좋은 시작이라고 설득하신다. "내가 너희를 위하여 처소를 예비하러 가노니… 내가 다시 와서 너희를 내게로 영접하여 나 있는 곳에 너희도 있게 하리라"(2-3절). 오늘 우리의 이해로 해석을 하면 예수는 저희들에게 십자가를 넘어선 축복을 말씀하신 것이다.

그와 같이 말씀을 차분차분히 하시던 예수께서 도마를 주목하시고 수수께끼와 같은 말씀을 하신다. "내가 가는 곳에 그 길을 너희가 알리라"(4절). 자신의 한심한 처지를 생각하는 생각에 골똘하던 도마는 즉각적으로 한다고 하는 질문이 "주여 어디로 가시는지 우리가 알지 못하거늘 그 길을 어찌 알겠삽나이까"(5절). 이런 퉁명스러운 한 마디를 던지는 형식이 되고 만다. 도마의 맹점(盲點)은 다른 제자들도 같은 형편이지만 예수의 사명이 죽음을 넘어서서 성취된다고 하는 이해의 수용이 전혀 없었다고 하는 것이다. 그러한 수용이 그에게 당장은 불가능하였다..

예수께서 하늘로 후퇴를 하시면 그의 이 지상의 나라는 언제 건설하신다고 하는 언질인가. 이러한 도마의 질문은 불신앙에서 온 것이 아니라 예수의 정체론적(正體論的)인 이해가 아직도 불완전한 상태에서 야기된 것이다. 그리고 이러한 도마의 직설적인 질문은 정직한 회의의 특성을 말하여 준다.

도마의 질문은 일체의 모든 것은 반드시 이유가 있어서 그와 같이 발생한다고 고집하는 모든 지성인을 대표한다. 그러나 기독교의 신앙은 인생이 전부 합리적으로 설명이 되어야 하는 계획성과 획일적인 진행이 전부가 아니라 "그럼에도"라고 하는 모순을 의연히 수용하는 신앙의 안목인 것이다. 다시 말하여 그리스도를 앎으로 족하다고 하는 생과 삶의 공식(公式)이다.

비록 이 마당에 도마가 소견이 미치지 못한 우울한 회의의 질문을 하기는 했으나, 그러나 그렇게 유발이 된 예수의 답변은 우리 모두가 영원히 도마에게 감사하여야 할 귀중한 말씀이었다. 예수는 답변하셨다. "내가 곧 길이요 진리요 생명이니 나로 말미암지 않고는 아버지께로 올자가 없느니"(6절).

하나님께 나아가기 위하여, 하늘로 닿기 위하여 우리는 그리스도를 통하여야만 한다. 그리스도는 모델이다. 그리스도는 교사이다. 그리스도는 생명을 주신다. 그리스도는 이 모든 것의 원천이시다. 예수는 구약적 예언 일체의 성취이고 형(型)이시고 상징이시고 그리고 하나님과 인간 사이에 있는 유일한 중보자이시다. 예수를 믿는 자들에게 그는 알파와 오메가, 모든 것의 모든 것이시다.

세 번째로, 도마에게 발견이 되는 정직한 회의를 주목하여야 한다(요 20 : 24 — 28)

　요한복음 안에 세 번째로 관련하여 기술이 되기는 부활의 기사이다. 도마의 우울증은 예수의 십자가와 무덤으로 최하의 저압 상태(低壓狀態)였다. 어떤 이유에서인지 부활의 주께서 첫번째로 다락방에 현현하신 그 현장에 그는 없었다.

　그의 성격으로 짐작하여 한없이 눈물을 흘리며 산간과 계곡과 숲 사이로 혼자 방황했는지 모른다.

　그가 그 복된 첫번째의 현현의 자리에 왜 불참했는가. 아마도 도마는 오늘의 도마 유형의 회의적인 지성인들이 뇌까리는 준비된 언사 "이 사람들아 말을 말게. 나는 하루종일 고민하고 방황하여 그 다락방의 단순한 모임을 미처 기억을 못하고 말았네"라고 하는 답변이 그의 결석의 구실로 준비되어 있는 그런 심경이었는지 모른다.

　그러나 성서학자들의 매서운 추리는 상술한 낭만적인 구실을 용납하지 않는다. 도마가 첫번째의 예수 현현시에 불참하고만 것은 그가 예수의 부활을 미덥지 않게 여겼기 때문이다. 그의 숨은 동기는 다락방의 모임을 전달 받고도 "원하시면 당신들이나 가시구려 나는 예수의 추도예배와 같은 곳에 아직은 참석할 심정이 아니오"였는지 모른다.

　그러나 도마가 그 다락방에 불참함으로서 잃어버리고만 몇 가지의 큰 손실이 있다. 하나는 부활하신 그리스도 현현의 첫번째의 감격을 실기(失機)하고 만다. 사건의 순서로 보아 예수의 무덤이 비었다라고 하는 소문을 들은 후 제자들은 다락방에 모인 것이다. 문을 잠그고 제자들은 그 소문에 관한 의견을 교환하였다. 그런데 졸지에 문이 잠겨진 상태에서 주께서 저희들 무리 한 가운데 현현하셨다. 그리고 도마는 그 자리에 없었다.

　이런 일화가 있다. 루즈벨트 대통령이 재직시 워싱턴 교회 사무실에 전화가 울려 "오늘 예배에 대통령이 참석하시는지요"라고 하는 질문을 한다. 교회 담임목사의 대답이 "네, 약속 드릴 수는 없습니다. 그러나 주께서 참석을 하실 것이고, 약속 드릴 수 있습니다"이었다고 한다. 주님은, 두세 사람이 주의 이름으로 모이는 곳에 나도 그들 중에 있느니라 (마 18 : 20) 언약하신 바 있다.

도마는 다락방에 불참함으로서, 부활의 주께서 주신 귀한 교훈을 놓쳤다. 그날 밤 그 자리에 모인 제자들에게 예수께서는 구약의 모세의 글과 선지자의 글과 시서를 들어 모든 예언이 당신의 죽음과 부활을 예언하였음을 변증하셨다. 누가가 기록한 엠마오로 내려가는 두 제자의 경우와 같이 저희들의 가슴이 이상하게 뜨거워졌을 것이다. 도마는 주께서 친히 주신 구약의 예언과 성취에 관한 위대한 강의를 놓쳤다.

그리고 도마는 이 첫번째의, 성도의 교제를 놓치고 말았다. 다른 10명의 제자들이 모두 그렇거니와 도마 역시 자기의 불완전한 인격이 서로 상호의 교제로 다듬어져야 할 위인이었다. 엄격히 말하여 교회는 완전한 인격자의 모임이 아니다. 주께서 교회에 위임하신 중요한 기능은 모든 성도가 교회의 사귐을 통하여 서로 원숙하여지는 면려이다. 공동의 예배와 공동의 섬김에 의하여 교회는 능력을 소유하게 되며, 성장한다.

도마는 기쁨과 평화를 놓쳤다. 다락방에 모이기 시작을 할 때 모든 제자들의 마음은 참으로 무거웠다. 주께서 살아나셨다고 하는 걷잡을 수 없는 소문이 있었다. 그러나 그날 오후에 예수가 친히 베드로에게 나타나신 사실 말고, 다른 모든 제자들의 심정은 다만 한스럽고 아쉬운 추도의 무거운 분위기가 모두의 마음을 짓누를 뿐이었다. 그런데 홀연히 저희들의 한복판에 살아 나신 주께서 서 계신다. 저희들의 기쁨은 글과 말이 표현할 수 없는 벅찬 것이었다. 이때에 예수님이 주신 말씀은 "너희에게 평강이 있을지어다"였다. 도마는 이 평화의 축복을 놓쳤다.

도마는 예수께서 친히 주신 첫번째의 선교명령을 놓쳤다. 예수는 모인 제자들에게 "아버지께서 나를 보내신 것 같이 나도 너희를 보내노라" (요 20 : 21, 참조, 눅 24 : 47-48)라고 직접 명령을 하셨다. 회개와 사죄의 소식을 땅 끝까지 선포하여야 할 첫번째의 선교위임이었다. 도마의 이 첫번째의 막중한 기회를 놓쳤다.

도마는 그리스도의 상처들을 눈으로 볼 기회를 놓쳤다. 제자들이 유령을 본 것이 아니냐 하는 기우를 일으키지 않도록 도와주시기 위하여 예수께서는 제자들에게 자기 손과 옆구리를 친히 보여 주셨다(요 20 : 20). 그리고 제자들에게 확실한 증거가 되도록 손으로 만져 보라고 일러 주셨다. 저희들이 받은 감동이 참으로 큰 것이었으므로 후에 도마에게 말을 옮길 때 제자들은 "우리가 주를 보았노라"라고 시각적(視覺的)으로 말하였다. 이 감각적인 언어에는 주의 상처를 직접 본 자의 감동이 암시되고 있다. 그러므로 도마는 저희들에게 받은 인상 그대로 "내가 그 손의 못자국을 보며 내 손가락으로 그 못자국에 넣으며 내 손을 그 옆구리에 넣어 보지 않고는 믿지 아니하겠노라"라고 하는 유명한 회의자의 질문을 던진다(요 20 : 25).

도마는 여인들의 증언을 수용할 수가 없었다. 엠마오로 내려 가던 제자들의 증언이나 다른 10제자들의 증언을 받아들이지 못하였다. 도마는 실증론자(實證論者)의 주장 그리고 실용주의적(實用主義的) 조건을 주장하였다.

희랍어로 '의심'의 어의는 두 가지 사상 또는 두 가지 견해 중 하나를 선택하지 못한다고 하는 뜻이다. 회의자의 심리는 하나를 수용하면서 다른 역의 입장을 검토하려고 한다. 이러한 복잡한 과정 심리를 거쳐간 정직한 회의는 보다 확고한 진리를 지향한 전환을 가능하게 한다. 도마에게는 바로 이러한 일이 일어나고 있었다.

절망 중에서 도마는 확실한 증거를 찾으려고 하였다. 그러므로 다른 제자들이 반복하여 예수의 부활을 설득하려고 하기에 도마는 그 다음 일요일에 다락방을 찾는다. 그리고 도마의 기대는 응답이 된다. 요한복음 20장 26절에서 27절에 기술이 된 도마와 부활하신 주와의 해후(邂逅)는 참으로 극적이다. 제자들에게 일반적인 평강을 말씀하신 후 즉시 도마 개인을 지목하여 "네 손가락을 이리 내밀어 내 손을 보고 네 손을 내밀어 내 옆구리에 넣어 보라. 그리하고 믿음 없는 자가 되지 말고 믿는 자가 되라" 권면하셨다.

도마는 증거를 원하였다. 바로 도마가 원한 그 확실한 증거이다. 과거 도마는 예수의 손을 여러번 본 일이 있다. 눈먼 자를 안수하시고, 어린이들을 안으시고, 바리새인들을 손가락으로 겨누어 책망하시고, 귀신이 그 손끝에 도주한 예수의 손이다. 주님의 손이다. 도마는 주의 손을 접촉할 필요가 없었다. 그러므로 그는 예수께서 다른 말씀을 더 하시기 전에 "나의 주 나의 하나님!" 응답을 하였다. 그리고 무릎을 꿇었을 것이다.

도마는 "나의 하나님이여" 하였다. 이 도마의 고백은 지금까지의 어느 누구 그리고 어느 제자도 이르지 못한 가장 높은 등고선(登高線)에 도달한 자의 고백이었다. 도마의 회의는 가장 눈부신 확신으로 전환한 것이다.

예수는 확증을 원하는 누구도 책망하시지 않았다. 즉각 수용하는 믿음과 확실한 근거 위에서 믿는 것 중에 어느 것이 더 좋은 믿음인가. 어린이 같은 신앙은 귀하다. 그러나 확증을 추구하여 고뇌의 과정을 통과하는 신앙도 역시 귀하다. 한번 확신을 얻은 크리스찬은 자기 신앙의 변증을 위하여 더욱 변증적인 노력을 하여야 한다. 말하자면, 도마는 우리 모두가 확신할 수 있도록 하기 위하여 회의의 과정을 밟은 모델이 된다.

그뿐 아니라 도마의 일로 인하여 다음과 같은 귀한 예수의 말씀 즉, "너는 나를 본고로 믿느냐 보지 못하고 믿는 자들은 복되도다"(요 20 : 29) 하신 말씀이다. 제자들에게는, 고난의 상처를 가시적인 실증으로 확인하여 고백에 이르게 하셨으나, 그러나 앞으로 구름같이 벌떼같이 일어날 고백자(告白者)들은 제자들의 증언을 근거한 고백자들이 된다. 저희들은 귀로 들음으로 눈으로 보며 그리고 곧 의지로 믿음이 실증된다. 저희들의 신앙은 더욱 복된 것이다.

역사적으로 도마의 쌍둥이, 즉 눈으로 보아야 믿겠노라고 요구하는 지성인은 많다. 그리고 그들도 고난의 주의 대속의 은총을 진지하게 확인하고 도마와 같이 "나의 주 나의 하나님이여"라고 고백자가 되곤 하였다.

세리, 마태

부르심을 받다 : 마 9 : 9, 막 2 : 14, 눅 5 : 27.
열둘을 파송 : 마 10 : 3, 막 3 : 18, 눅 6 : 15.
예루살렘의 다락방에서 함께 기도 : 행 1 : 13.

현대의 선교신학에서 효과 있는 방법이 소위 '저녁 식사가 있는 전도 모임'(dinner evangelism)이다. 가령 새로 이사하여 옮긴 후 새로운 이웃들에게 저녁을 대접하는 자리에서 식사가 끝난 후 커피를 마시면서 두디선교의 필름을 단편으로 상영하고 그리고 부담이 없도록 전도와 신앙에의 초대를 하고 마무리를 짓는 방법이다. 이러한 '저녁식사가 있는 전도'가 서구사회에서는 자연스럽고도 친근한 접근이며 효율이 큰 것으로 평가된다.

그러나 이미 이러한 전도법은 결코 새로운 현대인의 아이디어가 아니다. 신약에 보면 마태가 회심한 후 즉시 이 방법을 실천하였기 때문이다.

예수의 열두 제자 중 두 개의 이름을 사용한 제자가 몇이 있었는데 그중 하나가 마태이다. 마태복음은 그의 이름을 마태라고 하였다(마 9 : 9, 10 : 3). 그러나 마가나 누가는 그가 세리로 금전사무를 보고 있을 때에 처음 그를 레위라고 하였고 나중에 그를 마태라고 하는 이름으로 명단에 넣는다(막 2 : 24, 3 : 18, 눅 5 : 27, 6 : 15). 혹 원래의 그의 가족이 사용한 이름이 레위였으나 회심 이후 예수께서 다른 제자들에게 새 이름을 주신 것처럼 마태라고 하는 이름을 주신 것으로 생각이 된다. 다른 견해에 의하면, 레위란 그가 속한 유대지파의 이름이었다고 보는 해석도 있다. 마가복음과 누가복음은 그의 이름을 사도의 명단에서 일곱 번째에 두었고 마태복음과 사도행전에서는 여덟 번째에 나오고 있다.

마가는 마태를 불러 알패오의 아들(막 2 : 14)이라고 하였고, 역시 작은 야고보(James the Less)가 알패오의 아들이라고 나오므로 확증은 없으나 마태와 이 야고보가 한 형제가 아닌가하고 생각을 묶는다. 만일 이 가정(假定)이 정확하면 예수의 제자 중에는 형제가 세 짝이나 있었다고 하는 이야기가 된다. 우리는 이 마태의 사람됨에 관하여 많은 지식이 있는 것이 아니다. 그러나 그에 관한 연구는 자연 복음서의 연구와 함께 큰 비중을 차지한다.

첫째로, 본래의 마태의 직업은 지극히 모멸의 대상인 세리(稅吏)였다

자신이 저술한 마태복음 안에 보면 그는 자기를 가리켜 "세리 마태"라고 하였다(10 : 4). 그러나 다른 복음서의 저자는 그의 이름을 언급할 때 그러한 모욕적인 직업의 설명을 하지 않았다.

이러한 저자 자신의 언급은 "나는 원래 사도의 반열은 고사하고 감히 복음서의 저자가 될 수 없는 한낱 세리였습니다. 그런데 주께 부름을 입어 이와 같이 변한 것입니다"라고 하는 고백적인 분위기 같은 것이 묵시적으로 번져 나온다라고 말하는 학자도 있다. 왜냐하면 당신의 세리라고 하는 직업 조직은 오늘의 일종의 마피아나 환각제의 밀매조직과 비슷한 지극히 타락한 장사꾼이었기 때문이다. 그러므로 이러한 자신에 관한 폭로적인 언급은 자신의 과거에 관한 고백적인 동기가 있는 것이라고 하여야 한다.

이같이 사회적으로 증오의 대상이었던 세리를 탈무드는 두 가지로 구분하였다.

하나는, '가바이'(gabbai)라고 하여 술이나 곡식 같은 상품에 세금을 부과하는 일반적인 세리이다. 다른 하나는 '미크사'(mikhsa)라고 하여 통관물에 관련이 된 세금을 거둔다. 마태는 이 두 번째의 속하는 세관원이었다. 이들 세리들이 모두 일반 여론의 지탄이 되고 있는 이유는 저희들은 무시로 행로에서 행인을 정지시켜 짐을 풀게 하며 지팡이로 짐 속을 휘저 세금을 부치는 그러한 무례한 일을 거침없이 하며 상대방의 불편에 개의치 않는 장난과 놀이삼아 하기 때문이다.

가버나움의 외곽지 입구에 사무실을 소유한 마태는 세무를 위하여 가장 유리한 지점에 있었다. 다메섹에 남하하여 예루살렘으로 내려 가야 하는 대상(隊商)은 언제나 이 가버나움의 세관을 통과하여야 한다. 그러므로 이곳은 언제나 상인들로 번잡하였다. 그리고 상품의 2퍼센트에서 12퍼센트를 부과하는 경우 그것은 막대한 이익이 된다. 또한 마태는 갈릴리 바다에서 출어(出漁)하는 어부들에게서 세금을 거두었다. 짐작컨대 베드로, 안드레, 야곱, 요한 등은 그에게 여러번 세금을 지불하였을 것이다. 시간마다 그의 수전함(授錢函)에는 주화가 던져지고 날이면 날마다 그곳을 지나가는 뭇사람의 냉대와 증오의 시선은 마태에게 쏠렸을 것이다.

그러나 당시의 세무관원들이 심한 미움의 대상이었다고 하는데는 그들의 관행적인 업무 이행이 일반의 신경을 자극하는 일을 서슴치 않았다고 하는 것 말고도 몇 가지의 추가적인 이유가 있었다. 그것은 저희들이 일반적으로 정직한 사람들이 아니었기 때문이다. 구체적인 실증으로 저희들은 로마당국에 고정금액을 납입하고 그리고는 일반에게 세금을 거둘 때는 가능한 한 모든 수단을 써서 그 이상의 세금을 거두어 그리하여 엄청난 차액을 수탈한다. 말하자면 로마제국의 절대적인 권력을 등에 업고 그리고 현지 주둔군(駐屯軍)의 협력을 얻어 얼마든지 임의로 세금을 걷었다. 결과적으로 빈한층은 날이 갈수록 피폐하고 교활한 세리들은 치부를 하였다.

그리고 또 다른 이유로, 세무관원들은 유대나라에 속한 것이 아니라 로마제국에 속한 관리이기 때문에 일상 매국노(賣國奴)로 간주되었다.

그러한 사회 전반에서 받는 사시적(斜視的)인 냉대는 저희들로 하여금 다른 이방인들과 그리고 창녀들과 몰려다니게 만들었고(마 18 : 17,

21 : 31), 그래서 "세리와 죄인들"(9 : 10)이라고 하는 관용적인 표현이 일반화하였다. 저희들의 증언은 유대법으로 인정이 되지 않았고, 교정이 불가능한 사회의 죄인 취급을 받아 회당 출입이 허락이 되지 않았으며 그리고 저희들이 제공하는 금전은 헌금이나 자선금으로도 용납이 되지 않았다. 이러한 사회적인 신분의 자리는 당시의 문둥이와 동등한 것이었다.

만일 마태가 직업적인 세무원이었다면, 그가 당초에 아무리 정직한 사람이었다고 해도 그의 업무의 성격상 불가피하게 부패와 타락의 늪에 빠지게 만들었을 것이고 주변의 이목이 자기를 창녀와 문둥이와 같은 서열에 놓이게 하는 처지를 어떻게 할 도리가 없고, 그 역시 점차로 재물에 관한한 집착하게 되었을 것이다.

두 번째로, 그러한 마태가 은혜의 부르심을 받았다

예수께서 나사렛을 떠나신 후부터는 가버나움이 예수의 주된 근거지가 된다. 주변 사정으로 판단하여, 마태는 예수의 노변에서의 옥외설교(屋外說敎)와 교훈을 여러번 반복적으로 들었을 터이다. 그리고 예수의 이적행위(異蹟行爲)는 가버나움에서 너무나 유명한 이야기거리였다.

얼마 전에는 예수가 베드로의 장모의 열병을 꾸짖어 물리쳤다. 그 결과로 온 가버나움의 온 도시 사람들이 환자들을 베드로의 집 문전에 즐비하게 운반하여 온 일이 벌어졌다. 재물이 많고 가버나움의 사정과 생활 그리고 인구동향(人口動向)에 정통한 마태가 이런 일들에 관하여 소상한 지식이 있었을 것이 틀림이 없다.

그런 마태가 들은 이야기에 의하면, 베드로가 형제와 조카들과 함께 고기잡는 일을 작업하다가 모든 일을 집어 던지고 즉각 예수를 따랐다고 하는 이야기인 것이다. 가장 극적인 이야기는 천정 지붕을 뚫어 아래로 교훈하는 예수 앞으로 친구들이 달아 내린 반신불수를 예수가 말씀과 명령으로 완치하여 무리들을 헤쳐 걸어나가게 했다는 이야기였을 것이다.

그리고 그 이야기에서 충격적인 것은 예수의 언명이 "소자야 네 죄사함을 받았느니라"(막 2 : 3-5) 하셨다고 하는 대목이다. 마태에게 있어서 큰 관심사는 자기 죄의 용서요 죄책으로부터의 해방이었다.

이런저런 생각이 마태의 뇌리에서 떠나지 않는다. 근자에 와서는 예수가 자기 같은 세리도 용납을 하실까 하는 생각이 자꾸만 생각에서 맴돌기 시작을 한다. 그러한 어느 날이었다. 사무실에서 일하고 있는 자기 앞에 갑자기 누군가가 서 있어서 장부를 보다가 무심코 사무적인 동작으로 얼굴을 들어 그를 똑바로 응시하는 자세가 되고 말았다. 자기 앞에 서 있는 그가 예수였다.

예수의 시선과 딱 마주보니, 마태는 자기 생활의 수치와 부끄러움이 그리고 자기 내부에 쌓인 부정이 일시에 드러나는 전율을 느꼈다. 다른 사람들이 한결같이 매도한 그대로 그 예수도 자기를 향하여 "이 더러운 녀석아, 이 돼지 같은 세리야" 할 줄 알았다. 그러나 그분은 은혜로운 음성으로 "나를 따르라"(마 9 : 9) 한마디뿐이었다.

이 예수의 한마디는 참으로 숨통이 터지는 감격이었다. 마태는 지금까지 자기를 고문하여 온 온갖 죄책에서 즉각적으로 해방이 되고 그리고 순간적으로 순결하여지는 자각을 하였다. 그의 양심이 드디어 평안을 얻었다. 마태는 지붕을 내려 온 반신불수를 고치실 때 비평자들에게 답변하셨다고 들은 예수의 답변인 "인자가 세상에서 죄를 사할 권세가 있다"(마 9 : 6)를 즉시 상기하였다. 그러므로 훗날에 마태는 그가 복음서를 집필하여 이 말씀을 자기의 회심 직전에 기록하는 것을 잊지 않았다.

마태는 장부를 덮었다. 즉시 사무실의 책상에서 일어섰다. 그리고 문을 걸었다. 그리고 그곳에서 밖으로 나왔다. 저자 누가는 이 마태의 회심을 이와 같이 기술한다. "그후에 나가사 레위라 하는 세리가 세관에 앉은 것을 보시고 나를 좇으라 하시니 저가 모든 것을 버리고 일어나 좇으니라"(눅 5 : 27-28). 다른 많은 사람들도 예수를 좇겠다고 청원을 한다. 그러나 집안에 초상이 났으니 장사를 마치고 오겠다고 하거나, 가족들과 작별인사를 하겠다고 하거나, 하던 일을 마무리 짓고 다시 오겠다고들 하였다. 그러나 마태의 반응은 즉시적이었다. 이러한 사정을 어떤 시인이 이렇게 시상으로 묘사한다.

"나는 나를 따르라 하신 말씀을
들었다. 그 한마디에,
책상 위에 쌓인 황금이 빛을 잃어, 내 영혼은 이미
주를 따르니 나는 일어섰다.
주를 따라 나섰다.
그분이 따르라 하시면 누가 그대로 앉아 있을 수 있는가."

마태는 지금껏 아무것과도 비교할 수 없는 참으로 놀라운 예수의 은혜에 접한 것이다. 지금껏 아무리 그의 죄가 크고, 그의 죄책이 연자맷돌 모양 그의 목을 잡아 눌렀어도, 순간의 용서와 그리고 영원한 해방과 회열이었다. 창녀와 문둥이의 수렁에서 사도의 영광이라고 하는 높이로 단숨에 비상(飛翔)한 것이다. 그의 이름 마태는 '하나님의 선물'을 의미한다. 주의 부르심은 일체의 모든 어둠의 과거로부터의 불러내심이었다.

오늘의 지도자론에서 말하고, 그리고 민감한 여론을 의식한다면, 예수와 마태와의 공적인 관계는 극력 피하여야 할 스캔들이 된다. 두 곳의 사도 명단에 마태가 일곱번째로 나오기 때문에 마태가 가담하므로서 앞서 소명이 된 여섯 제자의 입장과 처신(處身)과 체면이 말이 아니다. 그것이 오늘의 지도자론이며 그리고 오늘의 상식이다. 마태보다 앞서 부르심을 받은 안드레, 베드로, 야고보, 요한, 빌립, 그리고 나다나엘은 정정 당당한 갈릴리 노동자이거나 도덕적으로 대표가 될 애국자들이다. 이러한 반열에 마태가 끼어들어 사정이 아주 난처하여진다.

그 다음으로, 전략적인 핸디캡이 크다는 것이다. 이러한 세리 한 사람, 이 한 사람이 사도 중의 하나로 추가됨으로서 예수의 사역과 일반 군중과의 접촉이 매우 힘들게 되는 것이고 대중과의 원활한 유대가 저해된다는 것이 오늘의 지도자론의 시각에 의한 판단이다. 이러한 예수의 행동은 당시의 모든 관망자들에게 그리고 특히 우리는 너희들보다 거룩하다고 내세워 그러한 자존심을 자랑으로 알고 있는 바리새인이나 율법학자나 대제사장들에게 크나큰 쇼크였을 것이다. 누가복음이 "이 사람이 죄인을 영접하고 음식을 같이 먹는도다 하더라"(15 : 2)라고 그 상황을 설명한 것은 정확한 기록이다.

그러나 예수가 마태를 제자로 부르신 의도는, 누구라도 자기 죄를 사함 받을 수 있다고 하는 첫번째의 중요한 증언이 된다. 하나님의 사유와 사랑의 후보자는 교양인이나 선량한 자들만이 아니다. 하나님의 자비는 온 백성 모두에게 미친다. 사람들이 마태를 증오심의 표적으로 응시한다고 하면 예수는 마태를 '하나님의 사랑의 선물'로 바라보신다. 같은 선물이 회개하는 모든 죄인들에게 누구에게나 해당이 되는 것이다.

우리는 여기에서 예수의 또 다른 의도를 읽어야 한다. 예수의 선포와 사역은 모든 사회계층과의 관계에서 실현이 된다. 다시 말하여 그리스도의 몸된 교회 안으로 모든 다양한 사회계층의 사람들이 영접이 되어야 한다. 복음의 삶에는 다양한 인간의 합주적(合奏的)인 공동체가 필요하다.

무디의 부흥활동과 관련하여 무디의 집회에서 찬송가의 지휘와 감동적인 솔로로 무디를 크게 보좌한 아이라 샌케이(Ira Sankey)에 관한 다음과 같은 일화가 있다. 그는 원래는 정직하고도 성실한 사업가였다. 샌케이가 예수를 믿은 것은 16세였을 때 일이고, 처음 무디를 만난 것은 1870년 인디아나 폴리스의 YMCA에서 집회가 있을시였다. 무디는 즉각 그에게서 자기가 그처럼 오랫동안 하나님께 구한 찬송가의 지휘자 재목을 만난 셈이 된다. 무디의 첫 반응은 "이 사람아 내가 18년이나 찾았는데 어디에 있다가 이제사 나타났는가" 하는 감격의 폭발이었다.

이미 30세인 그에게 무디는 그의 사업을 정리하고 그와 함께 미주 각지와 구라파 일대의 순회 집회에 동행할 것을 강력히 요구하였다. 그러나 처와 세 아들과 그리고 부모를 부양하고 있는 건실한 가정인(家庭人)인 그는 선뜻 동의하지를 않았다. 그는 자기 고장의 지역 담당의 책임을 진 세무사(稅務士)였다. 그 자신이 은행장의 아들이고 그리고 그는 이미 생활의 안정과 보장이 있을 뿐 아니라 앞날에 연방청에서 고위직이 기다리고 있는 사정이었다.

그러나 무디는 하나님의 뜻이 다른 것을 예비하셨다고 강력히 요구하였다. 설득을 당한 그는 시험 베이스로 1871년 중반기에 시작한 전도집회에 동참하였다. 그리고 그렇게 시작이 된 그의 무디전도집회는 그후 30년이나 계속이 된 헌신이 되었다. 그가 자기의 사업을 포기하고 일어서지 않았다고 하면 미국교회사의 큰 손실이 될 뻔하였다.

세 번째로, 우리가 주목하여야 할 것은 마태가 차린 풍성한 잔치이다

누가복음 5장 20절에 보면 다음과 같은 문절이 기록이 되어 나온다. "레위가 예수를 위하여 자기 집에서 큰 잔치를 하니 세리와 다른 사람이 많이 함께 앉았는지라."

이러한 언급이 주는 인상은 마태가 그간에 치부한 재물과 부요함을 암시한다. 그는 누구나 와서 만족하도록 큰 잔치를 열었다. 그러나 마태가 이같이 푸짐하게 마련한 투자는 다음과 같은 이유에서 정당한 것으로 판단이 된다.

하나는, 축하의 의미이다.

회심과 새로운 삶의 시작이 참으로 그에게는 모든 사람과 더불어 축하하고 싶은 진정한 행복이었다. 드디어 악몽과 같은 어둠의 과거는 지나갔다. 말하자면, 이 잔치는 자기의 영혼을 주께 드린 혼인 잔치이다. 그러므로 이 잔치는 마음에서 마련된 것이다.

성서의 세계에서 함께 공동의 식사를 취하는 자리는 다양한 의미를 지닌다. 혼인의 비유, 마리아와 마르다의 잔치, 엠마오의 길에서 저녁에 나눈 조출한 석식, 5000명과 그리고 4000명과 함께 한 광야의 떡 잔치, 그리고 최후의 만찬 등등이다.

과거 모세가 백성을 이끌어내 애굽에서 탈출한 후에 있었던 잔치처럼 마태는 자기의 마음과 영혼과 위신을 볼모로 잡아 둔 과거의 속박에서 해방이 되었다. 마태의 이 잔치는 그의 감사와 기쁨의 표시였고 그리고 주님과 제자들이 귀한 주빈 손님이다.

다른 또 하나의 의미는 작별의 의도이다.

마태는 뒤로 돌아갈 다리를 불태운 것이다. 자기의 옛 동료들에게 그가 지금까지의 직업에서 손을 뗀다고 하는 고별의 뜻이요. 공적으로는 그가 하나님의 나라를 위하여 헌신을 한 자기의 정체를 당당하게 밝히는 계기인 것이다. 다시 말하여 옛 습관에 죽음을 고하며 새로운 삶이 태어남을 고백하는 가령 세례와 동등한 의미가 있다.

이 마태의 잔치는 증거의 수립을 의미한다.

마태는 동리와 이웃과 그리고 옛 동료들을 초대하여 그것으로 증거를 삼으려고 의도하였다. 마태가 경건한 사람들을 초대하였다고 하면 그것은 헛수고였을 것이다. 세리의 잔치를 그런 의인들은 묵살할 것이 확실하다. 그러나 그 자리에 모인 저변사회(底邊社會)의 '풀뿌리'들과 예수는 자리를 같이 하여 그 자리가 의미심장한 증거가 되게 한다.

이 마태의 잔치를 눈앞에 상상하여 보라. 안드레가 베드로를 소개하고 인도한 거와 같이, 그리고 빌립이 나다나엘을 전도한 거와 같이, 이 잔치에서 마태는 뭇사람들에게 예수를 소개하였을 것이 틀림이 없다. 그러한 마태의 의도가 확실한 이 잔치는 원초적인 맥락에서 선교 전략적으로 평가가 되어야 한다.

당시의 경건한 유대종교의 지도자들이 예수의 새로운 신앙 운동을 주목하여 예수와 그의 제자들이 분별없이 죄인들과 어울려 함께 음식을 먹는 자들이라고 사시적(斜視的)으로 비난한 이유가 처음부터 저희들이 눈으로 명확히 확인한 것이지만, 예수의 답변 역시 조금도 숨김이 없는 사실대로의 시인이고 그리하여 "건강한 자에게는 의원이 쓸데없고 병든 자라야 쓸데 있나니 내가 의인을 부르러 온 것이 아니요 죄인을 불러 회개 시키러 왔노라"(눅 5 : 30 − 32, 참조 마 9 : 11 − 13)하신 언급은 원초적인 예수의 말씀으로 해석이 되는 중요한 말씀이다.

예루살렘에서 행하신 최후적인 논쟁에서 "세리들과 창기들이 너희보다 먼저 하나님의 나라에 들어 가리라"(마 21 : 31) 하신 말씀은 이미 원초적으로 마태복음 9장 9절에서 13절에 공언하신 정의와 일치한 결론이어서 참으로 감동적이다.

사회 저변에 있는 '풀뿌리' 같은 무리들에게 쏟으시는 예수의 사랑과 관용에 대한 불평이 노골화하면서, 예수는 저희들의 비난과 불평들을 잠재우기 위하여 연속적으로 아름다운 비유와 예화를 말씀한다. 가령, 잃어버린 양, 잃어버린 은전, 돌아온 탕자. 그리고 잃었다가 찾은 것들이 이유가 된 기쁨과 만족을 언급한다. 그 중에서 잃어버린 영혼을 다시 회복한 기쁨은 하늘의 기쁨이라고 설명하신다. 이러한 맥락에서 불평하는 바리새인들의 역할은 마치 돌아온 동생을 시샘하여 아버지께 항의하는 장자의 언동과 같다(눅 15장).

미국의 슈메이커 목사(Sam Shoemaker)가 건전한 신앙인의 봉사에 관한 유모를 말하면서, 성도가 자리를 정하여야 할 가장 좋은 자리는 구원의 문안에서 깊이 들어간 자리가 아니라 바로 문이 있는 자리라고 하면서 그 이유가 너무 깊이 안으로 들어가면 밖의 사정을 잊어버린다고 하였다. 문 가까운 위치에 있어야 밖에서 문을 두드리는 자들을 문열고 인도할 수 있지 않은가라고 말했다고 한다.

이러한 실화가 있다. 칠레에 있는 어느 교회는 밤 예배시에 환하게 불을 밝히고 문을 열어 놓은 채 예배를 보는 관례가 있다. 그래서 그 교회까지 추격을 하던 경찰은 그 예배장소로 숨어 버린 도적을 놓치는 일이 생긴다고 한다. 몇년이 지나 연하장이 경찰국장에게서 왔는데 전자에 흉악범이었던 24명의 사진이 있는 연하장에 저들이 모두 그 교회의 감화로 새로운 사람이 되었다고 하는 신년 인사였다고 한다(Leslie B. Flynn, *The Twelve*, p. 107).

끝으로 복음서 저자로서의 마태의 자리이다

마태와 함께 있었던 동시대의 가버나움 사람들은 세리 마태에게서 무슨 좋은 일이 일어나겠는가 하는 생각을 했을 것이다. 그러나 예수는 그에게서 미래에 성취될 경이적인 결과를 내다보셨다. 마태는 수집과 분석력이 뛰어나고 수치(數值)의 감각과 계산의 능력은 물론, 아람어, 끄레시아어, 라틴어 등 어학의 소화력과 여러 가지로 포괄적인 능력의 소유자였다. 결과적으로 마태는 예수를 따르기 위하여 재물과 금전을 버렸으나 그러나 영원히 그 가치가 찬연히 빛날 신약의 첫권인 복음서의 저자가 되었다.

마태의 분석과 추적의 능력은 예수의 족보를 다윗의 왕손이라고 하는 시각에서 수립하게 하였고 그의 수치(數值) 감각은 마태복음에 족보를 3단으로 구분하여 14의 동수가 되게 하였다. 그는 전통적인 유대인이기 때문에 1장과 2장 두 장에서 머리말에 부쳐 "이 모든 일의 된 것은 주께서 선지자로 하신 말씀을 이루려 하심이니"(마 1:22, 2:15, 17, 23)라고 유대인들에게 친숙한 형식을 도입하였다.

마태가 얼마나 치밀한 장부기록의 전문가였는가 하는 특성이 마태복음의 다음과 같은 성격에서 여실히 드러나고 있다. 가령, 그의 저술인 마태복음이 제목별로 구성이 되었다고 하는 사실이다. 마태복음의 5-7장의 산상설교 그러니까 하나님의 백성의 가치관과 생활훈(生活訓)을 언급한 것이고, 10장은 제자의 파송과 관련하여 하나님의 나라의 선포이다. 13장은 하나님의 나라의 성장에 관한 일곱가지의 비유이고, 18장은 겸손과 자녀들의 영적 양육과 용서와 관련하여 하나님의 나라의 생의 양태(라이프 스타일)이다. 23장은 백성을 잘못 인도한 지도자들에 대한 경고로서 그리스도가 언급하신 반복적인 저주가 나온다. 24장과 25장은 감람산에서 주신 미래에 관한 예언과 예수의 재림이다.

과거에 금전적인 계산과 장부의 기록과 판독의 기술이 전문이었던 그의 전문 지식이 예수의 설교를 요약 기록하고 예수의 행동을 추적하는 저술이 되게 한 것이다. 말하자면 마태는 그의 뒤를 이어 줄지어 출현하게 될 별과 같이 많은 저술가, 장부기록, 비서직, 편집자, 저널리스트, 시인들 중에서 부르심을 받은 선구자가 된 것이다.

교회 전승에 의하면 마태는 주로 에디오피아와 페르시아 지역에서 선교활동을 하였다. 마태의 상징은 원래의 그의 직업을 회상케하는 상징으로서 세 가지의 전대(錢袋)라고 한다. 성서학자는 삭개오의 이야기가 마태의 것이고 그리고 예수와 삭개오와 만남을 드러나지 않게 그늘에서 준비한 사람은 바로 마태라고 생각을 한다.

젤롯당의 사람, 시몬

마 10 : 4, 막 3 : 18, 눅 6 : 15.

수년전 바르셀로나에서 황영조 선수가 올림픽의 꽃이라고 할 수 있는 마라톤에서 단연 우승자로 드디어 스타디움에 들어와 트랙을 뛰자 현장보다 더한 감격과, 해일(海溢) 같은 환호성의 파도가 서울 장안에 터졌다. 3000만이 예외 없이 모두 황영조 선수를 향하여 박수를 보냈다. 그리고 며칠간은 황영조의 금메달이 온통 화제의 꽃이었고 사람들의 홍분이 좀처럼 가라앉지 않았다.

이와 같이 열광적으로 지원하는 자들을 '팬'(fans)이라고 부른다. 그리고 이러한 열광적인 추종을 일삼는 어떤 종교적인 형태를 같은 어원에서 파생한 열광주의자(fanatics)라고 부른다. 예수의 열두 제자 중에 이러한 열광주의적 종파에 속한 한 사람이 있었다. 그가 젤롯당파의 시몬이었다.

예수의 제자 중에 시몬이라는 이름의 두 사람이 나온다. 한 시몬은 베드로이고 다른 시몬은 열심당이라고도 부르는 젤롯당파에 속한 시몬이었다.

실제로는 시몬이 나오는 네 번의 경우(마 10 : 4, 막 3 : 18, 눅 6 : 15, 행 1 : 13)에서 누가의 글에서만 젤롯이라고 단서가 붙는다. 이 시몬의 신병(身柄)을 설명하여 갈릴리에서 고기를 잡다가 부름을 받았다고 하는 전승이 있고, 그리고 가나의 혼인기사가 나오거니와 그 신랑이 이 시몬이었다고 하는 설도 있다.

이 시몬에 관한 이야기나 설명이 복음서 내용에서 충분하지 않고 그의 이름은 언제나 열두 제자의 명단 중 끝부분에서만 나온다. 그러나 우리가 여기에서 다른 시각으로 주목해야 하는 이유가, 예수를 따른 70문도를 제치고 젤롯 시몬이 열두 제자 중 한 사람이 되었다고 하는 것과 그리고 그의 이름에 단서처럼 있는 젤롯이라고 한 설명으로 하여 그가 예수의 제자 중에서 지극히 열광적이었다고 하는 독보적인 의미가 있다고 하는 것이다.

첫째로, 그는 젤롯당 경력의 소유자였다

예수 시대의 광범한 맥락에서 유대주의 종파는 적어도 네 가지 종류의 분파들, 그러니까 바리새, 사두개, 엣세네, 그리고 젤롯이 대표적이었고 시몬은 그 중 마지막의 젤롯당원이었다.

흠정판 영문성서에 보면 마태복음과 마가복음이 시몬을 가나안 사람이라고 한 일이 있으나 그러나 후에 이것은 젤롯이라고 바로 잡아 놓았는데 그러한 오역은 아람어로 '가나나이어스'가 젤롯 사람들을 의미하며 가나안 사람인 '가나나이테'와 매우 유사하기 때문에 오역이 생겼다. 다시 말하여 '가나나이어스'는 정치적인 의미이고 '가나나이테'는 지역적인 의미이다. 누가복음 6장 15절은 이것을 교정하여 시몬이 가나안 사람이라고 하는 대신에 젤롯이라고 하였다. 시몬은 유대인의 사회 단체 중에서 가장 과격한 집단인 '젤롯당'에 속한 자였었다.

젤롯의 뿌리는 기원전 167년으로 소급이 된다. 연로한 대제사장 마다디아스(Mathathias)가 예루살렘 근처의 한 촌락에서 안티어크스 에피파네에게 정식으로 항전을 시작한 일에서 연유된다. 그가 사망한 후 그와 함께 항전을 한 다섯 아들 중 '쇠망치를 든 자'라고 알려진 장남 유다 마카비어스가 지휘자가 된다. 유대의 역사에서 이 마카비어스의 항전은 참으로 자존과 긍지로 기억이 된다. 그러나 마카비어스의 주권시대는 로마의 침공으로 끝이 나고 말았다.

그후 로마의 노련한 정치로 오랜 평화가 찾아오기는 했으나 그러나 팔레스틴은 잠시 침묵하는 휴화산(休火山)과 같은 지역이었다. 헤롯대왕은 로마와 흥정하여 통치권을 손에 넣어 그리하여 준(準) 평화시대가 지속한다. 그러나 그가 사망하자 즉시 민요가 터진다. 갈릴리 지역에서는 유다라고 하는 지도자가 봉기하여 왕성을 습격하고 무기고를 열어 무장을 하여 잠시나마 격렬한 항쟁을 하였다. 얼마후 신임 총독인 쿠이리느스가 유다에 인구조사를 실시한다. 이 인구조사가 다시 유대민족의 감정에 불을 부쳐 유다라고 하는 자가 독립항쟁을 일으켰으나 얼마 안가서 대량 학살로 진압이 되고 그리고 유다는 살해되고 만다. 이러한 일련의 불안한 배경에서 스스로를 젤롯이라고 칭하는 과격한 투쟁파(鬪爭派)가 생겨났다.

외세(外勢)의 지배를 폭력수단으로 항쟁하는 이들을 가리켜 젤롯당 또는 '열심당'(熱心黨)이라고 한 이유는 저희들보다 100년전 그 유명한 마카비어스 형제의 아버지 마다디아스가 별세하며 남긴 "내 아들들은 율법에 열심하여 조상들의 언약을 위하여 생명을 바쳐야 한다"(마카비어스 1서 2:50)라고 한 유언에 근거한다고 한다. 그러므로 이 이름을 가진 독립항쟁의 당원들은 외세와 맞서 싸우기 위하여 자신들의 이익을 돌보지 않고 가장 희생적이고 폭력적이다.

이들 젤롯들은 지하 조직으로 있는 태업과 항쟁의 전문가들이다. 성서학자들의 견해에 의하면 예수 대신에 석방이 된 바라바라고 하는 이름의 강도는 이 젤롯의 지휘자급이라고 한다. 같은 맥락에서 사도행전 21장 38절에 등장하는 "4000명의 자객"들은 젤롯이라고 판단이 된다. 역사가들은 70년에 예루살렘이 멸망 당할시에 로마 침공군의 분노를 자아내게 한 것이, 젤롯들이 동족들 중에서 온건 중도파를 가차없이 살해한 폭행 때문이라고 한다. 최후의 거점이었던 난공불락의 요새 마사다에서 끝까지 항쟁한 1000명의 용사들이 지휘자의 불같은 열변에 순복하여 자기 처와 자녀를 살해한 후 자결을 한 사건은 너무나 유명한 항쟁투쟁의 참극(慘劇)이다.

　상술한 역사적 배경은, 예수의 제자가 된 젤롯 유다를 이해하는데 도움이 될 것이다. 시몬은 예수의 제자 중에서 가장 열정적인 애국주의자이며 로마의 지배에 항거하는 위인이었다. 당시의 유대인 젤롯당원들은 야밤에 가족 몰래 일어나 동료들과 함께 로마병영이나 초소(哨所)를 뚫고 잠입하여 군사요점을 공격하고 살육을 한 후에 아무 일도 없었던 것처럼 다시 자기 가족 몰래 귀가한다. 시몬이 과거에 이러한 경력이 있거나 지금도 그런 일을 가끔 하는 중이었는지 알 길이 없어도 젤롯의 신분이란 그런 사람인 것이다.

두 번째로, 시몬은 변화를 받았다

　그처럼 과격한 행동주의자가 하나님의 일을 위하여 주의 제자가 된 후 확실히 변화되었다.

　1) 우선 어떤 이유에서 온유 겸손한 주가 이와 같이 격렬한 혁명가인 그를 사로잡은 것일까

　그의 안목에 비친 예수는 쉬지 않고 정열적으로 일하는 분이 아닌가. 새벽에 기상하여 한 밤을 철야기도하시며 전혀 자신의 몸을 돌보지 않고 휴식 없이 하나님의 일을 행동하는 놀라운 정열이었다. 예수의 휴식 없는 격무는 폭풍 속 심히 흔들리는 배 안에서 오히려 안식할 수 있는 정도였다. 하나님의 일만을 추구하는 예수의 사역에서 젤롯 시몬은 경이의 눈으로 바라볼 뿐이었을 것이다.

　예수의 교훈에서 시몬이 깨닫게 된 하나님의 나라는 자기들이 기왕에 추구한 정치와 폭력의 표적과는 비교가 안되는 고도의 영성의 차원의 것이었다. 시몬이 생존하고 있는 그 사회는 가난한 자의 울음과 버려진 과부와 고아들이 거리에 넘치고, 서민들이 착취 당하고 과중한 세금과 정당한 노임지불이 없는, 노동자들의 억울함이 도처에 예사로 있는 그런 난국이다. 그러한 맥락에서 시몬은 예수의 축복과 그 나라의 소망을 들

었다. 그는 흥분하고 그의 마음은 끓었다.

시몬은 자주 예수의 초자연적(超自然的) 이적과 신유와 축마 행위(逐魔行爲), 심지어는 죽은 자를 다시 살리시는 권능에 압도되고 만다. 과거에 그런 유를 경험하거나 들은 일조차 없는 사실을 현장에서 목격한 것이다.

시몬은 예수가 성전에서 상인배(商人輩)들을 몰아내고 돈궤를 업는 공의의 행동을 보고 스스로 "이 사람이다!" 쾌재(快哉)를 올렸을 것이다. 바리새인의 위선을 책망하시는 당당한 권위 이미 사망한 유대주의에 대한 유일의 대안(代案)으로 확신할 만한 예수의 선포 행위는 그에게 틀림없이 그는 메시아라고 하는 것과 그 나라의 회복을 확실히 기대할 수 있는 약속이었다.

끝으로 예수가 하나님의 아들이심을 변증하신 교훈(요 3:13)과 영광 중의 강림할 인자에 관한 언약, 이 세상의 나라와 왕과 정사(政事)들이 모두 그 앞에 굴복할 것이라고 한 단호한 교훈에서 그의 선택과 그리고 그의 소망은 절대로 단호한 것으로 자리 잡았을 것이다. 사실 예수가 이스라엘을 회복하시리라 하는 기대는 모든 제자들이 끝까지 흉중(胸中)에 간직한 소망이었다.

2)왜, 예수는 시몬이 필요하셨을까

일견 표면상으로는 시몬의 선택이 주관적인 것이요 잘못된 선택이라고 하자. 그러나 예수의 선택이라고 하는 다른 편에서 보면 문제는 달라진다. 세리 마태와 비교, 각기 배경과 생활이 이같이 양극적으로 판이한 두 인물을 한 집의 식구가 되게 하여 어쩌자는 것일까. 마태는 전신이 친(親) 로마의 세무사이었고 시몬은 목숨을 걸고 투쟁하여 온 반(反) 로마의 폭력투사가 아닌가 말이다. 그리고 제자 중 한 사람, 시몬이 가담함으로서 예수의 사역이 정치적인 목적이 있는 것으로 오해될 소지가 생겨나는 것이 아닌가.

그러나 이런 주변의 여론이 예수의 사역에 아무런 영향도 주지 않았다. 오히려 우리는 예수의 사역을 정당하게 이해하기 위하여 예수께서 제자들을 선택할 때 같은 마음을 가진 동류적인 순응형(順應型)만을 선택한 것이 결코 아니라고 하는 사실을 주목하여야 한다.

어떻게 생각하면, 결과적으로 예수는 당시의 사회 그대로를 축소한 그러한 집결(集結)을 의도한 것이 아닌가 하는 시각적인 이해도 가능한 것이다. 시몬은 시몬이 대표하는 계층이 있는 것이다. 그리고 훗날에 그는 그러한 혁명기질(革命氣質)의 사람들에게 사역하여야 하는 것이 아닌가.

3) 양극적인 입장의 화해(和解)

정상적인 젤롯 사람의 의식과 행동으로 말하면, 전자에 세리였던 마태는 접촉하는 초기의 살해해야 할 사람으로 명단에 이름이 오른 자이다. 그러나 이와 같이 깊은 골이 파인 적대 감정을 예수는 화해시켰다. 두 사람 사이에 놓인 깊은 마음의 골이 한 예수를 사랑하는 공동 의식으로 치유된 것이다. 이러한 양극적인 대표가 이 작은 회동 안에서 평화를 회복할 수 있으면 복음의 능력은 일체의 사회분열을 치유할 수 있는 임상학적(臨床學的)인 증거가 된다.

4) 정열(情熱)이 있는 성화(聖化)

정열 그 자체는 결코 나쁜 것이 아니다. 정열이 위험하다고 하는 것은 무엇을 위한 정열인가 하는 문제에서 제기된다. 흔히 지성은 정열을 통제한다. 그리고 흔히 정열은 사람으로 하여금 침착한 마음을 잃게 하여 편견을 고집하게 한다. 그러한 정열은 쉽게 한(恨)이 되기 마련이다. 정당한 지식이 없는 정열은 위교(僞敎)와 이단(異端)과 심지어 사교(邪敎)에 빠지게 한다.

잘못된 정열은 사람을 해하며 하나님을 위한 충성이라고 착각을 한다. 교회를 잔해하며 스데반의 재판에서 유죄 판결에 가편을 던진 바울은 그것이 당시 그의 하나님을 위한 열심이었다. 그는 예루살렘에서 100마일

이상의 거리인 다메섹까지 원정을 하여 교회를 박해하려고 행동하였다.
  훗날에, 바울은 깨달음이 없는 열심은 눈먼 자의 소행이라고 자각한
다. 같은 이유에서 젤롯 시몬은, 얼마전까지 과격한 파괴적인 혁명투쟁
을 계속하며 하나님을 기쁘시게 하는 열심이라고 정당화하였을 것이다.
그러나 그의 정열은 통제되어야 하며 정당한 방향으로 궤도 수정이 되어
야 한다. 하나님의 나라를 위하여 스스로 멍에를 메어야 하는 것이다. 다
시 말하여 영적인 자유 투사(自由鬪士)로 변화 받아야 하는 것이다.
  주님은 강력한 의지의 사람을 필요로 하신다. 다른 제자들도 시몬과
같은 용기 있는 행동에 동참은 못해도 그의 용기 있는 동기를 충분히 이
해하고도 남음이 있었다. 생각에 따라선 시몬의 과감한 행동주의는 다른
제자들의 행동이 요구되는 때 행동하도록 점화(點火)하는 구실을 했을
것이다. 한 사람의 용기는 쉽사리 다른 사람에게로 같은 용기 있는 행동
을 하도록 감전(感電)되는 법이다. 확실한 것은 시몬이 끝까지 젤롯으로
머물러 있었다고 하는 것이다.

  5) 증오가 변하여 사랑으로
  칼을 버리고 십자가를 취한 시몬은 끝까지 예수를 따랐다. 예수가 잡
히신 그 마지막 밤에도 시몬은 다른 제자와 함께 다락방에 있었다. 시몬
은 부활하신 예수가 최초로 현현(顯現)하는 그 밤에 다른 10명과 함께
현장에 있었으며, 그 다음 주일에 11명과 함께 하는 자리에서도 예수의
현현을 목격하는 현장에 있었다. 시몬은 그후 오순절 사건에도 있었으며
사도행전에 집체적으로 제자가 언급이 된 자리에는 한번도 빠진 일이 없
었다.
  모든 인격이 거듭나도록 하시는 주의 감화로 시몬의 정치적인 야심은
평화를 나눠주는 영감이 되게 하였다. 군사적(軍事的)인 충동은 변하여
선교사의 헌신이 되게 하였으며, 한 나라를 사랑하는 협소한 국수주의
(國粹主義)는 세계를 구원하기 위한 하나님의 나라의 선포가 되게 하였
다.

예수의 교훈의 감화로, 사람을 노예로 구속하는 부정적인 힘은 로마가 아니라 사탄과 죄인 것을 알게 되었다. 사람이 사는 동안 평생을 걸고 진력하여야 할 가장 큰 목표는 로마제국의 굴레를 벗어야 할 자유가 아니라, 사죄를 통한 자유인 것이다. 시몬이 예수를 만난 후 그는 혼신의 힘을 기울여 주의 나라를 선포하기 위해 수고하였다. 증오심으로 출발한 시몬은 사랑의 종착지(終着地)에 도달한 것이다.

세 번째로, 우리는 시몬의 열심이 필요하다

제자들은 하나같이 예수에게서 비상한 열심을 배웠다. 열정적으로 행동하는 예수를 지켜본 저희들은 "주의 전을 사모하는 열심이 나를 삼키리라"(시 69 : 9, 요 2 : 17)하신 성경 말씀을 상기하였다. 저희들은 예수의 인격 속에서 타오르는 불꽃을 본 것이다. 예수의 불 같은 정열과 참으로 따스한 인간애를 느꼈다. 이러한 예수의 열심을 풍자한 루즈벨트 대통령은 예수의 불길이 자기를 삼킬까봐 소년시절 교회가 무서웠다고 회상하면서 요즘은 대체로 목사에게서 그러한 열심의 불이 식어 주일학교 어린이들이 안전하다고 우회적으로 빈정댄 일이 있다고 한다(Leslie B. *Flyn,* p.125).

초대교회의 선교 활동에는 바로 이러한 예수의 열심이 있었으므로, "천하를 어지럽게 하는 이 사람들"(행 17 : 6)이라고 하는 평가가 생겨났다. 당시 알려진 도처에, 기독교가 근거지를 확보하였고, 복음이 뿌리를 내리기까지 그리 많은 시간이 걸리지 않았다. 이미 3세기가 되기전 당시 로마제국 전 인구의 십분지 일이 명분상 기독교 신도가 되었다.

미국의 한 소녀 수영선수는 미국 청소년 아마추어 대회의 기록을 세개나 세우고 성인 수영대회에서 두 번이나 우승을 하였고 그 밖에도 메달을 60여개나 획득한 선수였다. 그녀가 그러한 기록을 세우기까지 일체의 춤이나 테니스나 농구 등의 동작이 절대로 허락이 되지 않은 엄격한 금욕적인 통제 생활이 강요되었다고 한다. 그 이유는 수영만을 위한 근육조직(筋肉組織)에 저해가 오기 때문이라고 한다. 그녀는 하루 네 시간 이나 수중 훈련으로 인내심을 길렀고, 물을 치며 앞으로 나가는 추진력 을 기르기 위한 반복 동작으로 손목이 타박상(打撲傷)을 입는 정도였고, 격한 물흐름을 가르는 기술을 익히기 위하여 퍼드맥 강에서 직접 실습을 하였다.

일반 세속 사회에서도 하나의 선수권 소유를 위한 강훈련이 이와 같이 맹렬하다. 예수께서 말씀하신 불의한 청지기의 비유는 그의 불의한 행위 말고 그의 집념 때문에 들려 주신 비유이다(눅 16 : 1-9). 그러므로 "이 세대의 아들들이 자기 시대에 있어서는 빛의 아들들보다 더 지혜로 움이니라"(16 : 8). 이와 같이 주가 말씀한 맥락을 이해하여야 하고 매사 에 적극성이 없는 라오디게아 교회에 주신 주의 경고(계 3 : 15-16)를 귀담아 들어야 하는 것이다.

종종, 서구사회에서는 열심이 종교와 연관이 될 때 백안시하는 경우가 있다. 그러나 이른 아침 5시에 슈퍼마켓의 새로운 상품이 입하했음을 알 리는 거리의 아르바이트 소년을 부지런하다고 하고, 그리고 이른 아침 사람들이 몰려오기 전에 차를 몰고 먼저 슈퍼에 갈 생각을 한다. 그러나 만일 아침 5시에 교회 예배에 초대하는 전단을 배포하는 주일학교 소년 이 발견이 된다고 하면 생각은 오히려 반대이다. 주말 이른 새벽부터 소 년을 혹사하는 유사종교(類似宗敎)가 아니냐, 혹 인권에 저촉되는 문제 가 아니냐는 등 청소년 인권보호위원회에 전화 문의를 하는 등 커뮤니티 의 공기가 냉냉하여질 것이다.

나는 또 다음과 같은 경우를 미국유학시절 강의에서 들은 일이 있다. 이제는 아득한 과거이지만 그러나 지금에도 별로 달라진 것이 아니다. 어느 중도시이다. 상당히 추운 11월말 야외 경기장에서 미식축구팀의 격 돌이 있었다. 이 게임을 보기 위하여 완전히 두터운 탑코드로 무장을 한 남녀들이 뜨거운 커피를 보온병에 채워들고 바람이 쌩쌩 부는 계단 의자 에 걸터 앉은 10여만이 흥분한다. 그러나 만일 교회에 난방이 고장이 나 고 야외에서 예배를 본다고 하면 정신병자라고 웃을 것이다라는 농담이었다.

기숙사에서 심야까지 불을 켜 전공서적을 공부하면 우수한 학생이라고 한다. 그러나 심야에 자지 않고 성서를 읽으면 광신자라고 딱지가 붙기 쉽다. 같은 경우가 사도행전에 나온다. 총독이 소리쳐 바울에게 말하여 "바울아 네가 미쳤도다 네 많은 학문이 너를 미치게 한다"(행 26:24) 하였다. 같은 오해를 우리는 오늘의 맥락에서도 쉽게 경험한다.

여러해 전 몬트리얼의 매길대학의 키프링(Rudyard Kipling) 학장이 졸업식 연설에서 이러한 한 마디를 하였다. "제군(諸君) 언젠가 원숙하여지면 금전과 지위와 명성에 관한 지나친 열심이 부질없음을 알 때가 올 것입니다. 열심이라는 어의는 En-thuse 즉 '하나님 안에서' 입니다. 진실로 고귀한 열심은 하나님께 향한 열심이어야 합니다"라고.

미국의 어느 거리에 샌드위치맨이 이상한 광고문을 자기 몸 앞뒤에 걸고 걸어온다. "나는 그리스도를 위하여 바보가 되었습니다." 사람들이 조롱삼아 그의 걸어가는 뒷 모습을 지켜보았습니다. 그러나 이내 심각한 얼굴이 되었습니다. 등에 걸린 문구는 "당신은 누구를 위하여 바보가 되었습니까" 하는 질문이었기 때문이다.

마리아는 일년분의 임금에 해당하는 향유를 예수의 어깨와 발에 부었다. 바울은 자기의 지적 소유 전부와 평생의 수고를 그리스도를 전하기 위하여 배설물처럼 포기하였다. 모든 사도들은 예수의 사랑으로 인하여 생애를 헌신하였다.

인도의 해안선에 도착한 영국 캠브리지대학의 헨리 마틴(Henry Martin)은 그의 첫 언급이 "나는 하나님을 위하여 완전 연소하기를 원하노라"이었다. 스펄존(Spurgeon)은 심령을 구원하는 데 있어서 가장 기본은 열심이라고 견해를 말한 일이 있다. 한 교회 지도자가 어떻게 하여야 교회가 영적으로 도움이 되는가 하는 질문을 받고 그는 "열의가 있는 일꾼이 있어야 한다"는 한마디였다.

바울의 권면은 "무슨 일을 하든지 마음을 다하여 주께 하듯하고 사람에게 하듯 하지 말라"(골 3:23)이었고, 베드로는 "너희가 열심으로 선을 행하면 누가 너희를 해하리요"(벧전 3 : 13) 격려하고 있는 것이다.

열심당 시몬은 예수와의 관계에서 흥분의 절정을 경험하였을 것이다. 우리의 신학적 지식은 도식상의 것으로 사죄와 영생과 하나님의 나라가 우리의 본향인 것을 인지하게 한다. 그러나 흥분이 없을 수 있는가. 우리가 영생을 소유한 것을 확신할진대 시몬과 같이 열의를 지닌 크리스찬이 되지 않을 수 있겠는가.

네 번째, 시몬의 순교

시몬의 사역에 관해서는 참으로 전설이 풍부하다. 그의 사역지는 소아시아, 북아프리카, 흑해연안, 그리고 페르시아에 이른다. 전설에 의하면 그는 페르시아에서 폭도에 의하여 살해 당한다. 시몬의 상징은 성서 위에 놓인 물고기이다. 참으로 성서로 영혼들을 구원한 어부의 귀감이요 실천이었음을 바로 본 것이다.

시몬은 자칫하면 냉각해지고 그리고 영적으로 무력해지기 쉬운 오늘의 우리들의 타성에 대한 참으로 적절한 교사이다. 우리들은 이와 같이 기도하여야 한다.

성령이여, 하늘의 비둘기여
당신의 민첩함이 우리에게 내려와
거룩한 사랑의 불꽃을 점화하여
우리의 냉각이 된 마음을 다시 뜨겁게
타오르게 하소서.

과연 망각이 된 제자들인가
-작은 야고보와 가룟인이 아닌 유다

이런 전설이 있다. 거대한 성전을 새로 건축하기로 책임을 진 천사가 모든 건축자들에게 널리 광고하여, 건축하는 일에 가장 큰 공헌을 한 사람에게는 큰 상을 주리라 약속했다고 한다.

건축이 진행이 되면서 모든 사람들의 생각 속에는 과연 누구에게 그 큰 상이 돌아갈 것인가 하는 궁금증이 커갔다. 설계자인가, 시공주인가, 목공인가, 금세공(金細工)으로 제작할 미술가인가, 아니면 제단을 단정한 유명한 목각(木刻) 예술의 기공인가.

그러나 드디어 그 수상자가 발표가 되자, 그 수상자가 남루한 옷을 걸친 한 노파였기 때문에 모두 놀랐다고 한다. 도대체, 그녀가 무엇을 했다고 하는 것일까. 그녀가 한 일이란 작업 현장에서 돌기둥을 끌고 오는 황소에게 건초더미를 매일 날라다 준 일이 전부였다.

그 전설이 주는 교훈은 남의 주목을 받지 않은 작은 일을 충실하게 하는 사람이 더 중요하다고 하는 것이다.

이상한 일이지만, 우리는 12사도의 행적에 관하여 전체적으로 많은 정보를 입수하지 못한 상태이다. 특히 여기에 재목으로 정한 제자들의 경우는 더욱 곤란하다.

여기에 등장하는 유다라고 하는 제자는 최후의 고별 설교시 예수에게 한번의 질문을 한 제자이고 레배오(Lebhaeus) 또는 다대오라고 알려진 인물이다. 그리고 작은 야고보는 그나마 어떤 질문도 그리고 어떤 행동에 관한 언급도 기록이 전혀 없는 위인이다.

그럼에도 상기 두 인물은 예수가 열두 제자로 선택을 한 재목들이고, 그리고 훗날에 주가 위임한 선교대명(宣敎大命)을 충실히 수행한 중요한 인물들이다. 말하자면 저희들은 지금까지 거의 2000년이나 우리의 기억에 없는 제자들이고, 전혀 아무런 평가도 그리고 아무런 찬양도 받은 일이 없는 수많은 위대한 속(續)제자와 성도들을 대표하는 상징과도 같은 모델이다.

유다, 그는 레배오(Lebbaeus) 또는 다대오라고도 불렸다

열두 제자 중에 유다라고 불려진 사람이 둘이었다. 당시에는 유다라고 하는 이름이 호감을 주고 유행하는 이름이었다. 요한복음의 저자는 다락방에서 예수에게 질문을 한 이 유다가 배신자 유다와 혼돈이 되지 않도록 "가룟인이 아닌 유다"(요 14 : 22)라고 구별하여 그에게 오욕이 미치지 않도록 주의를 기울였다.

혹시, 발생할 수 있는 그러한 혼돈을 피하기 위하여 마태복음과 누가복음은 이 가룟인이 아닌 유다를 다른 또 하나의 이름으로 대신하였는지 모른다. 가령, 마태는 그를 10장 3절에서 "다대오 또는 레배오"라고 하였고 마가복음은 3장 18절에서 "다대오"라고 다른 이름으로 기록하고 있다. 누가복음의 경우에는 그의 본 이름을 그대로 사용하여 "야곱의 아들 유다"라고 다른 가계(家系)의 별도의 인물임을 밝혔다(참조, 행 1 : 13).

가룟인이 아닌 유다에게 이름이 셋이나 있었기 때문에 교부 제롬은 그를 불러 "트리노미어스" 즉, "이름이 셋이었던 사람"이라고 하였다고 한다. 그런데 위에서 나온 "다대오"나 "레배오"는 모두 "사랑을 받은" 또는 "마음이 따뜻한 사람"이라고 하는 시사(示唆)와 함께 "마음이 큰 사람," 그리하여 "용기가 있고 담대한 사람"이라고 하는 의미를 나타내는 이름이었다고 한다.

그의 가정 환경과 배경에 관하여 오늘이 우리에게는 일체 알려진 바가 없다. 홈정판성서(欽定版聖書)의 전통에 따라 그를 가리켜서 "야곱의 동생"이라고 하는 기록이 있었으나(눅 6:16), 후에 개정이 되어 "야곱의 아들"이라고 나온다. 오래된 본문에 보면 그가 야곱의 아들인지 동생인지 아무런 언급이 없는 채로 "야곱의 유다"(Judas of James)라고만 나왔다. 관행에 의하면 두 사람의 이름이 이와 같이 연결이 되면 일반적으로 "야곱의 아들"이라고 하는 족보의 순위를 말하는 것으로 해석을 한다.

어떤 잘못된 이설(異說)에서는, 이 야고보가 예수의 친동생이고 유다도 예수의 친동생이라고 가정을 세운다(참조, 마 13:55). 그러나 예수의 형제들은 예수의 부활 이전에는 아무도 예수를 믿은 자가 없었기 때문에 예수의 제자였던 유다가 예수의 형제라고 하는 가정은 지극히 불확실한 상상이다(참조, 요 7:5).

또 하나, 유다에 관한 잘못된 오해는 열두 제자 중 한 사람인 이 유다가 신약의 서신 유다서를 집필했다고 하는 일반적인 생각이다. 신약학자들의 고증과 연구에 의하면 이 유다서는 야고보와 예수의 형제 유다가 저자인 가능성이 크다(유다 1). 유다서의 유다는 열두 제자들을 언급한 곳에서 자기가 그 중 한 사람이라고 하는 동류의식의 언어인 '우리'가 아닌 '그들'이라고 하는 언어를 선택하고 있어서 주목이 된다(17-18절).

유다의 질문(요 14:22)

유다의 행동과 언사와 직접 관련이 있는 단 하나뿐인 언급이 요한복음의 내용인 다락방에서의 최후의 고별설교 안에 나오고 있다. 다른 제자들과 함께 그 역시 예수의 고별교훈에 당혹하였다. 그 역시 예수의 지상 왕국에 대한 꿈이 있었다. 그러나 그의 환상이 파편처럼 산산히 부서지고 있었다. 불과 며칠 전만 하더라도 그렇게 열광적인 군중 속에서 평화의 왕의 상징으로 예루살렘을 입성하지 않았던가 말이다. 그리고 그 길로 그 열광의 파도(波濤)를 타고 단숨에 성전을 혁신하셨을 때 누구의 안목에도 마땅히 그의 행동이 그렇게 발전이 되어야 할 것으로, 왕의 정복으로 양식이 갖추어진 모양이 아니었던가. 종내 고대하던 바대로 예수의 정체가 만인 앞에 등장하여 공시(公示)되는구나! 이제는 오랜 간난신고(艱難辛苦) 끝에 우리의 정체도 그와 같이 나타나리라 하는 생각이 유다의 깊은 속사정이었을 것이 틀림없다.

그러나 예수의 지금의 말씀은, 너희들이랑 그러한 환상에서 깨어나라! 라고 하신다. 지상의 왕국이 아니라, 아버지의 집에 있을 곳이 많다고 하신 후, 자신은 그곳으로 인도하는 길이라고 언명하시는 것이 아닌가.

예수는 말씀하신다. "내가 너희로 고아와 같이 버려두지 아니하고 너희에게로 오리라. 조금 있으면 세상은 다시 나를 보지 못할 터이나 너희는 나를 보리니 이는 내가 살았고 너희도 살겠음이라. 그날에는 내가 아버지 안에 너희가 내 안에, 내가 너희 안에 있는 것을 너희가 알리라. 나의 계명을 가지고 지키는 자라야 나를 사랑하는 자니, 나를 사랑하는 자는 내 아버지께 사랑을 받을 것이요 나도 그를 사랑하여 그에게 나를 나타내리라"(요 14 : 18 − 21). 계속 의외의 말씀을 말씀하시는 것이다.

그러니 조급함이 턱에 와 닿은, 유다는 주의 말씀이 끝나자 즉시 질문을 하였다. "주여 어찌하여 자기를 우리에게는 나타내시고 세상에게는 아니하려 하시나이까"(22절). 아마도 유다의 심층적인 의도는 "어찌하여 우리에게 하신 것처럼 남에게 왕으로서 자신을 나타내시지 않으시는가. 그리하여 이 나라의 왕권으로 등극하여 통치하여야 하지 않는가. 무엇을 왜 주저하는가"라고 하는 의도의 간접적인 그러나 참으로 속이 타는 듯한 질문이었을 것이다.

예수의 답변은 바로 그러한 숨은 의도를 표출시켜 대결하시는 표현이다. "사람이 나를 사랑하면 내 말을 지키리니 내 아버지께서 저를 사랑하실 것이요 우리가 저에게 와서 거처를 저와 함께 하리라. 나를 사랑하지 아니하는 자는 내 말을 지키지 아니 하나니 너희의 듣는 말은 내 말이 아니요 나를 보내신 아버지의 말씀이니라"(23 − 24절).

예수의 말씀을 오늘의 우리의 회화체로 각색을 하면 "유다, 이 사람아, 나는 자네가 원하는 그런 타입의 왕이 될 수가 없다네. 그것이 결코 아버지의 뜻이 아닐세. 내 나라는 지붕 위에서 뿔나팔을 불고 선포하거나 원수들을 살육하여 세우는 나라가 아니라고 하는 말일세. 나의 왕국은 마음에서 마음으로 확대되는 사랑의 왕국이야 할 것이지. 이 길만이 온 세계에 충만하게 존재할 궁극적인 나라이어야 하네."

"언젠가는, 만왕의 왕으로서 나의 정체를 나타나게 할 것이요. 그러나 영광의 왕관 이전에 십자가를 져야 할 것이다. 너희가 내일이면 내가 죽임을 당함을 목도할 것이다. 그러나 너희를 고아처럼 버려두지는 아니할 것이다. 너희가 내 말을 지키는 한 내가 너희와 함께 있을 것이다."

유다가 예수의 말씀을 이해하게 된 것은 그후였다. 그가 순종의 길을 걸어가면서 주의 위로의 말씀과 그리고 그리스도의 큰 위로이신 동반적(同伴的)인 임재를 알게 된 것이다. 전승에 의하면 유다는 말년에 유프라테스 강유역인 에뎃사(Edessa)에서 복음을 전하였다. 또 이설에 의하면 그는 알메니아 교회를 창건하였고 클디스탄(Kurdistan)으로 진출하여 그곳에서 화살에 맞아 순교를 하였다고 한다.

유다의 상징은 배이다. 짐작컨대, 그의 광범한 선교 여행 때문이고 그리고 그의 출신이 어부라고 하는 사실을 잊지 않기 위해서였을 것이다.

작은 야고보

예수와 밀접한 관계를 맺게 된 야고보의 이름을 가진 사람이 세 사람이었다. 요한의 형이며 예수의 제자 중 내원적으로 가장 친밀한 관계였던 제자. 그는 성격이 급하여 주께로부터 소위 우뢰의 아들이라고 하는 별명을 받았다. 그는 사도행전에서 두 번째로 기록이 된 순교자로 헤롯에게 참수를 당한다.

그 다음은 예수의 형제 야고보이다. 예수의 부활 이전에는 그는 제자가 아니었다. 그러나 예수의 부활 이후 예루살렘 교회의 지도자가 된다

(행 1:14, 갈 2:9, 12).

끝으로, 모든 제자 명단에서 아홉번째로 기록이 되어 나오는 야고보이다(마 10:3, 막 3:18, 눅 6:15, 행 2:9, 12).

이 마지막에 거론이 된 야고보가 신약의 내용으로는, 그가 알패오의 아들이라고 하는 것 외에 그의 행동과 언사 일체가 아무런 기록이 없다. 마가복음에 의하면 그의 모친이 예수의 모친과 구별이 되는 마리아이다. 이 야고보의 모친 마리아는 참으로 충성스러워 예수의 죽음의 십자가 아래 머물러 있던 경건한 여자 중 한 사람이었다(막 15:40). 저자 마가의 언급한 바에 의하면 이 마리아는 또한 요세의 모친이고, 그리고 저자 마가는 야고보를 구별하여 "작은"이라고 단서를 달았다(40절).

제자 마태의 부친이 역시 알패오이기 때문에 야고보가 마태의 동생이라고 생각하는 이설도 있으나 심각하게 고려되지 않는다. 알패오와 글로바가 동일 이름으로도 사용이 됨으로 그래서 작은 야고보가 글로바와 마리아의 아들이라고 생각하는 학자도 있으나 확실한 바 없다.

이 야고보의 순교 이야기도 하나는 돌에 맞아 죽었다고 하며 다른 전승에 의하면 톱으로 살해 당했다고 한다. 그러므로 그의 사도적 상징은 톱이다.

야고보의 별명은 작은 자이다. 작은 자의 뜻이 요한의 형인 큰 야고보보다 나이가 젊다고 하는 것이라고 생각하는 학자 중에는 이 전제를 발전시켜 그가 큰 야고보의 아들이라고 가정을 하기도 한다. 그렇다고 하면 이 작은 야고보는 세베대의 손자가 된다.

다른 견해에 의하면, 키가 작아 그렇게 불렸다고 하는 해석이다. 혹 요한의 형인 야고보나 요한보다 덜 중요하다고 하는 뜻으로 덧붙인 것이 아닌가 하고 생각도 한다. 또 다른 견해에 의하면, 그가 마침내는 예루살렘교회의 지도자가 된 주의 형제와 구분하기 위하여 그와 같이 부른 것이 아니냐 하는 해석도 있다.

작은 자의 중요성

이 우주에는 작은 존재 중에 경이로운 것이 많다. 벼룩은 자기 키의 200배를 점프한다. 사람이 그런 비율로 도약을 한다면 쉽게 에펠탑을 높이뛰기로 넘어 갈 것이다. 큰 쇠파리는 성냥개비를 운반한다. 사람이 그런 비율의 힘이 있다고 하면 24자의 통나무 기둥을 쉽게 들어 올릴 것이다.

예수께서 말씀하시기를, 지극히 작은 것에 충성된 자는 큰 것에도 충성되고 지극히 작은 것에 불의한 자는 큰 것에도 불의하니라(눅 16:10) 하였다. 작은 선행을 반복하는 자는 큰 사랑을 행하기 용이하다. 작은 유혹을 거부하는 자가 위기에 처하여 용단을 내린다. 보디발의 집에서 도덕적 명령에 충실한 요셉은 기근에 처한 초강대국 애굽의 식량 정책에서 위대한 성공을 거둔다. 초원(草原)에서 양떼를 잘 지킨 다윗은 왕이 되어 주변의 열강 틈에서 이스라엘을 수호하여 강한 나라로 키운다.

유다나 작은 야고보는 남의 눈에 뜨이지 않게 충성한 제자이다. 저희들의 관심사는 인기가 아니라 숨은 충성이었다. 예수는 저희들에게서 미래의 위대한 선교를 본 것이다. 저희들은 참으로 최선을 다한 제자였다.

인정받지 않은 자들의 수고

찬연(燦然)히 빛나는 교회의 역사에서 이름없이 수고한 종들이 구름같이 많다. 저희들의 충성이 아니라면 교회의 역사는 영광의 역사가 아니였을는지 모른다. 외지 빈촌에서 평생을 목회하는 종들, 아무도 인정하지 않고 기억도 하지 않는 곳에서 선교하며 평생을 바친 종들, 이들을 우리는 기억하여야 한다. 우리는 위대한 황금 같은 목소리의 주인공들이 찬양하면 큰 박수를 보낸다. 위대한 미술가의 작품을 보고 감동을 받는다. 그러나 말없이 교회의 오물처리를 계속하는 이름없는 평신도의 충성심은 역시 위대하다.

성서 안에도 무명용사들이 나온다. 에스라서에 나오는 느디님 사람들이 성전에서 매일매일 일을 하였으나 거의 아는 바 없다(에스라 2 : 43, 8 : 20). 예수께서 예루살렘을 입성한 경우 나귀에 자기 옷을 덮어 얹어준 사람이 누구인지 언급이 없다. 마가의 다락방으로 인도한 물동이를 든 그 남자의 이름을 우리는 모른다. 동방박사의 이름을 알 길이 없다. 5000명이 이적으로 배불리 먹게 한 그 소년이 누구인지 전혀 알길이 없다.

최후의 순교로 영광의 자리에 오른 유다와 작은 야고보에 관하여 우리는 너무나 아는 것이 없다. 그러므로 저희들은 구름떼같이 수많은 무명의 종들을 대표하는 제자가 되었다.

누가 우리들을 위하여 성서를 보존하여 주었는가. 마쏘레라고 불리는 사람들은 성서의 말씀의 한 문절의 언어 하나하나를 매일매일 매시간을 이어 복사하였다. 오늘 교회에 모인 회중들은 이러한 참으로 인내가 필요한 작업을 쉬지 않고 계속한 이름 모를 사람들의 신앙과 꿈을 기억하여야 한다.

신실한 자들이 받는 상

가룟인이 아닌 유다나 작은 야고보는 열두 제자들의 명단 속에서 꼬리에 위치하였다. 야고보는 언제나 9번째이고 그리고 가룟이 아닌 유다는 10번째의 순서로 두 번 나오고 그리고 두 번 11번째로 나온다. 그러니까 그 다음은 가룟 유다뿐이다. 그러나 새 예루살렘의 위대한 성은 열두 기초가 있고 그리고 그곳에는 어린 양 12사도들의 이름이 새겨져 있다고 하였다(계 21 : 14). 확실한 것은 수제자 베드로의 이름이 다른 사도 야고보와 유다보다 더 돋보이거나 큰 글자로 조각이 된 것이 아니라고 하는 것이다.

종말의 날에는 우리들이 그 동안 참으로 궁금하게 여긴 알려지지 않은 제자들이나 그리고 신약에 나오는 에바브로디도(빌 2 : 25), 스데바나

(고전 16 : 15), 베베(롬 16 : 1-2), 눔바(골 4 : 15), 오네시보로(딤후 1 : 16-18, 4 : 19) 등의 숨은 공적과 수고를 드디어 알게 될 것이다. 그리고 신앙을 지키다가 순교한 안디바에 관해서(계 2 : 13) 소상히 알게 될 것이다. 이 땅에서는 위대한 영웅들의 이름이 저마다 큰 대리석 묘비에 새겨져 있으나 그러나 그 모든 것이 지나간 마지막 날에는 하나님의 뜻을 행한 성도들의 이름이 영원히 기억이 될 것이다.

히브리서 6장 10절의 말씀은 "하나님이 불의치 아니하사 너희 행위와 그의 이름을 위하여 나타낸 사랑으로 이미 성도를 섬긴 것과 이제도 섬기는 것을 잊어버리지 아니하시느니라"하셨다. 그러므로 마지막까지 우리는 단호히 하나님의 말씀에 서서 끝까지 충성하여야 한다.

어떤 이의 수고는 즉시 나타나 보상이 된다. 그러나 어떤 수고는 숨겨져 인정이 되지 않는 경우가 있다. 그러나 사도 바울이 분명히 언급한 거와 같이 "이와 같이 선행도 밝히 드러나고 그렇지 아니한 것도 숨길 수 없느니라"(딤전 5 : 25), 선한 행실은 영원히 숨겨지지 않는다.

모르드개가 왕 아하수에로의 목숨을 구하는 정보를 제공하였을 때 그에게 아무런 상이 없었다. 그러나 훗날에 왕이 잠이 오지 않는 밤에 역사의 기록을 읽다가 그가 자기의 생명을 구한 일과 그럼에도 아무런 상이 없었음을 알고 그에게 재상이 되게 한 큰 영달과 상을 주었다는 에피소드는 귀담아 들어야 한다.

많은 경우에 선한 행실은 의도적인 팡파르 같은 선전이나 의도적으로 익명으로 행위되는 것이 아니다. 경건한 나팔을 부는 자는 그 나팔소리를 듣고 그의 선한 행위를 칭찬한다. 그러니 그는 사람들의 박수를 받으므로 보상이 끝난다. 그러나 나팔을 부는 일이 없는 선행은 하나님이 훗날에 하늘에서 주실 보상이 있는 것이다.

켈리 박사(Howard A. Kelly, M.D.)의 이런 일화가 있다. 1880년대의 참으로 더운 여름 어느 날이다. 메리랜드의 한 촌락의 허전한 집에 서적 판매를 하는 고학생이 들렸다. 그 집에는 한 소녀만이 있었다. "엄마만 계셔요, 엄마는 일을 가시고 나 혼자예요. 책을 살 돈이 없어요. 그

고학생은 목이 말라 우유 한 잔을 마시자고 청하였다. 그 소녀는 엄마가 손님에게 착해야 한다고 말씀하셨다고 하면서 두 잔을 주었다. 오랜 세월이 흘러, 한 병원에 위독한 환자가 실려 왔다. 모든 의사가 동원되고 그리고 24시간 교대 근무를 하였다. 마침내 완치가 되어 퇴원하게 되었는 데 치료비 청구서를 받아들고 걱정이 태산이었다. 그 주부는 너무나 가난하였기 때문이었다. 그녀는 울상이 되어 끝까지 읽어보니 "당신의 모든 치료비는 우유 두 잔으로 청산이 되었습니다." 하워드 켈리 박사라고 하는 병원장의 서명이 있었다고 한다(Leslie B. *Flynn*, p.118).

예수를 판 자, 가룟 유다

가룟의 출신 : 마 10 : 4, 막 3 : 10, 눅 6 : 16, 요 6 : 70.
예수를 배신 : 마 26 : 14, 47, 막 14 : 10, 43, 눅 22 : 3, 47, 요 13 : 26, 18 : 2.
목 매어 자살 : 마 27 : 5, 행 1 : 18.

유명한 화가 엘 그레꼬(El Greco)에게 교회 지도자가 예수의 열두 제자를 한 사람씩 독자적인 인물로 그려 주기를 요청하였으나, 그는 가룟 유다의 경우는 그러한 독자적인 인물로 그려야 할 가치가 있는 인격이 아니라고 하는 주관에서 유다의 독자적인 프로필을 확실하게 표현하지 않았다. 그의 대표작 '겟세마네의 그리스도'에 보면 예수의 체포 직전의 긴박한 장면을 묘사하면서 가룟 유다만은 한층 낮은 위치 우측 구석에 희미하게 보이도록만 묘사를 하였다.

가룟 유다하면 배신자의 상징이다. 「웹스터 사전」(*Webster's New Collegiate Dictionary*)에 보면, 그의 이름이 나오는 칸에 설명하여 "반역자, 특히 우정을 가장하여 배신한 반역자"라고 정의를 내렸다. 과거 2000년 동안 가룟 유다하면 최악의 인간 인격자로 지목이 되고 인류의 저주를 받아 왔다.

이러한 가룟 유다에 대한 증오와 기피 심리가 서구사회에서는 일종의 생활 감정으로 응용이 되어 유다의 빛깔하면 붉은 머리를 가리키고, 유다의 나무하면 유다가 그것에 목을 맨 것으로 전승이 된 자색 꽃나무를 가리키고, 도살장을 향해 선두에서 인도하는 양을 가리켜 '유다의 양'이라고 한다. 그리고 위장이 된 배신자의 우정을 가리켜서 '유다의 키스'

라고도 한다. 심지어 간방에서 죄수를 감시하는 창구를 가리켜서 '유다의 창'이라고 부른다. 이러한 굴절 대사 심리(屈折代謝心理)적인 전의(戰意)는 모두 가룟 유다가 예수를 배신하여 죽음으로 팔아 넘겼기 때문이다.

그러나 당초에는 유다 역시 영광된 제자였음을 부인 못한다. 이러한 영광의 위상(位相)과 배신자의 전락(轉落)이 너무 큰 낙차(落差)이기 때문에 충격적이다. 마태복음 26장 47절이나 마가복음 14장 10절과 43절과 누가복음 22장 3절과 47절에 보면 가룟 유다를 가리켜 "열둘 중의 하나"라고 명시하였다. 배신자는 가장 가까운 사람 속에서 나오는 법이다.

가룟 유다에 관해서는 많은 의문이 일어난다. 왜 예수께서는 그를 선택하였을까. 예수는 처음부터 그를 위험한 인물로 아셨을까. 아니면, 언제 예수는 그의 악의(惡意)를 아셨을까. 유다를 사전에 예방적인 조처로 저지할 수가 없었는가. 아니면 유다는 운명적으로 그 길을 갈 수밖에 없었고 부득이 강요당하는 처지로 그 길을 간 것인가. 우리는 다음과 같은 시각으로 접근하여 본다.

첫째로, 유다가 소유한 당초의 존귀한 영광이다

유다의 출발은 순탄한 것이었다. 그는 고귀한 신념과 그리고 그것에 따른 자랑스러운 여건에 걸맞는 출발을 하였다. 본래 유다라고 하는 가문의 이름은 '찬양받는 자'의 의미이다. 마게도냐인의 독재에 항거하여 투쟁을 한 유다 마카비우스(Judas Maccabaeus)는 유대인 모두에게 존경의 대상이 된다. 예수의 형제 중에도 유다라고 하는 이름의 아우가 있었고(마 13 : 55) 그는 아마도 신약에 나오는 유다서의 저자일 것으로 생각이 된다. 그리고 요한복음 14장 22절에 보면 가룟인이 아닌 다른 유다의 이름의 제자가 또 있었다.

가룟 유다의 '가룟'이란 헤브론 남쪽 수마일 거리에 있는 작은 '게리옷'

이라는 동네의 사람(Judas Ish Keriot)이라고 하는 표현에서 온 변화라고 여겨진다. 그러므로 가룟 유다는 갈릴리 사람이 아닌 남쪽에서 온단 한 사람으로 판단이 된다.

이러한 지역 감정이 밑바닥에 깔려 있어서 대체로 북쪽 갈릴리 사람인 제자들과는 그가 쉽게 어울리지 못했는지 모른다. 그가 남쪽에서 온 서먹함과 그리고 점차 예수와 격돌하는 일이 많은 남쪽의 바리새인들과는 그가 본래 친분이 있었던 사람이라고 하는 그런 여건이 그로 하여금 결과적으로 쉽게 이탈하게 만든 배경이다라고 생각이 된다. 그의 아버지의 이름은 시몬이다(요 13 : 2).

그는 훌륭한 가능성의 자질을 가지고 온 사람이었다. 당초 예수가 저를 선택하였을 때 그는 배신자로 의도적으로 침투한 자가 아니다. 그가 저주스러운 역할로 저주스러운 말로(末路)를 걸어갔기 때문에 그를 처음부터 대단한 악한(惡漢)으로 생각하기 쉽고, 그러므로 그가 매우 평범한 모습에, 흔히 나의 옆자리에 있는 교회 회중과 전혀 같은 사람이라고 하는 선량한 출발을 놓치기 쉽다.

예수께서 그를 선택하신 이유는 그가 다른 제자와 동일한 가능성과 자질의 소유자로 판단이 섰기 때문이다. 열두 제자를 선택하신 전야에 예수께서는 많은 시간의 기도를 하셨다(눅 6 : 12-16). 많은 무리의 추종자들 속에서 열둘은 엄선이 된다. 당초의 인상과 판단으로 그는 모든 고귀한 이상을 성취할 수 있는 자격을 갖춘 자로 인정이 된다. 예수가 배신자를 인정하고 영입을 한 것이 아니다. 유다 스스로 자기 의사의 결정으로 배신자가 된 것이다.

유다의 특권은 큰 것이었다. 다른 제자들과 같이 그 역시 예수를 따르기 위하여 다른 모든 것을 버렸다. 그 역시 하나님의 아들과 함께 보행하며 그리고 대화하였다. 초롱거리는 별빛 아래 예수와 함께 앉았고, 떡을 떼었으며, 그의 조용한 말씀을 들었다.

유다 역시 산상설교를 들었고 그리고 놀라운 지혜의 비유를 들었다. 맹인이 치유되어 시각을 얻는 이적과 귀머거리가 듣는 이적과 심지어는 죽은 자의 다시 살아남을 목격하였다. 물 위로 걸어오시는 주님과 귀신을 추방하시는 일과 성전 뜰에서 장사치들을 몰아내시는 때 그리고 어린 이들을 품에 안으시고 축복하실 때 현장에 있었다. 가롯 유다도 다른 누구와 짝이 되어 둘씩 전도를 나갔고 그리고 귀신을 쫓는 일을 하였다(눅 10 : 17-20). 이러한 특권이 다른 제자들과 꼭같이 유다에게도 특권이었다.

그는 특히 회계(會計)의 직분을 맡은 자였다. 제자들 속에서 이러한 직분이 그의 차지가 된 것은 다른 이들에게서 신뢰를 얻은 자라고 하는 의미가 된다(요 12 : 6). 왜냐하면 제자 마태의 경우에도 그가 본래 세리 출신이어서 금전 회계에 관한 넉넉한 기능과 지식이 있었으나, 유다의 책임이 된 이유는 상당한 신뢰를 근거하여 가능하여진 일이다. 이러한 제자 사회의 금전 문제는 상당히 많은 경우에 구제금의 신탁이 있고 지불과 관련하여 잔액(殘額)이 남아 돌아가는 처지이다. 그러한 일을 그가 책임지고 있었음은 초기에 그가 신뢰감이 가는 행동을 하였다고 평할만한 근거가 된다.

두 번째로, 유다가 계속 걸어간 퇴락의 길이다

시실리의 한 사원에서 예수의 제자들의 모습을 벽화로 그려 줄 것을 요청 받은 한 화가가 열두 살이 된 참으로 순진한 소년을 보고 소년 예수의 이상적인 모델로 정하였다. 그후 많은 해가 지나 그 벽화는 수난주간을 그리는 단계가 되었고 가롯 유다를 제외하고 모든 제자들을 완성하였다.

하루는 술에 만취한 중독자가 비틀거리며 화실을 찾아 왔다. 그 화가는 즉시 남은 한 사람의 모델을 그에게서 발견하고 미완성인 벽화 앞에 세웠다. 얼마나 지나 그는 울기 시작을 하며 "당신은 나를 알아보지도 못하오, 내가 바로 한 때는 소년 예수의 모델이었다오"라고 고백을 하였다고 한다.

124

만일 유다에게 멎지 않은 퇴락의 진행과 변화가 없었다고 하면 그는 정녕 존경스러운 어떤 인물이 되었을 것이다. 그 역시 영광스러운 순교의 반열에서 하늘의 성자가 되었을 것이다. 그의 이름이 생명책에 기록이 되고 새 예루살렘의 열두 기초에 이름이 새겨질 것이고(계 21 : 14) 역사적으로도 그 많은 어린이가 그의 이름을 얻어 태어났을 것이고 또 앞으로도 태어날 것이다. 그는 원래 위대한 선교의 사도로 기억이 되어야 할 재목인데 배신자로 영원히 기억되는 주인공으로 변하고 말았다.

이러한 가룟 유다의 길을 걷는 사람은 지금도 많다. 오늘의 유다는 예수를 물리적으로 원수에게 넘겨 주지는 않는다. 그러나 더 교활한 정신적인 위선과 배신자로 퇴락의 길을 자초하는 경우를 본다.

세 번째로, 가룟 유다 전락(轉落)의 이유이다

가룟 유다가 취한 행동에 대한 결정론적(決定論的)이고도 일관된 경멸(輕蔑)이 지극히 보편화되고, 또 감히 이의가 제기되지 않기 때문에 그의 행동이 어떠한 이유에서 그러한 귀추(歸趨)를 밟게 되었는지 분석이나 깊은 생각을 하지 않으려고 하는 경향이 우리에게 있다. 어떤 해석에서는 유다가 본래 당국의 지도자를 찾아간 이유는 그만이 대담하게 당국까지 찾아가 예수의 무죄를 호소하려고 한 것이 자기가 어찌할 수 없는 교활한 덫에 걸렸다고 한 비약도 나온다. 그러나 모든 자료로 보아 그가 당국에 찾아간 행위는 그의 배신 행위의 절정이 된다.

가룟 유다의 행동을 분석하고 검토하는 시각은 세 가지 규범 중 하나를 택한다. 하나는, 간단하게 유다가 나쁘다고 하는 것으로 이유불문(理由不問)으로 재론을 하지 않는 것. 다른 하나는, 가룟 유다에게 잘못이 전혀 없다고 역설(逆說)을 세우는 것. 그리고 마지막으로, 유다가 자율적인 선택에 의한 행동이므로 그에게 책임이 있다고 책임을 묻는 규범이다.

유다에게 잘못이 있으나 그러나 그의 배신 행위가 당초에는 좋은 의도에서 출발한 것이요 그래서 그는 일이 잘못 풀리고만 애국자라고 생각을 하는 사람도 있다. 그러한 생각의 공통적인 기초에는 예수가 우유부단하였으므로 예수로 하여금 구체적인 난관에 몰리게 하여 실력을 행사하는 메시아가 되도록 유도했다고 하는 비약이 깔려 있다. 궁지에 몰린 예수는 결국에 초자연의 권능을 사용할 것이고 자기를 구원할 뿐 아니라 그런 저항이 도화선(導火線)이 되어 이스라엘의 주권을 회복할 것이 아니냐라고 하는 줄거리이다. 이러한 줄거리를 '플롯'으로 정하여 나온 가설의 출판물이 유명한 「예수 그리스도 슈퍼스타」(*Jesus Christ, The Superstar*)나 또한 손필드(Hugh J. Schonfield)의 유명한 「유월절의 음모」(*The Passover Plot*)이다. 특히 이 책은 출판이 되자 100만 부 이상이 나갔으며, 지금은 절판이다.

그러나 예수의 명확한 판단은 그러한 비약을 용납하지 못하게 한다. 예수께서는 유다를 향하여 "마귀"(요 6 : 70) 또는 "멸망의 자식"(17 : 12)이라고 명백하게 지적하신 일이 있다.

다음으로, 가룻 유다에게 책임이 없다고 주장하는 사람은 불가피하게 하나님에게 책임이 돌아가야 한다고 전가한다. 유다는 그러한 배신자의 역할을 하도록 섭리로 정해진 희생양이라고 하는 견해이다. 그러나 이러한 견해는 종말에 가서 왜 가룻 유다가 "내가 무죄한 피를 팔고 죄를 범하였도다"(마 27 : 3-4)라고 말하고 대제사장들과 장로들에게 찾아가 항의한 후 스스로 목을 맸는가를 풀지 못한다.

가룻 유다는 스스로 자신의 책임인 것을 알았다. 예수의 부활 후 다락방에 모여 맛디아를 보선할 때에 행한 베드로의 연설의 내용에서 "유다는 이(사도직)를 버리옵고 제 곳으로 갔나이다"(행 1 : 25)라고 확인이 된다. "제 곳"이란 자기가 범한 죄값으로 벼랑에 선 귀결을 의미한다.

성서는 하나님의 섭리와 함께 인간의 자유 의지를 동시에 말씀한다. 가룻 유다의 사건은 하나님의 섭리와 인간의 책임이 하나의 사건 속에 공재(共在)하는 한 예가 된다. 예수는 가룻 유다에 대하여 "인자는 자기에게 대하여 기록된 대로 가거니와 인자를 파는 그 사람에게는 화가 있으리로다. 그 사람은 차라리 나지 아니하였더면 제게 좋을 뻔하였느니라"(막 14 : 21)라고 언급하신 일이 있다. 예수의 의도에 의하면, 구속적 계획에 있어서 누군가가 예수를 배신하여야 한다. 그런 의미에서 이 길은 섭리로 정한 바이다. 그러나 유다는 태어나지 않았으면 좋을 뻔 한 사람인 것이다. 유다는 자기가 선택하여 배신자가 되었으므로 남이 아닌 자기의 책임인 것이다. 그는 자기의 운명을 스스로 결정하였다.

네 번째로, 유다가 전락한 노정(路程)에는 단계가 있었다

유다의 배신이 유다가 책임져야 할 행위라고 하면 그는 어떠한 경로로 그 길에 들어섰는가. 그로 하여금 넘어지게 만든 조건들이 무엇이었는가.

1776년 미국 독립 전쟁시 웨스트 포인트의 사령관 베네딕트 아놀드는 영국 공격군에게 20,000 파운드의 대가를 받기로 하고 웨스터 포인트 요새를 문열어 항복하기로 밀약을 하였다. 훗날에 처칠(Winston Chur-chill)은 「영어를 말하는 사람들의 역사」에서 이 사람의 배신의 경우를 언급하여, 당시 미국인 부대에 팽배한 불만, 그리고 그의 왕정당에 속한 귀부인과의 결혼 그의 인간관계, 그 개인의 거액 부채, 그리고 또 얼마 전 그가 다시 저지른 군사물자의 횡령이 이유가 된 군사재판이 내린 징계 등, 복합적인 이유라고 지적하였다.

아놀드의 경우는 가룻 유다와 비교하여 두 가지의 요인이 공통적이다. 하나, 유다는 자신이 기대한 것과는 달리 예수의 사역이 우유부단한 것으로 보여 점차로 불만이 쌓였다고 하는 것. 다른 하나, 유다가 재정적인 면에서 불정직했다고 하는 것. 이 두 가지이다.

악덕(惡德)은 하룻밤에 정체가 드러나지 않는다. 유다의 몰락은 단번에 일어난 사건이 아니라 완만한 하강(下降)의 포물선(抛物線)을 그어 내려가다가 최후에 가서야 침몰하고마는 과정을 밟는다. 당초 그가 세상의 모든 것을 단절하고 예수를 따르기 시작할 쯤에는 결코 자기가 배신자로 귀결이 날 것으로는 꿈에도 자각이 없었다. 그러나 예수를 추종하는 어느 시점에서 그는 빗나가기 시작을 한 것이다. 예수는 그러한 사소한 계기에서 그가 빗나가고 있는 것을 아시고 여러 번 경고하신 것이다.

가룟 유다는 지상의 나라를 기대하였다. 유다는 예수가 로마의 지배를 풀고 강력한 메시아 주권국을 건립하실 것으로 소망하였다. 유다는 그러한 영광의 성취에서 자기도 반드시 자기 몫인 특권을 소유하게 된다고 확신을 하였다.

그러나 예수의 교훈은 의외의 것들이 아닌가, 바른 뺨을 맞거든 왼 뺨을 대라든가, 내일 일을 염려하지 말라든가, 보화를 하늘에 쌓아야 한다든가 전혀 현실성이 없는 교훈의 강조뿐이다. 5000명을 먹이신 떡의 이적이 있었을 때 예수는 결정적으로 자기의 의도를 밝히신다. 결과적으로 현실적인 기대로 추종하던 많은 무리들은 돌아가고 만다. 이때 베드로가 한 말 "주여, 생명의 말씀이 주께 있사옵는데 우리가 뉘게로 가오리까"(요 6 : 68)는 중요한 의미를 지닌다. 그리고 이 사건은 예수의 사역에 있어서 전환기에 해당이 된다.

바로 이때 예수는 가룟 유다에 관하여 매우 직접적인 경고를 하신다. "내가 너희 열둘을 택하지 아니하였느냐. 그러나 너희 중의 한 사람은 마귀니라"라고 지적하신 예수의 경고는 지극히 직접적인 성격의 것이고 요한복음을 훗날에 기술한 저자는 그러한 역사 맥락에서 "가룟 시몬의 아들 유다를 가리키심이라 저는 열둘 중의 하나로 예수를 팔 자러라"라고 설명을 부언한다"(70 − 71절).

예수께서 가룟 유다의 정체를 어떻게 간파하셨을까. 예수의 전지적(全知的)인 능력과 함께, 유다가 매사에 열의가 식어가고, 기도의 열심이 없어지고, 예수의 교훈에 당혹하며, 작은 일에도 신경질적으로 불평을 늘어놓는 등 무성의한 태도의 변화와 그가 노골적으로 노출시키는 탐욕을 관찰하시므로 내리신 귀납법적(歸納法的)인 판단이었을 것으로 안다.

예수께서 당신의 임박한 죽음을 예고하시자 예수의 나라가 정치적인 것이 아닌 영성의 것임을 결론내린다. 주권의 회복으로 영광의 권좌에 등극하시는 것이 아니라 수모를 당하는 등 비천한 죽음이라고 말씀하신다. 이러한 예수의 말로를 주변 상황의 변화로 감지하면서 사실로 파악이 된 유다는 머리의 회전이 신속하였다. 이러한 인격자의 본성은 탐욕이다. 이 탐욕이 유다로 하여금 급전직하(急顚直下) 몰락의 길을 달리게 만든다.

마리아가 예수에게 향유를 부었을 때 가룟 유다의 반응은 "이런 낭비가 또 있는가" 하였다. 요한복음 12장 4절에서 6절에 보면 "이 향유를 어찌하여 삼백 데나리온에 팔아 가난한 자들에게 주지 아니하였느냐." 유다는 목멘 소리를 하는 것으로 나온다. 다시 저자 요한은 설명하여 "이렇게 말함은 가난한 자들을 생각함이 아니요 저는 도적이라 돈궤를 맡고 거기 넣는 것을 훔쳐감이러라" 언급한다. 이러한 유다의 냉소적인 태도에 즉각 말씀한 예수는 "저를 가만 두어 나의 장사할 날을 위하여 이를 두게 하라" 하셨다. 독자들은 마리아의 고귀한 헌신과 가룟 유다의 사악한 동기를 강력한 흑백 대조로 감각하게 된다.

열 번째로 주신 탐욕하지 말라 하신 계율은 평범하고 예사로운 것으로 보이나 그러나 만악(万惡)은 여기에서 출발한다. 이웃의 명성을 탐하면, 중상과 위증이 되기 쉽고, 이웃의 재물을 탐하면, 도적질을 하게 된다. 이웃의 배필을 탐하면 간음으로 떨어진다. 탐욕의 극단은 살인 행위를 저지르게 만든다. "돈을 사랑함이 일만 악의 뿌리라"고 경고하였거니와 (딤전 6 : 10) 가룟 유다의 탐욕은 예수의 십자가로 연결이 되고 만다.

적어도 유다는 여러번 금전적 불정직에 관한 예수의 경고를 들었을 것이다. "하나님과 재물을 겸하여 섬기지 못하느니라"(마 6 : 24, 눅 16 : 13)라고 하신 예수의 말씀은 전승으로 기록되고 있다. 한번은 어리석은 부자의 비유를 말씀하시기 전에 "저희에게 이르시되 삼가 모든 탐심을 물리치라 사람의 생명이 그 소유의 넉넉한 데 있지 아니하니라"(눅 12 : 15) 선명하게 다시 전제로 언급을 하셨다.

유다의 탐심과 함께 상승작용을 한 것이, 점차로 그의 마음 구석에 싹

트기 시작한 예수에 대한 환멸이었을 것이다. 예수의 평화적인 언동은 너무나 소극적인 것으로 보였다. 이러다가는 그가 모든 것을 버리고 따라온 희생과 수고의 대가를 모두 상실하게 될 것처럼 생각이 된다. 그는 교활하였다. 그가 당국에 예수의 행동을 밀고하면 예수는 자신의 안전을 위하여 닥쳐 올 위험에 대처하여 적극적으로 행동할 것이 아니겠는가 싶었다. 민중(民衆)의 상징(象徵)인 예수가 적극적인 것으로 보이기만 하면 아직 때는 늦지 않았다!

이러한 교활한 생각은 음모가 되었다. 누가복음 22장 4절에서 6절에 보면, "이에 유다가 대제사장들과 군관들에게 가서 예수를 넘겨 줄 방책을 의논하매 저희가 기뻐하여 돈을 주기로 언약하는지라 유다가 허락하고 예수를 무리가 없을 때에 넘겨줄 기회를 찾더라"라고 나온다.

이러한 유다의 배신 행동이 너무나 가증스러워 누가복음의 저자는 "유다에게 사탄이 들어가니"라고 부연하였다. 요한복음의 저자는 두 번에 걸쳐 유다의 배신 행위와 관련하여 "마귀"라고 지목한다(요 13 : 2, 27).

다섯 번째로, 유다에게 경고가 가중된다

다락방에서 최후의 만찬을 집전하시면서 예수는 최소한 세 번에 걸쳐 유다를 경고하셨다. 그날 밤 유다는 심야에 예수가 어디로 이동하실 것인가를 탐지하기 위하여 정신이 없었다. 예수는 유다의 마음을 읽고 끝까지 설득을 하신다. 처음부터 유다의 마음은 동료 제자들이나 만찬이나 안중에 없었다. 그러나 식사가 진행하는 과정에서 예수는 그에게 참으로 은근하고도 부드럽게 떡을 나누시며 그가 마음을 돌리도록 설득을 하신다.

예수의 첫번째의 경고는 제자들의 발을 씻어 주시면서 하신 말씀이다. 상황의 진전에 따라 예수께서 "이미 목욕한 자는 발밖에 씻을 필요가 없느니라 온몸이 깨끗하니라 너희가 깨끗하나 다는 아니니라" 말씀하실 때

가룻 유다는 예수의 의도를 충분히 알아 들었을 것이다. 열두 제자가 다 깨끗한 것이 아니라고 자기를 지목한 암시를 그가 모를 리가 없다. 그러나 그는 돌이켜 회개하기 보다는 더욱 마음을 모질게 먹을 뿐이었다.

예수의 두 번째의 경고는 식사가 진행 중일 때에 있었다. 식사가 한참 진행 중인데 예수가 저희들 중 하나가 저를 팔아 넘길 것이라고 드디어 폭탄처럼 선언하신 말씀을 네 복음서는 모두 기록하고 있다(마 26 : 21, 막 14 : 18, 눅 22 : 21, 요 13 : 21).

이 돌연한 충격에 제자들은 모두 벙벙하여 한 동안 말을 잃고, 예수를 주목한다. 그런 후 몇 사람이 당황하여 개별적으로 "내니이까" 물었다. 아무도 가룻 유다를 가리켜 "저 사람입니까" 하지 않았다.

다시 말하여 다른 제자들에게는 유다가 아직 의혹의 대상이 아니었다. 제자들이 마음이 급하여 각기 자기냐고 질문을 하는 동안에 그래도 유다가 깨닫기를 예수는 희망을 하셨다.

제자들이 하나씩 하나씩 질문을 하니 유다 역시 "랍비여 내니이까" 위선적인 질문을 한다(마 26 : 25). 예수님은 "네가 말하였도다" 명확한 답변으로 응수하신다. 그러나 다른 제자들은 유다가 예수와 가장 가까운 자리에 있었고 그들과 같은 질문을 하는 것으로 아무도 그를 의심하지 않았다.

세 번째의 경고는 베드로가 요한에게 부탁을 하여 그 자가 누구인지 확인을 하여 줄 것을 요구한 때이다. 짐작컨대 예수를 가운데 모시고 한 편에는 요한이 그리고 다른 한 편의 가장 가까운 자리는 유다가 자리 잡은 것으로 생각이 된다. 예수는 "내가 한 조각을 찍어다가 주는 자가 그니라"(요 13 : 23 - 26). 이와 같이 질문한 요한에게 대답하신다.

혹 제자 요한이 예수의 귀에 대고 친근한 질문을 하였고 그리고 예수 역시 친근한 답변이어서 그리고 남들의 눈에는 그러한 떡을 주고 받아 먹는 관례가 그 자리에서 특히 존귀로운 자에게 행하는 의미이기 때문에 아무도 눈치를 채지를 못하고 만다. '존귀한 손님'의 대접으로 충고하는 대목에서 가룻 유다의 양심은 녹아 내려야 한다. 그러나 이 마지막의 경고도 그는 묵살하고 만다.

가룟 유다는 내심으로 이제는 제자 요한도 자기가 그 배신자라는 정체를 안다라고 판단을 한다. 당혹과 한이 뒤섞인 심정으로 그는 그 자리에 더 있을 수 없어서 악마적인 충동으로 밖으로 나간다. 유다가 마음 먹은 대로 밀고 나갈 것을 아신 주님은 "네 하는 일을 속히 하라"(요 13 : 27)라고 한 마디 그의 등을 바라보시고 하신다. 제자들은 그가 회계의 잔무를 하려고 하는 것인지 아니면 혹 성서학자들이 해석하는 것과 같이 유월절에 가난한 자들을 구제하는 일을 위하여 문밖으로 나간 것으로 여겼는지 그를 이상한 눈으로 보지를 않았다.

확실한 바는 그가 밖으로 나갈 때 밖은 드물게 만월(滿月)의 달빛이 참으로 교교(皎皎)하지만 그의 영혼은 칠흑(漆黑)의 깊은 흑암이었다 (요 13 : 30).

여섯 번째로, 배신자의 키스이다

시간이 자정에 가까워지면서 유다는 예수의 일행이 어디로 향할 것인지를 알고 있었다. 예수께서 기도하는 그 자리에 그도 여러 번 가본 일이 있다(요 18 : 2). 그러므로 유다는 유대인 지도자들에게 은 30을 받으러 간다.

가룟 유다가 그 자리로 가야바의 병정들이 출동하도록 자신 있게 일러 준 다른 또 하나의 결정적인 이유가 있다. 성서학자들의 견해에 의하면, 예수와 같은 강력한 이적사(異蹟師)를 손에 넣으려고 몰려 갔다가 손에서 벗어나면 유월절의 큰 군중들에게 당할 산헤드린의 모멸과 야유가 말이 아닌 상황이었다. 복음서들을 분석하면 전자에도 여러 번 예수는 위기 상황에서 몸을 피한 일이 있었다. 그것이 가야바의 고민이었다.

그러나 가룟 유다의 결정적인 제보에 의하면 이번만은 예수 자신이 자기 몸을 내어 주고 죽을 생각을 한다고 하는 절호의 기회인 것이다.

겟세마네에서의 예수의 기도는 참으로 고통이 동반하는 기도였다. 잠

132

시 후 예수는 잠을 자는 제자들에게 와서 "일어나라 함께 가자 보라 나를 파는 자가 가까이 왔느니라"(막 14 : 42) 말씀하신다. 영국의 마틴 (Ralph Martin) 교수는 이 말씀의 의도가 최소한 베드로, 야고보, 요한만큼은 적과 조우하여 예수와 함께 전진을 원하셨다라고 의미 심장한 해석을 한다.

아직 말씀하시는데, 열둘 중 하나인 가룟 유다가 다가왔다. 그와 함께 대제사장들과 서기관들과 장로들에게서 파송된 무리가 검과 몽치를 가지고 뒤따라왔다. 그리고 이 반역의 드라마는 저희들에게 누가 묶여야 할 장본인인가를 알리는 군호로 유다와 짜고 입맞추는 자라고 되어 있었다.

약속대로 유다는 예수와 입을 맞추며 "랍비여 안녕하십니까"라고 인사 말을 한다(마 26 : 46－49).

이러한 마지막 판국에서도 예수를 잡으려고 온 자들이 땅에 부복하였다고 하였다. 요한복음에 의하면 이것이 유다에게 준 가장 단말마(斷末魔) 직전의 경고라고 보는 학자도 있다.

끝으로, 가룟 유다의 비극적 최후이다

유다도 베드로처럼 회개의 길은 있었다.

베드로 역시 예수가 가장 고독할 때 그를 삼중적 부정 형식에 의하여 철저하게 부인한 자였다. 그러나 그는 주께서 얼마전 과거에 주신 교훈을 즉시 상기하며 통곡하며 회개하였다. 유다에게도 회한의 순간은 어김없이 찾아 왔을 것이다. 아침이 되자 예수는 사형으로 정죄되고 유다는 곧 양심이 불편하여 은 30을 되돌려 주며 "내가 무죄한 피를 팔고 죄를 범하였도다"라고 확실한 언어로 자기의 심중을 표시한다. 그러나 "그것이 우리에게 무슨 상관이냐 네가 당하라" 냉대를 받는다.

유다는 은 30을 그 자리에 던지고 나간다. 대제사장들은 그 부정한 돈을 성전궤에 다시 회수할 수가 없어서 그 돈으로 연고자가 없는 자의 매장지를 사는 값으로 치룬다.

　즉시 유다는 자기 목을 매는 자살을 하고 만다. 유다의 뉘우침(마 27 : 3)은 회개로 연결이 되지 못하였다. 히틀러는 그렇게 많은 유대인을 학살하고 자살하였다. 엄청나게 큰 죄를 짓고 그후에 회개의 청산이 없이 자살이라고 하는 자기 개인의 파괴를 통한 정당화의 행위는, 그곳까지 범죄자를 추적할 능력이 우리 인간에게는 절대로 없다고 하는 책임의 한계선을 교묘하게 이용한 일종의 책임회피이다. 이런 일종의 도주 행위의 가능성은 무슨 과오를 범하고도 인간의 역사로 하여금 치유가 없는 비극의 반복이 되게 만든다.

　역사의 본질을 두고 말할 때, 그리고 인간 본성을 두고 말할 때 많은 피를 흘린 잔혹하고 암울한 죄 그것보다 치유(治癒)가 없는 반복이 더 큰 인간의 비극인 것이다.

　어떤 예상을 마음에 품고 그 목적을 위하여 막무가내 밀고 나갔다고 하자. 그리고 그 결과가 예상과 어긋났다고 하면, 심리적으로 후회가 따라온다. 기대와 결과의 낙차(落差)가 격심하면 비통하여진다. 그러나 그것은 한(恨)의 감정이며 회개는 아니다. 한의 감정에는 동기가 실패하건 말건 그대로 남는다. 그러나 회개는 그 동기를 뉘우쳐 고백하고 사함을 받아들이는 것이다. 가룟 유다는 그것이 없는 자살이라고 하는 인간의 가장 오래 묵은 도피행위(逃避行爲)로 또 하나의 큰 과오를 범하였다.

　가룟 유다의 종말에 관한 초대교회의 공식적인 해석이 다락방에서 행한 베드로의 취지(趣旨) 설교에 나온다. 베드로는 유다의 처음 제자됨과 그리고 처절한 죽음의 결말을 사실적으로 묘사한 후(행 1 : 17, 18), 그가 제 갈 곳으로 가버렸다고 하였다(1 : 25). 가룟 유다에 관한 이 베드로의 설교가 초대교회의 공식적인 입장 표명이라고 할 수 있다.

순교자, 스데반

사도교회에서 선출된 일곱 중의 한 사람 : 행 6 : 1-6.
최초의 기독교 순교자 : 행 7장.
인자가 하나님 우편에 서신 것을 증언 : 행 7 : 56.
폭력자들을 사하여 주실 것을 기도 : 행 7 : 60.

동양 어느 곳에서 이런 일이 있었다고 한다. 돈 많은 한 노신사가 선교사가 교육하는 미션 스쿨에 자기 딸과 함께 찾아와 비용은 얼마든지 좋으니, 자기 딸이 강의실에 청강하도록 허락하여 그 반의 다른 처녀들만큼 용모가 아름답게 달라지도록 해달라고 하는 청을 하였다고 한다. 선교사가 설명하여 그 강의실에 출석하는 모든 여학생이 아름다운 것은 얼굴에 무엇을 발라야 한다고 지시한 일이 있어서가 아니라고 하였다.

"그러면 그들이 왜 하나같이 이 도시의 다른 처녀들보다 아름답습니까?" "그들이 여기에 찾아 올 때 모두가 다 평범한 용모의 처녀들이었으나, 그러나, 얼마 안 있어 모두가 아름다운 용모로 변합니다. 그들의 얼굴에 무엇으로 치장을 해서가 아니라 저희들의 마음에 새로운 무엇이 수용이 되므로 일어난 변화입니다."

스데반이 산헤드린 앞에서 복음을 변증하기 위하여 맞서게 되었을 때, 모든 공회원들이 "스데반을 주목하여 보니 그 얼굴이 천사의 얼굴과 같더라"(행 6 : 15)라고 나온다. 성령으로 충만하니 그리스도의 영광을 얼굴에 띄게 된 것이다. 열심 많고, 정열이 넘치는, 말하자면 거룩한 의기로 흥분이 된 상태의 지혜와 믿음과 하나님의 은혜와 능력이 넘쳐 있는 그런 사람이었다(행 6 : 3, 5, 8). 진실로 살아 있으면서 성자의 자격이 있는 그런 놀라운 위인이었다.

신약에서 스데반의 이야기는 사도행전 6장과 7장의 두 장과, 뒤에 사도 바울이 인용하여 그를 순교자로 언급한 사도행전 22장 20절에 다시 나올 뿐이다. 스데반의 항변할 수 없는 소신과 웅변(雄辯), 참으로 뛰어난 지혜와 넘치는 정열 이 모든 요소는 순교자의 반열에 적법하며, 하자가 없다. 여기에서는 그의 위대한 자격 중에서 네 가지만을 생각하여 본다.

그는 최초의 집사였다

우리는 자주 "사도시대의 교회로 되돌아갈 수만 있다면!" 하는 향수에 젖은 말을 한다. 사도시대 예루살렘의 교회는 완전한 교회, 완전한 교리와 일치하는 완전한 실천 생활이 함께 한 교회, 성도의 교제와 사랑이 풍성한 아무런 문제가 없는 경이로운 교회라고 회상한다. 사실 사도행전 4장 32절에 "믿는 무리가 한 마음과 한 뜻이 되어 모든 물건을 서로 통용하고 제 재물을 조금이라도 제 것이라 하는 이가 하나도 없더라" 하였다.

그러나 공동체의 구성원이 크게 증가하면서 언제나 완벽한 조화가 저절로 있었던 것은 아니다. 사도시대의 교회에도 갈등과 긴장이 생겨난다. 구원받은 재물이 풍요한 형제들이 빈한한 형제들을 위하여 차기 재산을 혼쾌히 내놓는 미담이 생기자, 사탄은 이러한 지극히 선한 상황에서도 공평의 원리를 놓고 시험이 들게 만든다. 구체적으로 헬라파에 속하는 과부들이 마땅히 받아야 할 일일급식(日日給食)에서 간과되거나 양곡이 부족할 시에는 히브리 사람 위주로 하기 때문에 여러번 헬라파의 과부들이 구호를 받지 못하고 넘어간 일이 있었다고 하는 불평이 터져 나온 것이다. 물론 인간이 하는 처사라 편견이 아주 없는 것은 아니나, 그러나 고의로 행한 처사가 아니라 우연히 그와 같이 간과되었을 것이다. 신도의 수가 무서울 정도로 증가하면서 빈민을 구제하는 일이 사도들의 비전문적인 처리로는 아무래도 부실하게 일 처리가 되어, 그 분야의 전문가가 요구되었다.

상술한 문제로 교회의 평화가 위태로워지자, 그런 문제의 해결을 위하여 모종의 결의가 불가피하게 되었다. 사도들은 이런 불평을 묵살하지 않고 해결을 위한 원칙을 세우기로 하였다. 사도들은 기도와 말씀을 전하는 사역에 전심하리라 하는 의도에서 그 일을 위해서는 "형제들아, 너희 가운데서 성령과 지혜가 충만하여 칭찬 듣는 사람 일곱을 택하라 우리가 이 일을 저희게 맡기고…"(행 6 : 3)라는 새로운 결의를 명시하였다.

그 7인은 성령과 지혜가 충만한 사람, 사람들에게 칭찬 듣는 사람이어야 한다고 자격을 정하였다. 여기 사도들이 명시한 원칙이 매우 중요하다고 하는 이유와 함께 또한 매우 흥미롭다고 하는 이유는, 식탁에서 교우들을 섬기는 일을 맡은 자의 자격이 이처럼 지극히 높은 차원의 성화와 원숙한 은혜의 인격을 요구하였다고 하는 그 점이다.

신기한 일이다. 선택된 7인은 모두가 헬라인의 이름을 가진 사람이라고 하는 점이다. 상황적으로 해석을 하면, 모든 히브리 사람 교우들이 위에서 언급한 불평의 소리에 참으로 너그럽게 대응하여 완전한 신뢰로 헬라 사람 과부들의 요구를 전적으로 헬라 사람들의 손에 일임했다고 하는 맥락적 이해가 가능하다.

이와 같이 선택이 된 명단에서 스데반의 이름이 제일 첫번째로 나온다. 그의 출중한 인격이 그로 하여금 이미 지도자의 위치를 정하게 한 것이다. 그는 다른 여섯명을 잘 인솔하여 이 일로 더 이상의 알력이 일어나지 않도록 원활한 사역을 이끌어간다. 사실 초대교회의 성장은 두려울 정도의 비율로 신도의 수가 불어났다. 저자 누가는 사도행전 6장 7절에서 "하나님의 말씀이 점점 왕성하여 예루살렘에 있는 제자의 수가 더 심히 많아지고 허다한 제사장의 무리도 이 도에 복종하니라" 기록하였다.

디모데 전서 3장 8절에서 13절에, 바울은 집사의 자격이 어떠해야 하는가를 규정지었다. 오늘의 사정에서 교회의 집사하면 주로 사무와 경제적인 관리를 책임진다. 성서학자들은 이들 예루살렘 교회가 선출한 7인에게 당초는 구체적으로 '집사'라고 하는 명칭을 사용한 바가 없었으나 그들이 관장한 사역이 분야적으로 당시 교회가 매우 중시한 물질과 음식을 분배하는 자선후생(慈善厚生)의 것이었다고 견해를 같이 한다.

1805년 영국의 해전으로 유명한 '트라폴가의 해전'(the battle of Trafalgar)이 막 터지기 직전이었다고 한다. 제독 넬슨경이 보니 함장과 한 제독의 사이가 이상하게 감정적으로 벌어진 것을 알았다. 그는 두 사람의 손을 서로 잡게 한 후 고함을 쳐 "여러분의 목전의 적함대를 보시오!" 했다고 한다.

스데반 역시 두 패로 갈라 질 수 있는 위기에서, 교회 공동체를 엄습하여 분쇄하려고 대적하는 원수를 직시하게 하였을 것이다. 우리가 하나가 되어 주의 사역으로 매진하지 않으면 공동체는 넘어진다.

변증신학자(Apologist)

스데반의 설교는 신약문서에 기록이 된, 최초의 변증신학이다. 사도행전 2장에 나오는 베드로의 설교 내용에 예수의 부활에 관한 변증적인 요소가 있어 중요하나 그러나 신약학에서 이 베드로의 설교는 상황적인 의의가 크므로 오히려 최초의 전도설교라고 구분을 한다. 변증자(辨證者)를 뜻하는 '아폴로지스터'는 'apologia'라고 하는 희랍어에서 연유되고 그 의미는 반증과 변호를 의도한 연설을 하는 자이다. '변증론' 또는 '변증신학'의 분야는 기독교의 신적 기원(the divine origin)과 권위를 변호하는 신학 이론적 원리를 의미한다. 베드로는 "우리에게 있는 소망을 묻는 이들에게 항상 답변할 것을 준비하여…"(벧전 3 : 15)라고 권고한 바 있다.

기독교 역사에서 처음 수세기 동안은, 변증신학자들이 무신론과 탈(脫) 도덕주의자와 반사회적 주장에 반대하여 그들의 비난과 맞서서 교회를 변호하였다. 중세에 접어들면서, 변증신학자들의 활동은 주로 교회

내에서 일어난 배교적(背敎的) 철학과 이단과 맞서서 변론하였다. 18세기에 와서는 변증신학은 주로 자연주의 신학과 이신론(理神論)과 싸운다.

오늘에 와서는, 모든 복음주의 신학대학에서는 정규과목으로 변증신학을 강의한다. 근자에 알려진 변증 이론으로 리틀(Paul Little)의 「네가 믿을 때 네가 믿는 바와 왜 믿는가를 알아야 한다」(*Know What You Believe and Know Why You Believe*)와, 맥도웰(Josh McDowell)의 「결판이 요구되는 증거들」(*Evidence that Demands a Verdict*)이 있고 쉐퍼(Francis Schaeffer)가 저술한 수편의 연관된 저서가 있다.

초기교회의 맥락에서 스데반은 구약의 성실한 학도이며, 탁월한 분석력과 설득력이 있어 당시의 예루살렘의 지도자들은 그의 반론과 열정을 침묵시키지 못하였다(행 6:9-10). 스데반에게 번번히 당하기만한 그 예루살렘의 장로들은 한을 품고 불량한 사람들을 선동하여 그를 체포한 후 산헤드린 앞으로 끌어와 세운다.

스데반에 대한 고소는 모세와 하나님께 대한 신성모독이었다. 그들의 논지는 나사렛 예수가 성전을 훼파하고 모세의 전통을 변혁하실 것이다 라고 스데반이 주장을 했다는 것이다. 아직 재판 심리가 진행 중에 그곳에 모인 유대인들은 경이로운 사실을 목격하게 된다. 스데반의 얼굴이 천사의 얼굴같이 빛난 것이다. 과거 모세의 얼굴이 그와 같이 빛난 일이 있음을 기억하게 된 사람이 있을 것이다. 그러고 보니 모세를 신성모독한 자라고 고발 당한 스데반이 고발자보다 더 모세를 닮았다고 하는 의미가 된다.

스데반의 얼굴이 천사의 얼굴과 같다고 하는 것을 스데반의 심증이 그와 같다고 하는 것의 반영이다. 사람의 얼굴에 있는 80개의 근육은 7000 종류의 표정을 짓게 한다고 한다. 그러므로 얼굴은 그 마음의 거울인 것이다. 디킨스(Charles Dickens)의 「두 도시의 이야기」에 보면, 시드니 칼톤은 스스로 원하여 다른 사람 대신에 길로틴 사형대로 나아간다. 그 장면을 묘사한 그 소설가는 "그 밤에 그 사형대를 바라본 그의 얼굴은 그렇게 평화로울 수가 없었다"라고 묘사한다.

스코틀랜드의 모레이(Robert Murray) 목사는 불과 30세에 별세하였으나 그를 회고하는 신도들은 "그가 한 마디의 설교를 시작하기 전에 이미 그의 얼굴이 참으로 인자한 표정이었다. 그의 표정이 그의 설교를 말한다"라고 증언하였다고 한다("Beloved Minister," *Faith for the Familly*, Feb., 1986, p.6).

스데반의 변증은 두 가지 요점으로 요약이 된다.

하나는, 하나님의 계시는 결코 한 장소에 묶어두거나 한 사람 가령 모세 한 사람의 인격으로 완전히 묶어둘 것이 아니다. 이미 오래 전에 주는 갈대아의 아브라함과 애굽의 요셉을 인도하시지 않았는가. 하나님의 계시가 전향적(前向的)으로 진행한다는 신학사상은 모세 자신이 "하나님이 너희 형제 가운데서 나와 같은 선지자를 세우리라"라고 예언한 바 있으므로 정당한 것이다(행 7 : 37).

두 번째의 요지는, 하나님이 새로운 계시를 주실 때마다 이스라엘은 계속하여 하나님께 거부하였다고 하는 요지이다. 이스라엘의 조상들은 모세가 십계명을 받는 당시에도 거부하였다. 그들은 하나님의 권고를 순종하기 보다는 우상에게로 돌아섰다. 선지자들이 나와 그들이 고집하는 생명이 없는 의문을 경고하고 회개를 권고하였으나 이스라엘은 예견자(豫見者)를 핍박하고 선지자들을 죽였다. 하나님의 계시에 대한 이스라엘의 완악은 결국 의로운 자(the Righteous One)를 배신하고 죽이는 데가지 오고 만 것이다(행 7 : 52).

스데반의 연설 중에 예수의 이름을 명시하지는 않았어도 그의 변증을 듣는 자들은 예수의 예형(豫型)으로서 요셉과 모세를 그들이 처음 거부하였으나 종말에는 통치자가 된 점을 스데반이 지적하므로서 예수를 의도하고 있음을 명확히 알아 채린다. 스데반은 또한 마지막에 하나님이 온 세상을 위하여 복음을 주셨으며 이 복음의 저희들의 협소한 유대주의와 정면에서 충돌한다고 하는 요지였다.

스데반은 두려움없이 성령을 거역하고 의로운 자를 죽인 일을 비난한다. 이러한 비난은 그들이 성경을 근거한 변증에서 스데반에게 맞서지 못한 저희들의 분노를 격동하게 만들어 스데반의 연설을 중지시킨다.

순교자

스데반의 연설이 산헤드린 공회원을 심히 격동시켜 저희들은 스데반을 보고 이를 간다. 스데반은 성령이 충만하여 위 하늘을 바라보며 하나님의 영광과 아울려 그가 본 중요한 사실을 언급한다. 그는 "보라 하늘이 열리고 인자가 하나님의 우편에 서신 것을 보노라"라고 말하였다(행 7 : 56). 더 이상 자제력을 잃은 공회원은 소리를 질러 자기들의 귀를 막고, 달려들어 그를 도시 밖으로 끌고가 돌로 쳐죽인다(행 7 : 57-58).

돌을 던져 사형에 처하는 수단은 돌이 많은 아랍 광야에서 시작이 된 관행이라고 한다. 원래는 그 자리에 모인 시민들이 돌을 던지는 행위로 끝이 났으나 점차로 이 처형 방법이 복잡하게 발전한다. 언도 받은 죄수의 행렬 앞에 죄목을 소리질러 광고하는 사람이 가고 형장에 도착하면 높은 곳에 죄수를 세워 그곳에서 단애(斷崖) 아래로 떨어지게 한 후 투석하여 그의 시신을 돌무덤으로 묻히게 만든다. 유대인들에게 있어서 투석은 가장 가혹한 처형의 방법으로 규정이 된 것으로서 신성 모독과 우상 숭배자에게 내리는 처형이었다(신 13 : 9-10, 17 : 5-7). 이러한 처형의 절차에서 증인 내지는 고발자가 제일 먼저 돌을 던져야 한다.

스데반을 처형할 시, 돌을 던지는 자들이 상체의 동작을 자유롭게 하기 위해 상의를 벗어 사울 앞에 맡기고 돌을 던졌다. 그러나 처형자들의 옷을 맡았던 이 집행의 주도자이며 열심당이었던 그가 스데반의 최후의 모습에서 얼마나 큰 감동을 받아 훗날의 생애의 중대한 전환을 맞게 되리라고는 그 자리의 아무도 짐작을 못하였다.

스데반의 처형의 경우는 시종 아무런 재판의 법적 절차 없이 공개 처형으로 줄달음친 감정이 이끈 일종의 '린치' 행위였다. 산헤드린의 공회원은 모두 격노한 나머지 구태어 판결의 투표를 할 필요조차 생각하지 않았다. 심지어는 당시의 정당한 절차로서 처형에 앞서 로마인 총독청 (廳)에 양해를 구하는 일조차 생략하였다. 뒤에 가서 종교 문제에 기인 한 시민들의 폭동이었다고 안일하게 처리할 수 있었기 때문이다.

1) 그리스도의 죽음과 비교

신약성서에서 그리스도의 죽음 이외에 이와 같이 상세한 기술로 그의 죽음을 언급한 경우는 단 한 사람 스데반의 경우이다. 사도행전은 야고 보의 죽음이 참수형이었다고만 기록하였고 그후 베드로, 요한, 바울의 죽음이 어떤 모습의 순교였는지 언급 없이 넘어간다. 그러나 스데반의 죽음은 기억에 오래 남도록 상술이 되어 있다. 아마도 그의 죽음이 다음 같은 이유에서 그리스도의 죽음과 비교되기 때문일까.

두 경우가 모두 성전의 신성모독으로 위증이 되었다.

두 경우 모두 처형 당하며 고발자들을 위해 기도하였다. 십자가 위에 서 기도하신 예수는 "아버지여 저희를 사하여 주옵소서 자기의 하는 것 을 알지 못함이니이다"(눅 23 : 34) 하였으며, 스데반은 돌에 맞아 만신 창이 되면서 최후로 무릎을 끓어 큰 소리로 "주여 이 죄를 저들에게 돌 리지 마옵소서" 기도하였다.

두 경우 모두 자기 영혼의 위탁의 기도를 한다. 예수는 큰 소리로 불 러 "아버지여 내 영혼을 아버지 손에 부탁하나이다"(눅 23 : 46) 하였 고, 스데반은 부르짖어 "가로되 주 예수여 내 영혼을 받으시옵소서"(행 7 : 59) 하였다.

두 경우가 모두 그 시신을 수명의 동정자들의 손에 의하여 장례를 치 루게 된다. 예수의 장사는 니고데모, 아리마대 요셉, 그리고 숨은 제자들 이 적개심이 한참이나 뜨거운 때에 위험을 무릅쓰고 드러내놓고 나와 예 수의 시신을 빌린 무덤에 장사지내 예우한다(요 19 : 38 - 39). 스데반의 경우는 수명의 신도들이 그러한 장례를 치루니 사도행전에는 "경건한 사 람들이 스데반을 장사하고 위하여 크게 울더라"(행 8 : 2) 하였다.

두 경우가 모두 아버지의 영접을 받아 하늘에 올라간다. 예수께서는

40일간의 부활현현이 있은 후 아버지께로 올라가시고 스데반의 경우 즉시 하나님의 우편에 서 계시는 예수의 영접을 받는다.

스데반은 성령으로 충만한 인격, 성령에 의한 강력한 통제된 인격이며 그를 주목하는 모든 사람에게 그리스도를 증거하며 그리스도만을 응시하게 하는 전도자이므로 그가 그리스도와 참으로 닮은 인격자라고 하는 것 그리고 특히 죽음의 모습이 그와 같았다고 하는 공감은 참으로 자연스러운 일이다.

2) 스데반과 다른 순교자와의 비교를 다음과 같이 정리하여 본다

스데반은 집사 중 첫째요, 변증자 중 첫째요, 그리고 긴 줄로 이어질 신도로서의 순교자 중 최초의 인물이다. 그의 뒤를 이어 수도 없이 많은 신도가 순교의 긴 반열에 참여하였다. 팍스(Fox)가 저술한 순교서(殉敎書) 안에는 이미 신앙을 위하여 대신 생명을 버린 자의 역사가 500쪽을 넘는다. 그 안에는 예수의 제자로 시작하여 16세기까지 자행이 된 말로 표현할 수 없이 잔인한 수단의 죽음을 넘어선 순교자의 기록이 나온다.

폴리캅(Polycarp) : 그는 사도 요한의 제자, 그리고 서머나 교회의 감독이었다. 그의 죽음은 초대교회에서 가장 유명한 순교사화로 알려진다. 그를 체포하기 위해 들이닥친 포졸들은 스데반의 얼굴을 보고 공회의원들이 놀란 것처럼 그의 참으로 온후하고 천사를 닮은 표정에 놀란다. 그는 찾아 온 관리들을 식사로 대접한 후 한 시간의 기도를 허락받아 자기를 잡으러 온 자들을 위한 뜨거운 기도를 올린다. 그의 기도를 들은 포졸들을 저와 같은 성자를 어찌 잡아가야 하는가 고민이 생길 정도였다. 그러나 그가 총독에 묶여 나가, 시저의 이름으로 그리스도를 부인하면 용서하리라는 명령을 받는다. 그는 대답하기를 "46년간 나는 그분의 종으로 섬겨왔다. 그분이 내게 아무런 잘못이 없는데, 나를 구원하신 나의 왕을 어찌 모독할 수 있으리요" 말했다고 한다.

경기장에 운집한 무리들에게 폴리캅의 이 같은 언급이 광고되자, "바로 이 자가 아시아의 교사요, 기독교도의 아버지라, 우리의 신전들을 허

는 자요, 많은 사람에게 제물을 바치지 말고 예배하지 말라하는 자라."
드러내 분노를 나타내어 총독에게 맹수의 먹이가 되게 하여야 한다고 소
리쳤다. 그러나 총독이 답하여 이미 오늘의 경기가 끝났다고 영을 내렸
으니 그렇게 함은 불법이라고 답하였다. 그러자 군중은 한 목소리로 "산
채로 불태워라, 불태워라"하여, 그렇게 하기로 하였다.

목욕탕에서 장작과 통나무들이 옮겨와 쌓였다. 형리들이 그를 기둥에
못질을 하려고 하니 폴리캅이 말하기를, "그럴 필요없습니다. 주께서 불
속에서 지키시니 못으로 고정시키지 않아도 움직이지 않을 것입니다" 하
였다. 그래서 형리들이 못은 치지 않고 밧줄로만 묶었다. 그는 기도를 시
작하여 "주께 찬양을 드리오니 나를 순교자의 반열에 있게 하심이로소이
다. 저희들의 순교처럼 나도 오늘 주 앞에서 값지고 받으실만한 희생이
되게 하옵소서. 이러한 이유에서 주께 감사와 영광을 돌리옵니다. 영원
히 사신 하늘의 대제사장이신 예수 그리스도 하나님의 아들이시여" 하였
다.

불이 지펴졌다. 형리들도 그 뜨거움에 견딜 수 없게 되었다. 형리들이
목격한 바에 의하면 폴리캅은 불길 속에서 찬송하며 이상하게 불길이 그
를 태우지 않아 결국 형리들이 창으로 찔러 살해한 후 시체를 불에 태웠
다고 한다.

20세기에 와서 기독교도들은 과거의 기독교사의 모든 수보다 더 많이
순교를 당하였다. 중국 공산당으로 하여 수없이 많은 순교자가 나왔다.
현대의 순교사화 중에서 아마도 가장 알려진 순교 이야기는 1934년 살해
당한 요한 스탬과 베디 스탬(John and Betty Stam)일 것이다.

1950년대 남미 콜롬비아에서 개신교의 박해가 벌어졌을 때 현주민 수
천명과 많은 선교사들이 살해 당했다. 1956년에 에쿠아도르 밀림 오지에
서 살해당한 미국인 선교사 5명의 이야기를 교회에서 모르는 신도가 없
다. 1960년대 콩고(지금의 자이레)에서 10여 명의 선교사들이 고귀한
생명을 바쳤다. 70년도에 와서 비엔나에서 미쇼네리 얼라이언스의 선교
사들이 학살당하였다.

1981년, 콜롬비아에서 현주민 언어를 배우기 시작한 위클리프 선교사인 비터만(Chet Bitterman)은 6명의 테러리스트에게 납치당한 후 48일간이나 감금과 폭행을 당한 끝에 그의 시신이 길에서 납치한 버스 안에 버려졌다.

길고 영광된 기독교사에서 생명을 버리며 담대히 신앙을 수호한 순교자의 역사만큼 찬연(燦然)한 광채가 있는 기록은 없다. 그 영광의 선봉에 선 스데반처럼, 이 모든 순교자들은 돌에 맞고, 불태움을 당하며, 경기장에서 사자에게 찢겼다.

기독교 신도 전부가 이러한 순교의 부름을 받는 것은 아니다. 그러나 성서는 우리에게 교훈하여 "무릇 그리스도 예수 안에서 경건하게 살고자 하는 자는 핍박을 받으리라"(딤후 3 : 12) 말씀하고 있으며, 죽기까지 순교의 어려움을 인내하여야 함을 일러준다.

승리자(Victor)

스데반이 순교한 결과 초기 공동체의 여러 사람이 심각한 타격을 입는다. 하나님이 어찌 이런 일을 허락하시는가. 교회는 대표적인 변증자를 잃었다. 그를 대신할 사람이 누구이겠는가. 초대교회는 오래지 않아 하나님께서는 비극을 승리되게 하시며 또한 인간의 분노를 변화시켜 하나님께 향한 찬양이 되게 하신다는 진리를 깨닫게 된다.

요한계시록에 있는 바와 같이 박해받는 서머나 교회에 주신 권고 "네가 죽도록 충성하라. 그리하면 내가 생명의 면류관을 네게 주리라"(2 : 12)와 같이 모든 순교자에게 주실 축복은 생명의 면류관이다. 구원은 선물이다. 그러나 승리의 관은 수고로 소유한다(Salvation if a gift, but crowns are earned). 스데반의 이름이 '승리의 관'이라는 별명(別名)으로 사용이 된다고 하는 것은 참으로 적절하다.

1) 스데반은 동료 신도에게 예수 신앙으로 담대히 서라 일러 준다

스데반의 시신을 장사 지낸 동료들은 자기 생명을 건 행동이었다. 스데반을 처형한 무리들이 누가 그의 시신을 거둘 것인가를 감시하는 그런 와중에서 자신을 드러내 나오는 행위는 목숨을 건 결단이다.

2) 스데반의 죽음은 사도 바울이 태어나게 하였다

물론 사울이 변하여 사도 바울이 된 회심 동기에 복합적인 이유가 있는 것으로 해석을 한다. 그러나 스데반의 위대한 최후가 계속 그의 내면 세계에서 줄기차게 작용을 하다가 결국 다메섹에서 결정적인 회심을 경험한다. 사울이 기독교 신도들에게 갖는 적개심은 철저한 것이었다. 그러므로 예루살렘에서 100마일이나 거리가 되는 다마스커스에 있는 교회를 잔해하려고 예루살렘 산헤드린의 위임장을 받아 출발하였다. 그러나 그는 내면에 간직한 스데반의 순교가 참으로 뒷발질하기 어려운 '가시채'였다. 이 '가시채'란 앞으로 나가지 않으려고 고집하는 면양이나 산양을 뒤에서 찔러 앞으로 가게 만드는 끝이 뾰죽한 목자의 지팡이이다. 스데반의 순교는 기억만이 아니라 양심에 자리를 정한 찌르는 가시채였다. 스데반의 천사 같은 얼굴, 서서 기다리시는 주께 자기 영혼을 위탁, 원수를 위한 기도, 이 모든 순교자 스데반의 인격적 간증은 사울의 삶에 전무후무한 동요(動搖)를 가져다 주었다. 그런 후에 부활의 주께서 직접 현현하시자 박해자 사울이 변하여 선교자 바울이 된 것이다.

스데반은 승리자이다. 먼 훗날에 바울이 순교하여 하늘나라에 영접이 되었을 때, 참으로 사도 바울이야말로 나의 트로피, 나의 기쁨, 나의 영광의 관(冠)이라고 당당히 주장할 자격이 있는 자 스데반 말고 없을 것이고 그를 더 기쁘게 맞아 줄 자가 다시 없을 터이다.

스데반의 틀이 바울의 사역으로 꽃이 피었다. 스데반의 변증사역이 바울의 변증사역으로 이어졌다. 말하자면 스데반은 원형(原形, prototype)이며 바울은 그 완성이다. 스데반에게 있었던 가능성이 바울이 된 것이다(What Stephen was, Paul became). 스데반이 씨앗으로 포태시킨 세계 보편의 메시지(message)를 온몸으로 설교, 그리고 기독교의 선교(mission)를 바울은 온 생애를 걸어 실천한 것이다. 바울은 종종 하나님이 이방과 유대인을 분간하시지 않고 구원하시는 복음을 전하면서 유대인 지도자들에게 대한 단호함이 마치 스데반의 언어 그대로였다. 스데반의 원형 그대로 바울은 위대한 변증신학자요, 위대한 호교론자(護敎論者)였다.

스데반의 죽음은 초대교회에 큰 타격이며 그리고 처음에는 설명할 수 없는 수수께끼였다. 그러나 30여 년이 지나고 보니 바로 그 손실이 하나님의 복음을 강력하게 추진시키기 위한 섭리자 하나님의 중대한 결정이었다.

성실한 후원자, 바나바

구브로에서 온 레위 사람, 본명은 요셉, 별명이 바나바 : 행 4 : 36.
이미 전답을 팔아 사도들에게 헌금 : 행 4 : 37.
초기에 맺어진 바울과의 우정 : 행 9 : 27.
바울과 안디옥에서 공동사역 : 행 11 : 22−26.
바울의 1차 선교 여행에 참여 : 행 13−14.
예루살렘 회의에서 바울과 같이 연설 : 행 15장
마가의 일로, 바울의 2차 선교 여행시 불참 : 행 15 : 36−41.
바울이 바나바를 높이 평가 : 고전 9 : 6, 갈 2 : 1, 9, 13, 골 4 : 10.

초대교회 시대, 좀더 정확히 말하여 예루살렘 공동체가 전 교회의 지도권을 행사하고 있을 지극히 초기에, 자기 일보다 남을 도와 주는 일을 더 중히 여기고 그런 일관된 생활을 한 지극히 사랑스러운 인물이 있었다. 그는 바나바이다. 엄격히 말하면 바나바라고 하는 이름은 그의 별명이다. 그는 본래 요셉이었다. 그러나 그의 많은 선행이 드디어 사도들의 칭송(稱頌)이 되면서 사도들이 그를 가리켜 '위로의 아들'이라고 덧이름을 지어 준 것이 계기가 되어 바나바가 된 것이다(행 4 : 36). 그를 '격려의 아들' '즐거움의 아들' '권면의 아들' 등 다른 별명으로도 부르기도 하였다.

우리는 바나바의 교육 배경에 대하여는 별로 아는 바가 없고 그에 대한 모든 천거(薦擧)는 그가 마음이 따스한 사람 그리고 마음이 관대한 선한 행동의 사람이라고 하는 것만이 사람들이 한결같이 일러 주는 전부이다. 사도행전에 이러한 발자취를 남기며 등장한 바나바는 마치 존 번연(John Bunyan)이 저술한 「천로역정」(天路歷程, *Pilgrim's Prog-*

ress)에 등장하여 동정과 이해를 나타내 좋은 지원자가 되는 '큰 마음' (Great-Heart)의 배역(配役)과 흡사하다. 신약학자 중에는 그의 위상이 바울과 동등한 밝기로 빛을 발하는 별이라고 보는 이가 있고 혹 그의 저술이 하나도 없다고 하는 이유 때문에 바울 다음 가는 별이라고 생각을 한다. 그는 바울, 요한, 그리고 베드로 보다는 약간 약한 별빛을 가진 별로 그러나 예수의 형제 야고보와 동등한 광채(光彩)라고 평한다.

항상 남을 도와 주는 행위 때문에 어느덧 자기 본명은 기억에서 사라지고 사도행전의 공식 문절에 '위로의 아들' '격려의 아들' '즐거움의 아들'의 의미를 지닌 별명이 그의 이름이 되고만 사랑스러운 인격자, 참으로 그는 초대교회가 잊지 않고 기억한 즐거운 화제의 주인공이다.

그는 자기 재산을 팔아 주린 자들을 먹였다

교회 전통 중에는, 바나바를 예수께서 파송한 70명의 문도 중의 하나로, 또는 예수의 부활을 목격한 500명의 한 사람이라고 생각을 하지만, 신약은 오순절 이전에는 바나바에 관한 언급이 없다. 그의 고향이 구브로이고 그의 가정적 배경이 헬라어를 말하는 유대인이라고 하는 점에서, 오순절에 예루살렘으로 상경한 계제에 베드로의 열화 같은 설교가 불 붙인 회심자들의 파도(波濤)를 타고 자기도 성도가 된 것이 아닌가 하는 추리는 자연스럽다. 그가 성도가 된 후 고향에 내려가 자기 가족에게 전도를 했는지는 분명하지 않으나 그의 선한 행동으로 초대교회의 주목의 대상이 되었을 때 그의 활동의 장(場)은 이미 예루살렘이었다.

초기교회는 많은 빈민들을 수용하였다. "예수는 그리스도이시다"라고 하는 고백은 많은 실업자들을 낳게 하는 사회요인이었다. 실직을 한 이러한 많은 수의 유대인들에 추가하여, 오순절에 성도가 된 '디아스포라' (해외에 흩어진 유대인들)와 이방인들이 아직 그대로 예루살렘에 머물러 계속하여 교훈과 지도와 교제를 원하는 형편이어서 저희들의 수가 이만 저만이 아니었다. 이러한 상황에서, 이 많은 수의 급식을 해결하여야 할 책임은 예루살렘 지역교회의 몫이었다. 그러한 막중한 문제의 해결을 지원하기 위하여 부유한 지주나 여유 가옥을 소유한 평신도들이 자발적으로 자기 소유와 재산을 팔아 사도들에게 헌금하였다.

자기 고향에 있는 토지와 재산이 넉넉한 바나바는 그것들을 정리하여 예루살렘의 사도들에게 흔쾌(欣快)히 헌금하였다. 그런데 참으로 우연한 일로, 이러한 바나바의 존경스러운 관용을 시샘한 아나니아와 삽비라 부부는 그의 명성을 탐내어 자기들의 재산 일부를 팔아 바치면서 자기의 전 재산이라고 허위 과장하였다. 초기공동체에 있어서 이러한 불성실은 성령을 기만하는 신성 모독으로 심각한 결과를 낳아 저희들의 죽음을 불렀다.

그러므로 초기 예루살렘 공동체가 그의 선행을 천거하는 첫번째의 이유는 이러한 초기의 맥락이었고, 그러한 희생적인 봉사로 하여 그가 본래는 넉넉한 지방 토호(土豪)이거나 귀족 출신이라고 하는 배경임에도 스스로 땀흘려 매일 노동을 하여야 할 형편이 되었고, 바울도 고린도전서 9장 6절에서 바나바의 자발적인 적빈(赤貧)이 불러들인 빈궁의 처지를 인지하여 간접으로 언급한 바 있었다.

그는 주린 자들을 급식하는 두 번째의 계기에서도 희생적으로 참여를 한다

이러한 바나바의 선행은 한번만의 일이 아니었다. 글라우디오 황제의 치세시의 일이다. 수년에 걸쳐 지중해 연안 일대는 연이어 흉작을 겪는다(A.D. 41-54). 이미 선지자 아가보가 그러한 광역적으로 발생할 기근을 예언한 일이 있어 그러한 곤경을 들어 아는 바나바는 당시 안디옥 교회의 수석 교역자였다. 교회의 회중들은 이러한 심각한 기근이 예루살렘과 주변에 미칠 심각한 어려움을 생각하였다. 그리하여 각자가 자기의 능력대로 유대의 형제들을 위하여 헌금을 모았다. 이와 같이 모금이 된 구제금을 그 교회는 "바나바와 사울에게" 위탁하여 예루살렘으로 전달을 한다(행 11:30).

한번 지나가는 식으로 성서의 내용을 읽는 독자들이라고 할지라도 하나님이 가난한 자들을 심히 긍휼히 여기심을 용이하게 알 수 있을 것이다. 가령 구약의 말씀에 보면, 수확을 거두는 농부가 알뜰하게 두 번 수확하는 일을 금하여 주린 자들의 것으로 이삭들을 남겨 두게 하셨고, 그리고 거두는 자들이 지나간 뒤에 남은 포도송이는 주린 자들의 것이라고 말씀하셨다(레 19:9-10). 하나님은 이와 같이 농사일을 하는 자들이 이삭을 남겨두게 하므로서 가난한 자들이 주리지 않게 하셨다.

이사야 58장 10절에 보면, "주린 자에게 네 심정을 동하며 괴로워하는 자의 마음을 만족케 하면 네 빛이 흑암 중에서 발하여 네 어두움이 낮과 같이 될 것이며" 하였다. 잠언 19장 17절과 21장 13절에 보면, 가난한 자들을 불쌍히 여기면 주께 꾸어 주는 일이 되며 주께서 무엇이든 갚아 주신다고 하는 교훈이 나온다. 신약의 야고보서 2장 15절에서 17절이나 요일 3장 17절에 보면, 가난한 자들을 급식하여야 할 주제가 언급이 되며 가난한 형제들을 도와 주지 않는 신도의 신앙과 사랑은 겉모습 뿐이라고 하는 경고가 있다. 예수께서 친히 주린 자들을 배불리신 일이 여러 번 기록이 되어 있어서, 우리가 준행하여야 할 모범이 되고 있다.

「맥박」(*Pulse*)이라고 하는 복음주의 선교정보 서비스(1986년 7월 3일)에 기재된 내용에 의하면, 인도의 불행한 자들을 위하여 희생적으로 사역을 계속한 테레사 수녀는 자신의 과로가 쌓여 관절염 때문에 두 발은 휘었고, 한쪽 눈만이 시력이 남았으며, 매일의 수면 시간은 겨우 3시간 뿐인 불구의 몸이 되고 말았다고 한다.

바나바를 '위로의 아들'이라고 한 별명의 언어는 성령을 보혜사라고 한 동일언어 뿌리에 속한다. 헬라어로 성령은 "옆자리에 와서 도와 주는 자"이다. 실로 바나바는 이러한 사역을 하였다. 예루살렘의 가난한 자와 주린 자를 도와 주기 위하여 옆자리로 찾아온 사람이다.

그는, 아직 모든 원사도들이 바울의 회심(回心)을 의심의 눈으로 볼 때 마음을 열어 수용하고 보증을 한 사람이다

예루살렘으로 돌아오고 있는 바울의 사정은 참으로 사면초가(四面楚歌)였다. 그에게 위임장을 주어 파견한 산헤드린은 돌연한 그의 변절에 있을 수 없는 일이라고 하는 분노로 절치부심(切齒腐心)이었다. 아직은 모든 것이 석연하지 않고 다만 배신자라고 하는 경악(敬愕) 외에 아무런 확실한 바가 없는 그를 선뜻 이해할 수 있는 친구란 하나도 없었다. 그에게 참으로 억울함을 당한 많은 성도들이 있다. 구체적으로 스데반이 처형을 당할 때 처형 지휘자로 행동대원들의 윗옷을 맡은 일이라든가, 이번 일만 하더라도 산헤드린의 위임장이 있어 다메섹의 예수당들을 남녀불문하고 강제 구인하기 위하여 현지로 파견된 공인이 아니였던가. 그러한 회심사건이 일어난 자리가 그러한 변경지가 아니라 당당하게 예루살렘에서 일어난 일이라고 하면 또 모를 일이었다.

그러므로 바울이 예루살렘으로 돌아온 즉시적 상황에 관해서, "제자들을 사귀고자 하니 다 두려워하여 그의 제자됨을 믿지 아니하니"(행 9 : 26)라고 기록한 본문은 참으로 많은 것을 함축하고 있다. 이 문절에서 "제자들과 사귀고자 하니"의 동사의 시제가 바울의 무위(無爲)로 끝난 계속적인 노력을 말하여 준다. 무리도 아니다. 제자들은 그의 회심이 정당한 경험이라고 수용할 수가 없었을 것이다. 이것이 예루살렘 본거지에서 초기 기독교 유대 공동체의 핵심을 파괴하기 위한 위장이 된 침투 전술이 아니냐 하는 강한 의혹을 무엇으로 아니다라고 자신하는가 말이다.

바나바가 중재자(仲裁者)로 등장할 때, 바로 모든 것은 이러한 사정이었다. 문자 그대로 바울의 손을 이끌어 "바나바가 데리고 사도들에게 가서 그가 길에서 어떻게 주를 본 것과 주께서 그에게 말씀하신 일과 다메섹에서 그가 어떻게 예수의 이름으로 담대히 말하던 것을 말하니라"(행 9 : 27)라고 언급한 바 있는, 이러한 바나바의 중재는 자기의 덕망과 지금까지의 봉사와 신뢰를 걸고 책임을 지는 적극적인 행위이다. 그러한 바나바의 중재 결과로 바울의 입지가 수용이 되고 확인된 것만이 아니라 바울은 "제자들과 함께 있어 예루살렘을 출입"하였다라고 하는 적절한 묘사 그대로(행 9 : 28), 원제자들과 자유롭게 행동을 같이 하게 된 것이다. 이러한 사태의 전환은 결코 말처럼 그리 쉬운 일이 아니었다.

우리는 바나바가 초대교회에서 아직 모두가 바울을 의심하고 있을 때에 그를 위하여 마음을 연, 최초의 사람이었다는 것을 기억하여야 할 필요가 있다.

바나바는 이방인 성도들을 수용한 큰 마음의 사람이다

초기교회의 성도들은 흩어져 가는 곳마다 복음을 전하였고 그러한 확산의 과정에서 안디옥의 이방인들이 회심을 하는 계기가 된다. 당시의 안디옥은 광범한 상역(商易)의 중심이고, 수리아의 수도이며, 대 로마 제3의 대도시였다. 특히 이 안디옥 시민은 새로운 학문 탐구열이 남달리, 유명하였다. 그러한 여건에서 안디옥 교회의 이방인 선교 활동은 지극히 활발하여 이방인들의 회심이 속출하였다. 하나님의 각별한 축복이었다. 그러나 이러한 이방인 선교의 새로운 국면에 대한 이해가 소상하지 못한 예루살렘교회는 바나바가 그 중 한 사람인 조사위원회를 현지로 파견하였다.

물론 예루살렘 교회의 지도자들에게 이러한 사태는 전혀 새로운 것만은 아니었다. 왜냐하면, 앞서 반(半) 유대인의 취급을 받는 사마리아에서 빌립이 예수 신앙의 공동체를 개척하였을 때 베드로와 요한이 즉시 현지를 답사하여 그러한 새로운 국면을 정당한 발전으로 수용한 선례가 있기 때문이다(행 8 : 5 − 17). 그리고 바로 얼마전에 이러한 에피소드로, 베드로 역시 자율적인 판단에 의하여 가이사랴에 찾아가 이방인 장교 고넬료의 문중에서 복음을 전하고 세례까지 집전하여 이것이 예루살렘교회에서 거론이 되어 인정을 받은 일이 있었다(행 11 : 1 − 18). 안디옥 교회의 경우에, 조사위원으로 바나바가 선정이 된 이유는 그의 덕망과 판단을 위한 균형감각이 높이 평가되고 있음을 말하여 준다.

당시, 사용 언어가 헬라어이고 헬라문화를 생활에 수용한 것일 뿐 조상이 유대인인 경우 그러한 자의식(自意識)의 사람들을 신약에서는 헬라인 또는 헬라주의자라고 불렀다. 바나바는 그러한 헬라인들의 감각을 정당하게 이해하고 판단할 수 있는 지도자였다. 다른 한편, 레위 사람인 그는 유대인의 선입 관념에 대해서도 충분히 아는 사람이다. 예루살렘 교회의 의도는 바나바의 판단에 따라 저희가 하는 일이 하나님께로 온 것인지 여부를 결정하려고 한 의도였다. 저희들이 바나바에게 이와 같이 위임한 그들의 신뢰는 정당한 결실을 맺는다. 바나바는 현지의 사태를 통하여 신앙공동체의 새 지평을 여는 신기원이 도래하였음을 감지한다. 이 헬라인 공동체는 전제 조건으로서 유대인의 종교 의식을 수용하는 일이 없이 신도가 된 사람들이다. 그는 여기 현장에 관여하신 하나님의 손길을 보았다.

만일 바나바가 편협한 심성의 사람이었다고 하면 즉각 이러한 새로운 싹을 보고 이단(異端)이라고 후퇴하였을 것이다. 그러나 열린 마음의 바나바는 수년이 지나야 예루살렘 회의에서 결정을 보게 될 일을 이미 오늘에 내다본 것이다. 하나님의 은혜와 하나님이 역사하심을 현장에서 감지한 바나바는 "모든 사람에게 굳은 마음으로 주께 붙어 있으라" 권고한다(행 11 : 23). 저자 누가는 이러한 바나바의 소행을 의미 깊은 요약으로 결론을 내려 "바나바는 착한 사람이요 성령과 믿음이 충만한 자라" (행 11 : 24)라고 기록하였다. 바나바의 결단은 선한 것이었다. 그러므로 선한 결과를 맺는다. 저자 누가는 부연하여 "큰 무리가 주께 더하더라" (행 11 : 24b)라고 피날레를 맺는다.

예수를 믿고 추종하는 사람들을 고유대명사로 불러 '그리스도인' (Christian)이라고 한 것이 이 안디옥 교회에서였다. 그리고 최초로 구주 대륙(歐洲大陸)에 복음을 전하도록 선교사를 파송한 교회가 역시 안디옥 교회이다. 과거를 말하기는 쉽다. 그러나 다시 음미하여, 완미(頑迷)한 고집쟁이가 문을 닫아버리는 일이 없었기 때문에 세계선교의 문이 열린 것이다. 권고와 위로의 아들 바나바 한 사람이 보여 준 관용이 그후 얼마나 크나큰 역사적 파급 효과를 가지고 왔는지 참으로 평가하기 어렵다.

바나바는 장래 지도자가 될 재목을 예견하는 안목이 있어, 일꾼을 길러낸다

안디옥의 급속한 발전을 정확하게 파악한 바나바는 자기의 역량으로 이와 같이 발전하는 상황을 지도할 역량이 없음을 즉각 자각한다. 그는 즉시적으로 자기가 예루살렘 지도자와 다리를 놓은 일이 있는 심히 정열적이고도 추진력이 놀라운 젊은 학자를 상기한다. 그는 당시 유대에서 가장 위대한 석학인 가말리엘의 문하생으로 최고의 교육을 받은 실력이 있는 교사 바울이다. 그리고 그의 헬라적 배경이 바로 복음을 구주로 운반하는 일에 있어서 참으로 적격이 아닐 수 없었다.

바나바는 당시의 원만한 수단인 서신을 써서 사람을 보내는 일을 하지 않고 자기가 직접 바울의 고향인 다소를 찾아간다. 바울이 이 고향에 은거(隱居)한 이유는 격렬한 적개심을 품을 유대 지도자로부터 피하여 가장 안전한 곳이 자기 고향이었기 때문이다. 고향으로 낙향을 한 바울은 다메섹 도상에서 부활의 주가 자기로 하여금 이방인들과 왕들에게 복음을 전하게 하실 그러한 사명이 과연 언제 실현이 될 것인가 암묵(暗默) 속에 보이지 않아 답답한 심경이었다.

그러한 의기소침(意氣銷沈)의 바울을 대동하여 안디옥으로 돌아온다. 그러한 바나바의 판단과 적극적인 행동이 바울로 하여금 모호(模糊)의 궁지(窮地)에서 사역(使役)의 광장(廣場)으로 그리고 배후에서 나와 전면에 서게 한다. 바나바는 말하자면 "위대한 인물 뒤에서 바쳐 준 좋은 사람"(a good man behind a great man)이다. 역사적으로 큰 일을 감당한 인물들의 배후를 보라. 바울과 그 밖의 초대교회의 큰 인물 배후에는 바나바가 있었다.

1536년의 늦은 가을이었다.

　요한 칼빈은, 이미 약관(弱冠) 27세에 저 유명한 신학사상의 고전(古典)「기독교 강요」(基督敎 綱要, *The Institute*)의 저자이다. 그는 우연히 스위스의 제네바에 오게 된다. 그의 생각은 당시 사상가들과 학자들의 천국이라고 알려진 바젤에 정착할 생각이었다. 그런데 그때 하필 전쟁이 벌어져, 바젤로 가는 직선도로가 차단이 되어, 하는 수 없이 우회하여 가는 중에 제네바에 온 것이다. 그가 한 여관에 투숙하자 제네바에서 혁신파로 투신한 지도자 윌리암 파렐(William Farel)이 그의 소식을 알게 된다. 그는 여관에 즉시 달려와 칼빈에게 여기에 정착하여 그 개혁 사역을 이끌어 주기를 간청한다. 칼빈은 완강이 거절하여 자기에게 필요한 것은 바젤에서의 연구와 휴식이라고 하는 것과 그리고 자신은 그러한 개혁운동 같은 격무에 적임자가 아니라고 응하지 않았다. 그러자 끝내 고집을 꺽지 못하여 화가 치민 파렐은, "여보시오 칼빈 선생, 당신의 생각은 고작 자기 한 몸이요, 그렇다면 전능하신 하나님의 이름으로 말하리다. 당신이 만일 하나님의 부르심에 귀 기울이지 않으면, 하나님이 당신의 계획을 축복하시지 않을 것이요. 바라건대, 당신이 이러한 위기에도 도움을 주지 않는다고 하면 하나님이 당신의 연구를 저주하시리다!"라고 내뱄었다. 그 한 마디에 그는 머리를 숙여 동의하였다(Clarence McCartney, *The Wisest Fool and Other Men of the Bible*, Abingdon-Cokesbury, pp. 53－54). 그후 찬란한 칼빈의 업적에 가려 파렐은 사람들이 별로 알아보지 못한다. 같은 유추로 바울의 웅대한 업적에 가려 바나바의 존재는 이지러진 달이 되고만 것이다.

　바나바가 마음만 먹으면 혼자 활동을 전개할 수도 있는 능력의 소유자이다. 그리고 안디옥은 그의 독무대(獨舞臺)가 되었을 터이다. 그러나 자신의 명예가 아니라 교회를 위한 최선이 그의 정열이었다. 현명한 바나바는 직관적으로 궁극적 지도자는 바울이라고 하는 것 그리하여 종내는 자기는 그의 보조자 역할로 끝날 것을 내다본다. 그러나 이기적인 자기 의식에서 못 벗어나는 그런 상념을 떨쳐 버리고 자기 개인의 영광에 개의치 않은 인격자, 참으로 바나바는 그런 원만한 인격자였다.

드디어 그날이 온다. 첫 선교 여행에서 술수사 엘루마를 억누른 바울의 격렬한 성품에 바나바는 저으기 놀랐을 것이다. 바나바는 이러한 그의 격렬한 성격을 조용히 수용한다(행 13:8-12). 사태가 진전하여, 뒤에 가서 비시디아 안디옥에 이르러 회당장이 초대한 설교자는 바울이다. 이제는 '바나바와 바울'이 아니라 '바울과 바나바'로 누가의 필치가 수정이 된다. 그 누가는 끝내 바나바의 이름을 일행에서 삭제하여 "바울과 및 동행하는 사람들이 바보에서 밤빌리아에 있는 버가에 이르니"라고 여행기를 정리하는 것이다(행 13:13).

원숙한 크리스찬은 자기의 후배가 자기의 상전이 되는 그런 변화 속에서도 주의 사역이 차질없이 진행이 되도록 잘 보필하는 섬김에서 그의 인격의 원숙이 드러난다. 어떤 이는 그러한 원숙을 비유로 말하여 제2바이올린을 잘 감당하여야 대곡이 성공하는 격이라고 하였다. "그는 흥하고 나는 쇠하여야 하리라" 위대한 언명을 남긴 예수의 선구자 세례 요한 같은 바나바였다. 어느 위대한 목사는 자기의 주일학교 설교가 지극히 미완의 것이지만 그후에도 계속 기회를 주어 결국 그러한 훈련이 훗날에 자기로 하여금 능력이 있는 교역자의 길을 택하게 하였다고 술회하면서, 그 주일학교 교장이었던 원숙한 장로님을 종신토록 감사한다고 고백하였다.

바나바는 지각 없이 이탈한 한 청년을 구한다

바울의 장래를 내다 본 바나바는 역시 자기의 조카 마가의 위대한 장래를 내다보고 제1차 선교 여행에 그를 천거한다. 그러나 마가는 그 선교 여행의 절반이 미처 지나기 전에 참을성 없이 이탈하여 돌아간다.

두 번째의 선교 여행을 준비하면서 바나바와 바울 사이는 이탈한 마가를 다시 일행을 포함시킬 것인가를 놓고 의견이 심각하게 격돌한다. 바울은 일의 성사를 우선으로 생각하였고 바나바는 한 청년의 미래를 내다 본 판단이었다. 바울에게는 원리가 중요하였고 바나바는 한번의 실패자에게 두 번의 기회는 주어야 한다는 아량이었다. 이 바울과 바나바를 놓고 누가 정당한 견해인가, 지금껏 판단이 서지 않는다. 혹 두 사람의 견해가 모두 결국은 마가에게 큰 그릇이 되게끔 교훈이 된 것이라고 생각을 할 수 있다.

바울의 거부는 마가로 하여금 자기 행위의 책임을 알게 하였고, 바울과의 우정을 잃으면서까지 자기를 격려한 바나바는 마가로 하여금 자기를 증명하여야 할 의지를 심어 놓은 것이 된다. 십년이 지나 마가는 결국 초대교회의 위대한 지도자 중 한 사람으로 회복이 된다.

결과적으로 바나바는 신약의 절반에 해당하는 분량의 저자를 길러낸 셈이 된다

만일 가정적으로 바나바의 격려와 권면이 없었다고 하면, 우리에게 신약성서의 절반의 분량이 없어진다고 하는 추측이 성립된다. 복음서 중 최초의 심히 중요한 마가복음서가 없을 것이고, 그리고 바나바의 인도와 중재가 아니면 사도 바울은 존재하지 못하며 10여 통의 바울의 서신이 신약성서에 들어오지 못한다. 그러고 보면, 바나바 한 사람의 헌신적인 봉사와 그의 원숙한 인격의 중재가 아니었다고 하면 기독교의 신약성서는 존재하지 못했는지도 모를 일이다. 하나님은 한 사람을 통하여 이 정도의 큰 역사를 전개하신다.

신뢰를 회복한 마가

막 14 : 51, 52.
벧전 5 : 13, 골 4 : 10, 몬 24장.
딤후 4 : 11.

열두 제자에 속하지 않는 다른 열두 지도자 중에 반드시 포함이 되어야 하는 마가는, 한번 실패의 고배를 마신 후 두 번째의 기회를 결코 실기(失機)하지 않은 좋은 모델이다.

당초부터 바나바와 같은 뛰어난 초대교회 지도자의 친척이기도 한 마가가, 바나바와 바울이 최초의 선교여행을 출발하게 되자 저희들을 위한 손발과 같이 수고할 협력자로 선택이 된 것은 어쩌면 당연한 일이었다.

그러나 확실히 말할 수 없는 이유 때문에 중도에서 마가는 그 선교팀을 이탈하여 자기 집이 있는 예루살렘으로 돌아가버린다.

이러한 그의 행위를 경솔한 것으로 본 바울은 두 번째의 선교 여행을 다시 바나바와 준비하고 있는 계제에서 마가를 동반하는 것을 단연코 거절한다. 바나바는 마가를 고집하나 바울은 완고하였다.

결과적으로 바나바는 바울과 결별하고, 마가와 함께 자기 선교 목적지인 구브로로 가버린다. 그러나 그후에 마가는 어떻게 되었을까. 이 질문에 대한 궁금증은 어림하여 15년이 지나, 정확한 답이 나온다.

마가는 다시 현역으로 꽃을 피운다. 바울은 자기가 처형이 되기 얼마 전에 집필한 디모데후서 4장 11절에서, "누가만 나와 함께 있느니라 네가 올 때에 마가를 데리고 오너라 저가 나의 일에 유익하니라"라고 하는 한마디를 적는다. 뿐만 아니라 베드로전서 5장 13절에 보면 마가는 베드로를 가까이 보좌하고 있었다. 이러한 기회가 이유가 되어 마가는 신약의 제2의 복음서의 중요 골격을 세우는 일이 가능하였다고 성서학자들은 일치한 견해를 말한다.

마가복음의 흐름과 골자는 베드로의 입김이 서린 베드로의 독특한 자료이기 때문이다. 과거 한번은 실패한 자, 그러나 자기를 무섭게 매질하여 신뢰를 회복한 자, 그리고 예수의 증언을 가장 극적이고, 직접적 표현과 동감(動感, movement)으로 엮은 마가복음의 저자가 된다.

마가, 그는 경건한 가정의 출신이다

마가의, 유대인 이름은 요한이다. 그러니까 마가란 그의 로마 시민권의 덧이름일 것이다. 사도행전 12장 25절에 보면, 그가 처음 등장하기는 바나바와 바울의 공동 목회에 참여하기 위하여 이방인의 대도시 안디옥으로 따라가면서이다. 그를 가리켜 두 가지로 이름이 연결이 되어 나오는 것은 당시의 그의 생활 맥락과 일치한다. 다시 말하여 마가의 이름이 그의 로마 시민권과 관계가 있다고 하는 추리는 그가 유복한 가정 배경의 사람이라고 보아 지나친 비약이 아니라는 것이다.

마가의 모친은 '마리아'이다. 그리고 예루살렘 성 안에 그녀의 저택이 있는 것으로 미루어서, 그녀는 재산이 부여한 디아스포라 유대인이라고 하는 것과, 해외에서 재산가가 된 모든 유대인들이 그러하듯이 말년에 고국에 돌아와 안주하기를 꿈으로 간직한 그러한 관행에 따라 그녀의 남편이 사별한 후 예루살렘 성안에 넉넉한 크기의 저택을 마련한 여인이라고 생각이 된다.

사실 마리아는 구브로의 바나바와 남매 관계이다. 그리고 바나바가 구브로에서 자산가(資産家)였던 것과 같이 그녀 역시 원주지 구브로에 넉넉한 재산이 있는 상류 계급의 신분이었다고 판단이 된다(골 4:10, 행 4:36).

소위 다락방의 별명으로 나오는 그녀의 집에 대한 간접적인 묘사는 그 집이 상당히 큰 저택이었음을 알게 한다. 그 집의 구조가, 대문이 있고 회랑의 복도를 따라 걸어 가 안뜰로 연결이 된다. 넉넉한 크기의 방이 여럿이었다.

사도행전 12장 12절의 언급하는 바와 같이, 베드로가 엄중한 옥중에서 탈출하자마자 우선 찾아갔을 때 그곳에는 많은 사람들이 함께 모여 베드로의 석방을 위한 기도회가 있었다. 베드로가 문을 두드리니 '로데'라고 하는 여자 종이 나와서 문을 열었다고 하는 언급은 마가의 집이 상당한 크기의 저택인 것을 역시 시사한다.

마가의 모친 '마리아'는 전에도 자기 집에서 자주 사교적 집회를 갖도록 한 전례가 있었고, 따라서 그녀 자신이 예수의 추종자가 된 후에는 예수와 일행이 예루살렘에 왔을 때마다 모이는 장소로 공개했다고 하면, 지극히 자연스러운 추리가 된다. 많은 성서학자들은 예수의 최후의 만찬 장소가 그녀의 집 다락방이었고, 그리고 120명의 성도가 오순절 성령 강림의 경험을 한 장소가 같은 장소라고 견해를 같이 한다(행 1 : 13, 2 : 2).

짐작컨대 마가의 모친은 강력한 레위 가계의 보수적 유대 관계를 끊고 예수에게 헌신하였으며 그녀의 소유와 그리고 넓은 저택을 예수와 추종자들이 자유로이 사용할 수 있도록 기쁨으로 허용하였을 것이다.

그리하여 당시 초대교회의 전형적인 공동체 유형인 수십 개가 될 "집안에 모이는 교회"의 하나가 되었을 것이다. 가산이 풍부한 자, 그 소유를 그리고 사회적 신분이 있는 자, 그 특권을 그리스도를 위하여 바치는 성도는 참으로 귀하다.

마가, 그는 초대교회의 지도자들과 일찍부터 친숙한 처지였다

예수의 사역에 있어서 지극히 초기부터, 마가는 추종자 중에 섞여 그림자처럼 따라다녔고 그리고 이것저것 잡무를 위하여 손쉽게 부릴 수 있는 청년이었을 것으로 추리가 간다.

그러기에 마지막 겟세마네에서의 예수의 기도시에는 홑이불만 몸에 걸치고 있다가 포졸에게 잡히자 그것마저 벗어 던져버리고 알몸으로 도주했다는 유독 마가복음에만 나오는, 말하자면 그 처절한 비극의 와중에서 의외의 코믹한 에피소드의 주인공은, 다른 사람 아닌 바로 본인이어야 한다는 해석이 있고, 아니라고 할 이유가 없다(막 14 : 51 - 52).

마가의 모친이 자유롭게 사용하도록 기쁨으로 개방한 다락방의 집은 예수께서 예루살렘에서 사역을 하는 동안에는 언제나 참으로 적절한 근거지가 된 셈이다. 그러한 이유에서 무상 출입하는 베드로, 야고보, 요한 등과 마가는 일찍부터 친숙한 사이가 되었을 것이다.

이런 이야기가 있다. 미국의 부흥사(復興師)들이 노드캐롤라이나에 있는 교통의 요지 샤롯데에서 천막 집회를 할 때마다 빌리 그레이엄의 모친은 저희들을 식사에 초대하는 것이 기쁨이었고 식탁에 둘러앉은 부흥사들이 어떻게 군중들을 흔들어 웃음바다가 되게 했는가를 유쾌하게 재연하는 담소를 빌리 그레이엄 목사는 어릴 때부터 듣고 알았다는 것이다. 말하자면, 마가의 배경이 바로 그와 같은 것이다.

그중에서 특히 베드로가 마가를 사랑한 듯하다. 베드로전서 5장 13절에서 베드로가 "내 아들 마가"라고 한 것으로 보아 예수에게로 접근하는 마가의 길잡이가 베드로가 아닌가 싶다. 사실 베드로가 한 밤중에 이적으로 철통 같은 감옥의 감시를 뚫고 나왔을 때, 즉시 찾아간 곳은 마가의 집이었다. 천사에게 인도되어 손을 묶은 사슬이 새끼줄같이 벗어난 후 베드로는 "마가라하는 요한의 어머니 마리아의 집에" 갔다. 그곳에서는, 예루살렘 성도들이 그의 안전을 위한 마지막 철야기도 중이었다(행 12 : 12). 상황적으로 추리하여 그 밤의 에피소드를 마가는 생생한 기억으로 뇌리에 새겼을 것이다. 감옥에서 처형을 기다리던 베드로, 그가 밖에 와 있다고 전하는 '로데' 기도하면서도 그의 생환(生還)을 믿지 않으려는 회중, 그러나 흥분을 진정하라고 손을 저어가며 걸어 들어온 베드로, 그리고 어둠 밖으로 서둘러 사라진 그의 뒷 모습!

마가는 베드로의 수족이 되어 많은 전도 여행과 사역에 참여하면서 그의 장부(丈夫)의 신앙과 섬세한 인간미(人間味)와 과거의 교훈을 많은 눈물로 회상하는 그런 산 교훈에서 기독교의 원초적 지식(原初的知識)을 얻었을 것으로 생각이 된다.

마가, 그는 특별히 택정(擇定)이 된 청년이었다

바나바와 바울은 저희들이 예정한 구제 사역을 끝낸 후 같은 마음의 결정으로 마가를 예루살렘에서 안디옥으로 대동한다(행 12 : 25). 마가에게 주어진 이 첫번째의 기회는 양 거인(巨人) 지도자 틈에서 같은 일에 참여할 수 있는 매우 소중한 특전이었다. 이러한 특전은 그후 발전하여 성령의 안수로 바나바와 바울이 선교 여행을 떠날 때 저희들과 일행이 되어 수행하는 기회가 된다(행 13 : 1~3).

마가가 전담한 일이 어떤 일이었을까. 바나바는 지역의 유지와 관리를 잘아는 귀족이고 바울은 이미 14세에 가말리엘에서 랍비 수업을 마친 바리새인의 정예(精銳)였다. 개성이 다른 두 지도자 밑에서 마가가 담당한 사역(ministry)이란 어의론으로 풀어 "아랫층에서 노를 저어 배가 전진하게 하는 실제적인 일"이다. 이러한 '노꾼'(櫓軍)의 기능을 의미한 사역(使役, minister)이 훗날 사역자, 담임자, 봉사자가 되었다. 예수께서 고향의 회당에서 설교하였을 때 그에게 두루마리를 준비한 사역자가 있었다. 마가가 한 일의 분야를 다음과 같이 정리한다.

설교의 자리를 준비한다.

새 회심자를 상담한다.

새 성도를 세례 집전한다.

다음 선교지를 위한 숙박, 행로를 확인한다.

생활 비용의 지출을 관리하며 비서일을 한다.

마가는 투철한 소명 의식이 있어서 이 선교 여행에 참여한 것이 아니다. 그 선교팀의 지휘자인 바나바와는 친척 관계이고 그리고 어머니도

자기 외아들이 자기 주변을 떠나 장부로서 성숙하여질 시련과 단련이 필요한 나이가 되었다고 한 생각에서 은근히 격려하였을 것이다. 그러나, 그의 나이 이미 30이었다.

마가, 그는 졸지에 바울과 바나바의 곁을 탈주(脫走)하고 만다

저희 선교팀은 구브로 섬을 떠나 남부 소아시아의 변두리를 따라 버가로 항해를 막 시작하였다. 저희들의 선교 계획에 의하면 아직 초기 단계이다. 그런데 마가는 갑자기 저희들을 이탈하여 예루살렘으로 가버린다(행 13 : 13). 성서의 기록은 그저 담담하다. 아무도 그를 만류하여 권고했다는 언급이 없다. 왜 갑자기 마가는 이탈을 하고 말았을까.

그의 연령으로 추측하여 예루살렘에 두고 온 연인을 잊을 수가 없었을까. 집에 홀로 계신 모친의 염려가 되어 불안하였는가. 베드로를 섬기던 때가 더 좋았다고 생각이 되었는가. 항해의 고통과 곤충과 풍토병이 고통스러웠을까. 바울이 발병하여 그의 건강 때문에 예정을 수정하여 소아시아의 서부 해안의 항구 도시를 순방하는 대신에 기후가 건강에 좋은 고지(高地)로 여정(旅程)을 수정할 필요가 있어 예정보다 일정이 오래 걸릴 것이 예상되어 계획 전체를 포기하였는가.

아니면, 성서학자들이 가장 많이 거론하는 바같이 선교의 주도권이 오랫동안 초대교회와 예루살렘의 지도자였던 바나바로부터 바울로 이동하면서 그러한 변화가 심한 불만이어서 협력할 의욕을 상실한 것인가. 바나바는 '안디옥 교회의 아버지'와 같은 존재이다. 바나바는 바울의 보증인(保證人)이었다. 바나바는 바울에게 안디옥 교회라고 하는 일터를 주었다. 출발시 바나바가 선교의 주도자였다. 그런데 구브로의 바보에서 그곳의 총독 '서기오 바울로스'가 신자가 된 후에 바나바와 바울의 위상이 역전(逆轉)이 된다. 과거의 질서가 깨져 "바나바와 바울"이 "바울과 바나바"라고 기록이 되고 만다. 그러니 생질인 청년 마가는 숙부(叔父) 바나바의 격하를 수용할 수 없는 혈기가 있었을 것이다.

선교의 주도권이 바나바로부터 바울에게 이동이 되면서, 이방인의 선교가 더욱 적극적인 국면을 갖는다. 그러한 졸지에 일어난 이방인 선교 전반에 대한 적극적인 새 국면을 마가는 아직 신학적으로 수용할 수 없었을 것이다. 사실 이러한 이방인에 대한 완전한 개방주의는 성숙한 바나바에게도 약간은 짐스러운 급속도의 변화이었다. 바나바 역시 바울만큼 적극적인 것이 아니어서 바나바의 완만한 소극적인 태도가 바울의 비위를 상하게 만든 경우가 있었다(갈 2 : 13).

바울을 가장 격노케 만든 것은 이방인들이 구원받기 위하여 유대주의의 범절을 지켜야 한다는 전제였다. 성서학자들의 견해 중에는 초기단계에 있었던 이방인 선교에 관한 적극적인 바울과 바나바의 신중한 소극성이 빚은 견해차를 목격한 마가가 결국 이방인 선교를 떠나게 만든 것이라고 생각을 한다.

물론 이유야 어떻든, 이와 같이 중도에서 이탈하는 마가를 바울은 "쟁기를 잡고 뒤를 보는 자," 즉 부적격자로 용납이 안 되는 자로 정리하고 말았을 것이다.

마가의 심경에 변화가 일어난다

바울과 바나바의 선교팀은 드디어 개선한다. 그리고 어떻게 많은 이방인들이 구원받은 일과, 많은 교회가 섰는가를 보고한다. 이런 선교의 업적은 하나님이 이방인도 구원하시는 새 시대의 개막(開幕)을 의미하는 증언이 된다(행 14 : 27). 사도행전의 맥락으로 이 다음에 연결이 되는 에피소드는 저 유명한 사도행전 15장의 예루살렘 종교회의이다.

방금 바울과 바나바의 이방선교의 성공과 그리고 예루살렘에 근거를 둔 유대적 기독교의 보수적인 지도자들과의 의견 충돌이 결국은 일괄 타결을 위한 종교회의의 소집으로 발전한다. 그 결과로 바나바와 바울의 현장 보고와 베드로의 지지 연설과 주의 형제 야고보의 폭넓은 전향적인 사회와 조정(調停) 역할로 초대교회로 하여금 최초의 이방 선교의 공인

(公認)이라고 하는 위대한 결정을 내리게 하였다.

약 1년이 지났다. 바울은 선교지에 세운 교회들과 회중이 어떻게 하고 있는지 확인하기를 원하였고 그리하여 제 2차 선교여행을 준비하게 된다. 여기에서 전자에 중도 이탈한 마가를 다시 대동할 것인가를 놓고 바울과 바나바 사이에 격론이 일어난다.

사실 도중에서 예루살렘으로 되돌아온 마가의 생활은 비참하기까지 한 우울한 나날이었을 것이다.

바울의 이방인 선교 진출이 예루살렘 회의에서 공인이 되었고 또한 마가의 영웅인 베드로가 바울의 선교를 지원하는 연설을 한 현장에서 사실을 목격한 마가이다. 바울에 대한 자기의 편견, 말하자면 과격한 선교 확대가 정당화되고 자기의 기우와 소극성이 미숙의 소치인 것을 수용할 수밖에 없게 되었을 것이다.

그리고 또 하나, 선교 신학이 예루살렘의 회의에서 확정이 된 이 마당에서 바울의 주도권이 바나바보다 우선되어야 함이 적절한 현실로 수용이 되었을 것이다. 바울이 마가 대신에 다른 대치 인물과 그리고 바나바와도 결별하여 제2차 선교여행을 떠나게 되니, 마가는 한번의 실패와 이제는 다시 그러한 실패를 반복할 수 없다고 하는 단호한 결의를 품게 된다고 생각된다.

마가와 바울, 화해하다

마가의 이탈은 잠정적 실수였다. 처음 바울은 바나바의 중재를 단연 거부하는 태도였다. 바나바가 마가를 대동하고 선교를 떠나게 된 것과 바울이 다른 동역자를 대동하고 제2차 선교 여행을 떠난 결과는 수년간의 가슴 아픈 공백기를 두게 한다. 사실적으로 신약에서 그 다음 10년간 다시는 마가의 이름이 나오지 않는다.

교회에 내려 온 전승에 의하면, 마가는 애굽으로 선교사로 내려가 알렉산드리아에 교회를 건립하였다고 한다. 그러나 이 중간기(中間期)의 어간에, 정확하게 마가의 행적에 관하여 우리는 알 길이 없다. 확실한 바는 그가 줄곧 바나바에 충실하였고 그리고 베드로의 충성스러운 동행자였다는 것이다. 전자에 버가(Perga)에서 취한 경솔한 행동을 뼈아픈 교훈으로, 그리하여 후에 참으로 원숙하여진 것만은 확실하다. 바울 역시 그러한 마가를 알고 있었을 터이다. 갈라디아서 6장 1절에서, "형제들아 사람이 만일 무슨 범죄한 일이 드러나거든 신령한 너희는 온유한 심령으로 그러한 자를 바로 잡고 네 자신을 돌아보아 너도 시험을 받을까 두려워하라" 언급한 권고는 주변의 맥락과 일치한다.

바울의 엄격한 원칙론(原則論)적 기질과 온유한 바나바와의 비교 지식을 결합하여 생각하여, 결국 위의 언급은 모든 것이 합동하여 선을 이루는 화해에 도달하게 하였을 것이다. 바울 역시 마가의 성숙을 지켜보며 혼자 만족하고 기뻐하였다.

그 다음에 가장 먼저 마가의 이름이 거론이 되기는, 바울이 로마에서 제1차로 투옥이 되었을 시였다. 실제적으로 마가와 바울 사이는 이미 오래 전에 회복이 되어 그후 끝까지 바울을 돕는 소수(少數) 안에 마가의 이름이 나온다(골 4 : 10, 몬 24). 골로새서의 맥락은 바울이 골로새 교회에 마가를 천거하는 시정을 암시한다. 그는

"이 마가에 대하여 너희가 명을 받으매 그가 이르거든 영접하라"

라고 구체적으로 시정을 지시하므로서, 전자에 얼마간 그가 간접적으로 마가에 대하여 가혹한 비평을 한 일이 있으나, 지금은 그가 참으로 원숙하여 하나님의 유효한 종으로서 영접하라고 하는 언급인 것이다(갈 4 : 10).

이러한 바울의 간곡한 당부가 있기 전 골로새 교우들이 마가를 냉담하였을 가능성이 있다. 그러므로 이러한 맥락에서 바울은 현재의 마가를 높이 천거한다. 이 글은 바울과 마가, 두 사람 모두의 원숙함을 증명하여 준다.

바울의 이러한 심정은, 그가 가공(可恐)할 로마의 '마멜틴 감옥' (Mamertine prison)으로 이감이 된 후 처형이 얼마 남지 않은 직전에 보낸 글에 더욱 절실하게 나온다.

바울의 글에 이러한 말이 나온다. 디모데가 올 때 드로아에 맡겨둔 외투와 두루마리를 가져 올 것과 겨울이 오기 전에 오라고 한 후, 지금 자기 주변에 누가만 있는데 디모데가 속히 자기 곁에 와 줄 것을 간청하면서,

"네가 올 때에 마가를 데리고 오너라 저가 나의 일에 유익하니라"

라고 한 의미 있는 한마디를 추가한다(딤후 4 : 11).

자기의 처형을 목전에 둔 바울은 10년 전 자기가 갈라디아 오지 변경에서 자기 위치를 이탈한 마가를 용서하여 주고 싶은 심정이었고 그리고 지금에 이르러 마가가 사역에 매우 요긴한 일꾼임을 인정하는 것이다. 바울이 남겨 놓은 이 한 마디는 일체를 보상하고도 남는다.

선교현장에서 마가는 베드로의 아들이라는 신뢰를 얻는다

교회 전승에 의하면 마가는 베드로의 시종을 드는 자, 비서, 통역, 그리고 가장 친밀한 동역자가 된다. 상황적으로 추측하면 기원 50-60년의 대부분을 마가는 베드로의 사역에 헌신한다. 비서의 역할을 한 마가는 베드로의 두 편의 편지를 대필하였을 것이고 그리고 그 편지를 실루아노에게 탁송하였을 것이다(벧전 5 : 12).

베드로는 마가의 문제를 이미 오래 전에 충분히 이해하였다. 왜냐하면 베드로 자신 예수를 삼중부인(三重否認)하는 크나큰 시행착오에서 치유가 된 경험자이기 때문이다.

성서신학자들은 마가복음의 주된 자료가 베드로에게서 온 것이라고 판단을 한다. 현장의 목격자만이 예수께서 갈릴리 풍랑시 배 안에서 베개

를 베시고 오수를 취하였다라고 한 지극히 구체적인 현장 묘사(막 4 : 38)와 그리고 부활의 아침에 천사가 베드로의 이름만을 거명하였다고 하는(16 : 7) 확실한 표현이 가능하다. 행동적이고 직선적 기질의 베드로, 그리하여 마가복음의 전개가 신속한 동감(動感)의 전개를 하고 있다고 이해하면서, 우선 그러한 뉘앙스를 베드로의 기질에 둔다. '즉시' '곧'과 같은 시간부사가 40여 회 나오며 그리고 마가복음 이외의 신약 각권 전체보다 많다.

저자 마가는 '고난의 종' 예수를 제시한다. 많은 이적의 언급과 대비적으로 비유는 네 번뿐이다. 말씀을 가르치는 것보다 행동이 강력함은 고난의 종과 일치한다. 다른 복음과 비교하여 마가의 예수는 그의 눈이 민활하게 살핀다. 그리고 손과 발이 민첩하다. 섬김의 종은 두루 살펴 즉각 손과 발로 민첩하게 행동을 하여야 한다. 자신이 섬기는 종인 마가가, '고난의 종'의 이미지로 복음서를 저술한 것은, 깊은 신학적 이해는 차치하고라도, 우선 사리에 맞는다.

초기에 실패한 자는 낙심하지 말아야 한다. 제2복음을 마가의 복음이라고 알려진 이 마가를 보고 배워야 한다.

예수의 친동생, 야고보

행 15 : 6 - 29.
약 1 : 1.

예수께서 군중 속에 들어가, 하나님의 나라를 선포하며 설교와 교훈을 통하여 자신을 드러내는 그러한 사역의 초기나, 한참 열기가 더하여진 그러한 사역의 진행 과정, 그리하여 드디어 예루살렘에서 파송된 조사단들의 예리한 질문과 비난으로 예수와의 충돌과 긴장이 더욱 첨예화하고 갈등이 고조되는 그런 때, 의외의 사실로, 예수의 가정과 식구 중에서는 예수의 입장을 이해하고 옹호하거나 위로한 형제가 단 한 사람도 없었다.

예수의 탄생과 몇 가지의 어린 시절에 일어난 초자연적인 에피소드를 신비한 기억으로 간직하고 자기 아들을 이해하려는 눈길로, 그러나 역시 무관심과 다를 바 없는 거리를 두고 지켜보는 모친 마리아를 예외로, 복음서에서는 형제 중 예수를 믿거나 이해하려고한 사람이 한 명도 없었다. 동정과 이해는 고사하고 비양거리는 질문과 어떤 때는 예수가 정신이상자라고까지 비난이 되자 완력으로 예수를 가로막으려고 하는 정도였다(막 3 : 21).

아마도 예수께서 밤을 새워 산기도하는 그러한 절실한 기도 중에는 가장 가까운 식구들을 위한 참으로 간곡한 눈물의 호소도 있었을 것이다.

그러나 예수의 공생애가 끝나고 십자가에 처형이 있은 후에 거의 즉각적으로 예수 신앙으로 회심(回心)하여 예루살렘 교회(敎會)의 지도자가

169

된 확실한 한 사람이 등장한다. 그리고 그는 신약의 각권 중에서 한 권의 초기 문서의 저자이기도 하다. 그는 야고보였다.

야고보, 그는 예수의 친동생

바울은 갈라디아서 1장 19절에서, 그가 예루살렘 공동체를 찾아갔을 때 예수의 형제 야고보가 예루살렘 교회의 지도자 중 한 사람이었다라고 언급한다. 신약성서는 반복적으로 제자 야고보와 자기의 친 형제 야고보를 구분하고 있다(마 12 : 46 - 49, 요 2 : 12, 7 : 3, 행 1 : 13 - 14, 고전 9 : 5). 예수의 형제 야고보는 요한의 형제 야고보나 알패오의 아들 야고보와 동명이인(同名異人)이다. 이 야고보는 두 복음서에서 언급이 된 예수의 네 형제 중 한 사람이다.

마가복음 6장 1절에서 6절에 보면, 예수는 제자들과 함께 자기 고향으로 돌아온다. "제자가 따른다"라고 명기한 것으로 미루어 랍비의 격식으로 제자들을 대동하여, 최초로 공적인 금의환향(錦衣還鄉)의 관행과 일치한 경우라고 생각이 된다.

자연, 그 안식일에는 회당에 모인 고향인과의 일종의 상견례를 겸한 설교와 교훈을 하는 그 같은 자리가 마련이 된다. 그런데, 동석한 고향의 많은 사람들이 "이 사람이 어디서 이런 것을 얻었느뇨, 이 사람의 받은 지혜와 그 손으로 이루어지는 이런 권능이 어찌 됨이뇨"(2절) 충격과 놀라움으로 받아들여, 이어 한 말이 "이 사람이 마리아의 아들 목수가 아니냐, 야고보와 요셉과 유다와 시몬의 형제가 아니냐, 그 누이들이 우리와 함께 여기 있지 아니하냐" 하면서 그의 평범한 출생과 처지로 보아 그를 랍비로 예우하는 격식을 수용할 수 없는 일이라고 반발한다(3절, 마 13 : 55 - 56). 이와 같이 마가복음 6장에 동리 사람들의 입을 통하여 예수의 형제의 이름이 거론이 된 사실은 매우 주목할만하다.

가톨릭 교회는, 마리아의 절대순결(絕對純潔)이 교리적으로 요구되기 때문에 여기에 언급이 된 이 형제들은 모두가 요셉의 전처(前妻)의 소생으로 예수보다 나이가 많은 이복 형제들과 자매들이라고 한다. 다른 교부들의 해석에 의하면, 한 집에서 양육하여 온 관행으로 그대로 한 가족의 유대(紐帶)가 지켜진 '사촌' 형제(四寸兄弟)들이라고 하는 견해도 있다. 그러나, 마태복음은 다음과 같이 명쾌하게 언급한다. "아들을 낳기까지 동침치 아니하더니…." 다시 말하여 마리아의 동정녀 입장은 예수를 낳기까지였다(1 : 25)는 것, 그리고 누가복음 역시 예수를 가리켜 그녀의 첫아들이라고 하였다(2 : 7).

만일 가톨릭의 교리가 무리가 없는 것으로 세우려고 하면, 이런 경우 그녀의 '첫아들'이 아니라 '외아들'이라고 명시되었을 것이다. 그러므로 자연스러운 해석은, 이 야고보는 부모 요셉과 마리아의 소생인 것이다. 예수는 성령으로 덮으신 바 하나님의 신비한 은총에 의한 동정녀의 탄생이지만 동생 야고보는 자연스러운 부부의 결실이다.

이 가정이 정상적이며 그리고 다복한 한 유대인의 가족임을 상상하여 보자. 다복하여 아들들과 딸들이 차례로 출산하여 어린 영아기, 유년기, 소년소녀기, 사춘기 등을 정상적으로 거쳐 성년이 된 그러한 행복한 환경 말이다. 만일 야고보가 예수의 바로 손 아래의 형제라고 하면 부모와 형과 동생들과 사이에서 완전한 가정의 모델 속에서 다복하게 성장하였을 것이고 그리고 바로 손 위의 형이 하나님의 신비한 성육신이라고 하는 미처 그 신비의 정체를 이해하지 못한 상태에서 바로 그와 직접 접촉하고 듣고 말하고 한 남다른 경험의 소유자가 된다는 사실 말이다. 이러한 각별한 사정과 환경이 야고보의 인격을 형성하는 데 크나큰 요인으로 작용한 것으로 주목을 하여야 한다.

야고보, 그는 겸손의 참 뜻을 몸에 익힌 사람

야고보는 예수와 친형제라고 하는 유일무이한 특권을 행사하지 않았다. 야고보서의 머리글에 "하나님과 주 예수 그리스도의 종 야고보"(1 : 1)라고만 언급한 문절에서 그는 "주 예수 그리스도"라고 완전한 이름과 칭호를 밝힌 후 자기의 위치를 확인하는 순서에서 예수의 친형제라고 하는 사실에 침묵한다.

그가 참으로 겸손한 사람이 아니었다고 하면, "우리는 과거에 같이 논 때가 있었다. 아버지를 도와 목수일을 둘이 같이 한 일이 엇그제와 같다. 회당에 같이 출석하였고, 같이 유월절에 예루살렘으로 가는 여행에서는 이런저런 에피소드가 있었다. 예수께서 부활하신 후 직접 나에게 현현하여 분부하시기를 앞으로 예루살렘 공동체의 지도자가 되리라 하였다." 이런 등등의 구주와 각별히 친척이라는 사실을 내세워 자랑을 함직한 것이 인지 상정이다. 그러나 참으로 그는 겸손하여 예수의 형제라고 하지 않고 예수의 종 곧 노예라고 하였다. "하나님이 교만한 자를 물리치시고 겸손한 자에게 은혜를 주신다"(약 4:6). "주 앞에서 낮추라 그리하면 주께서 너희를 높이시리라"(10절). 겸손에 관한, 체험으로 몸에 익히고 직접 실습을 한 귀한 교훈과 권고들을 야고보는 이처럼 보석처럼 글에 담는다.

야고보, 그는 결국 신앙인이 된다

예수의 공생애 기간에는, 야고보와 형제들이 예수를 믿지 않았다. 엄격히 말하면 예수의 모친은 그의 이적에 쌓인 출산, 원국(遠國) 동방의 현인들이 내방한 일, 한 밤을 지키던 목부(牧夫)들의 내방, 12세 소년으로 율법박사들을 놀라게 한 총명한 토론 등등 마음에 집히는 일이 한두 가지가 아니나, 그러나 아들을 믿는 적극성은 없었다.

예수의 형제들이 예수의 행위(行爲)와 언어(言語)를 지근거리(至近距離)에서 듣고 경험하면서 어떤 반응이었을까. 처음 가나에서 물이 변하여 포도주가 되게 하였을 때 저희들은 환호성을 질렀는지 모른다. 요한복음의 간결한 기록에 보면 그 잔칫집에서 이적이 일어난 후 저희들은 가버나움으로 같이 동행하였다고 기록이 나온다. 바로 그때만 하더라도 저희 형제들의 우의(友誼)가 긴밀하였음을 말하여 준다(요 2:12).

　우리는 언제부터 형제들과 예수 사이에 금이 가기 시작했는지 꼭 짚을 수는 없다. 그러나 예수의 공중 사역의 초기, 다시 제자들과 같이 고향으로 첫번째 돌아와 회당에서 설교를 할 때에는 이미 형제들은 동리사람들과 같은 냉냉한 감정이 되고 있었다(눅 4 : 14-29). 마가복음 3장 21절 이하에 보면, 예수의 비판이 비등하여 심지어 예수의 생각이 미친 사람의 생각이 아닌가라고까지 중상하는 사정에서 형제들은 강제로 그를 집으로 끌고가려고 무리스러운 행동을 보인다(31절 참조). 이러한 긴박한 사정에서 예수가 교훈하여,

　　누가 내 모친이며 동생들이냐… 누구든지 하나님의 뜻대로 행하는 자는 내 형제요 자매요 모친이니라(막 3 : 31-35)

라고 한 문절은 우리에게 참으로 답답함을 주는 그런 가족들과의 갈등의 일면이었다.

　조금 더 내려가면, 장막절을 얼마 안두고 예수의 형제가 비양거리는 어투로 유다로 올라가 공개적으로 이적을 행하라 하였다. 예수는 묵살하고 만다. 저자 요한은 그러한 사태를 설명하여 "이는 형제들이라도 예수를 믿지 아니함이러라." 직설적으로 유보없는 부연을 한다(요 7 : 3-5).

　야고보가 아마도 그러한 멸시와 냉대의 주도자였다고 하는 가능성이 크다. 마치 아름다운 산악(山岳)을 목전에 두고 그 초마 밑에 늘 살고 있는 사람들은 그 웅장한 봉우리의 아름다움에 무감각해진다는 것과 같다. 우리 인간에게는 자주 지근거리(至近距離)에 있는 큰 사람 또는 같은 시대의 위대한 인물의 평가를 제대로 못하는 맹점이 있다. 예수의 탄식, "선지자가 자기 고향과 자기 집 외에서는 존경을 받지 않음이 없느니라"(마 13 : 57)는 참으로 그의 답답한 심경을 말하여 준다.

　야고보, 왜 그는 믿지를 못했는가.

　30년간이나 예수의 가족 생활은 모범이었다. 형제들은 그에게서 아무

런 하자를 본 일이 없다. 그런 경우 우리는 저희들의 이러한 역설적인 불신의 반응을 어떻게 설명하여야 하는가. 짐작컨대 5가지의 요인이 작용을 하였을 것으로 생각을 해본다.

첫째로, 예수의 생활이 너무 가혹하리만큼의 높은 도덕적 수준이어서 약간의 악이라도 용인하지 않았는가. 혹독한 자기 부정의 생활이었는가. 너무 많은 시간을 기도에 바쳤는가. 그렇다고 하면 형제들은 이러한 높은 수준의 요구가 폐쇄성으로 오해되어 반발을 일으키게 하였을 것이다.

두 번째로, 당시의 종교 지도자들의 허위와 거짓을 신랄(辛辣)하게 비평 거부하였는가. 이럴 경우에 형제들에게 직접적인 불이익이 떨어지고 저희들의 심기(心機)는 날카로워진다.

세 번째, 죄인들을 멀리하지 않고 불편하리만큼 용납을 하였는가. 가령 세리의 경우 그들은 로마 통치자들을 위하여 일할 뿐 아니라 일반 서민을 토색하여 증오의 대상인데 예수는 저희들을 무분별로 사귄 것인가.

당시 로마 행정에서 세금 거출은, 낙찰(落札)에 부쳐 최고가를 부르는 자에게 위임한다. 그는 그 낙찰가의 금액을 선불한 후 그후에 몇 배라도 자기 수단대로 거두어도 하자가 없었다(참조, Maxi Dimont, *Jews, God, and History*).

네 번째로, 예수는 자주 자기가 구약의 약속대로 메시아라고 주장을 하였는가. 사실 "아브라함이 있기 전 내가 있다"(요 8 : 58)의 언명이나, "죽은 자들이 자기의 음성을 듣고 일어난다"라든가, 종말에 자기가 심판주이며 열방이 자기 앞에 심판을 받기 위하여 도열한다라고 하는 등등의 언명은 믿음이 없는 귀에는 지극히 곤란한 위험천만의 언사가 아닌가.

다섯 번째로, 혹 예수의 아무 예고가 없는 공생애 사역이 야고보에게는 아무런 마음의 준비를 할 기회를 안준 돌발적 발전이었는가. 사실 예수의 유년기부터의 30년의 세월은 아무런 풍파(風波)도 일지 않는 평범한 나날이었다. 무엇이 있었기에 갈릴리의 평범한 한 목수가 하루 아침에 랍비요, 예언자요, 궁극적으로 오랫동안 기다린 메시아라고 하는 위상과 처지가 되었는가. 이러한 평범에서 졸지에 몰고온 비범한 주장과 이런 주장이 몰고 온 태풍을 감당할 준비와 수용할 능력이 야고보나 다른 형제 누구에게도 쉽게 기대할 수 있는 일이 결코 아니다.

야고보, 결국 그는 예수 신앙의 사람이 된다. 야고보의 불신앙의 나날이 지나가는 동안 예수의 시선은 줄곧 그에게 있었다. 야고보는 예수 신앙으로부터 도망을 하지 못하여 포로가 된 경우라고 상상할 수 있다. 정신없이 그러한 도망을 하는 야고보에게 언제 믿음의 빛이 들어왔을까. 오래된 교회의 전통은 야고보가 최후의 만찬에 그 자리에 있었다라고 가정을 하고 그러한 초기의 계기가 부활한 예수의 현현으로 확실한 신앙으로 견고하게 이어졌다고 언급을 한다. 신약의 내용에서 우리에게 부활의 예수가 야고보에게 나타났음을 일러주는 단 한 사람의 증인은 바울이다 (고전 15 : 7). 우리는 예수의 부활현현이 있은 후 제2의 기회로 다시 시작하는 갈릴리 회동 때 모든 실패한 제자들이 다시 모이는 그 갈릴리에 예수의 가족이 함께 하였다고 하여야 한다. 이것이 성서신학의 정석이다.

의심의 안개를 완전히 물리치기 위하여 부활의 주가 현현하셔야 할 필요가 있었다고 하는 인물 중에는 예수의 제자 중 도마의 경우가 극적인 대표로 각광을 받고 있으나, 그러나 야고보도 그러한 유추로 잘 설명이 될 것이다. 도마의 극적인 고백이 그러한 조명으로 요한복음에서 대미 (大尾)의 위치에 있다는 해석은 신약학자들 사이에 널리 지지를 받고 있는 해석이지만, 과거의 불신으로 인한 가혹한 자기 회한(自己悔恨)으로 자신이 멍들고 있는 그러한 죄책에서 용서와 위로를 주시기 위한 부활의 현현이라고 생각이 된다. 우리는 부활의 현현을 경험한 자리에서 자기의 형제로서만이 아니라 믿음의 주로서 감동과 감격이 얼마나 컸을까하는 야고보의 경우를 생각해 본다.

부활의 주가 왜 특별히 야고보에게 현현하여야 했을까. 그러한 질문은 그후 얼마 안 되어 성령의 능력을 기다리며 다락방에서 120명이 합심하여 기도할 때에 그 속에 모친 마리아와 모든 형제들이 동참을 하였다고 하는 사도행전 1장 14절의 언급이 해답을 준다. 직접 부활의 주가 야고보에게 현현하므로서 야고보 자신의 신앙만이 아니라 모든 형제들과 가족의 신앙문제가 일괄 해결이 됐다고 하여야 자연스러운 해석이 된다.

이 다락방의 기도에 예수의 누이들이 언급이 안된 이유를 풀기 위하여 그 누이들이 종신토록 예수 신앙으로 들어오지 않았다고 하는 해석도 있으나, 그러나 이러한 추리는 불필요하다. 그 누이들이 이미 출가한 후의 일이고 그리고 마가복음 6장 3절에 보면 예수가 고향의 회당에서 설교한 후 부정적으로 반응을 보인 목소리에 누이가 고향 나사렛에 살고 있다고 말한 일이 있고 보니 부활 이후 야고보가 형제들만이 아니라 누이들도 소식을 전하여 모두 구원이 된 것이라고 하여야 역시 자연스럽다.

야고보, 그는 예루살렘 교회의 지도자가 된다

다음과 같은 다섯 가지의 이유가 있어 야고보는 예루살렘 교회의 역연(歷然)한 지도자였음을 말하여 준다.

첫째로, 감옥에서 베드로가 이적으로 걸어 나왔을 경우의 일이다. 아침이 오면 베드로는 참수(斬首)하기로 예정이 된 바로 그 밤이 새기 전에 감옥을 탈출한 베드로는 성도들이 모여 그의 생명이 보존되기를 위하여 모여 기도하는 마리아의 집으로 달려간다. 이곳은 마가라고도 하는 젊은이 요한의 편모 마리아가 예수 생전에 자주 공개한 다락방이 있는 집이다. 이곳에 찾아온 베드로는 흥분한 성도들을 진정시키면서 자기가 나온 경유와 그리고 자기 뒤를 추격하는 옥전과 간수병들이 들이닥쳐 오기 전에 피하기 위하여 떠나면서, "또 야고보와 형제들에게 이 말을 전하라"(행 12 : 17)고 말을 남기고 총총이 어둠 속으로 사라진다. 여기에 "형제들"이란 예루살렘 교회의 회중(會衆)이다. 그러므로 *New English Bible*은 그러한 뜻으로 번역하고 있다.

두 번째로, 바울은 회심한 후 3년이 지났을 때, 예루살렘으로 찾아 간다(갈 1 : 18). 바울의 목적은 베드로를 만나기 위해서이다. 그런데 베드로 이외는 주의 형제 야고보만 만났을 뿐이라고 술회한다(갈 1 : 19). 그

3년간의 바울의 행적을 말하자면, 회심 즉시 아라비아로 갔다가 다메섹으로 낙향하여 지냈었다. 다른 이의 이름이 거론되지 않고 베드로와 야고보라고 한 것은 부활의 주가 야고보에게 현현하셨고 그리고 사도들간에 이미 야고보의 영향력이 지대하였음을 일러준다.

세 번째로, 그후 다시 14년이 지나 바울은 다시 예루살렘으로 올라간다. 이러한 시간의 언급은 14년간 바울이 조용히 묻혀 있었다는 뜻이 된다(갈 2:1). 이번 상경하였을 때에는 그는 예루살렘교회 지도자들 앞에 자기 복음을 제출하여 바울의 사신(使信)과 선교가 일치함을 공인 받기를 원하였다. 이때 바울이 예루살렘의 기둥으로 꼽은 인물들이 야고보와 베드로와 요한이라고 하였다(갈 2:9).

네 번째로, 야고보는 최초의 예루살렘 회의(會議)에서 사회자의 중요 역할을 맡는다. 예루살렘 교우 중에는 전자에 바리새인이었던 자로서 지금에 이르러 기독교인이 된 상당수가 있었다. 그들이 바리새적인 완벽주의를 내세워 할례 없이 이방인들을 교회 안으로 받아들이는 일을 반대하여 아직 수용에 어려움이 있었다. 이러한 순결파는 야고보가 저희들의 지도자라고 생각을 한 듯하였고 가는 곳마다, 가령 안디옥 교회와 같이 이방인 크리스찬과는 자주 마찰을 일으키는 원인이 되었다. 이러한 고심을 일괄 타결하기 위하여 바나바와 바울이 안디옥 교회 대표자로 예루살렘에 올라간다. 이리하여 공청회가 열린다(행 15:2-21).

바울과 바나바가 확신에 대하여 누구보다 이해할 수 있는 베드로가 우선하여 자기가 고넬료 문중에서 전도한 경험을 토대로 연설이 시작이 된다. 그가 이방인 로마백부장의 집으로 성령에 의하여 인도되어 복음을 전할 때 아무도 할례를 전제 조건으로 한 일없이 모두가 구원받은 사실적인 실례가 있었던 것이다. 이어 바나바와 바울이 연설한다. 바나바의 순서가 바울보다 앞서 나온 것은 아직 예루살렘에서는 바나바가 더 지명도 높은 지도 인사인 것이다. 주로 바나바와 바울의 요지는 이방 선교의 눈부신 예상 외의 성공의 사례를 통한 변증이었다.

그런 후에 야고보가 양측의 시각을 대표하는 모든 발언을 충분히 들은 후 결론을 내린다. 만일 상황적으로 짐작을 하여, 야고보가 유대주의적 기독교 지도자로 있었다고 하면 저희들 유대주의 성도들의 실망이 이만저만이 아니었을 것이다.

야고보는 구약의 아모스서에 나오는 이방인들이 주를 찾으리라고 말한 오래된 한 예언을 인용하여 베드로를 지원한다. 야고보는 이방인들이 교회 안에 들어올 때 할례가 조건이 아니라고 하는 것과 그러나 전제로서 하나만의 구약 규칙을 엄수할 것을 제안한다. 야고보의 발언은 사도행전 15장 20절에 다음과 같이 나온다.

다만 우상의 더러운 것과 음행과 목매어 죽인 것과 피를 멀리하라고 편지하는 것이 가하니.

이 본문이 나오는 많은 사본에서 "목매어 죽인 것"이 생략이 되어 나오므로 그러한 본문에 의한 해석으로서, 이방인들이 피하여야 할 의무는 우상 숭배와 음행과 살인 행위라고 요약이 된다.

야고보가 보여준 중용적(中庸的)인 균형 감각은, 이방인들에게 유대인이 지키는 여러 가지 번잡한 의문(儀文)의 멍에를 씌우지 않으려는 의도와 함께 구약의 대강령인 도덕적 의무는 엄수하여야 한다는 결론이었다.

최후의 결론을 내린 지도자는 야고보이다. 상황적으로 보아 야고보의 권위가 베드로를 능가하고 있는 것이 엿보인다. 야고보는 균형 있는 미래 지향적인 탁견(卓見)과 성령의 은혜주심으로, 교회로 하여금 그후 참으로 장구한 세월을 지나 오늘에까지 귀감이 되는 신앙 자유의 선언을 했다고 하는 중요한 '이벤트 메이커'가 된다. 야고보는 예루살렘의 지도자로 참으로 적시에 적절한 판단을 내린다.

야고보에게 바울은 그의 3차 선교 여행의 결과를 보고

바울이 세운 여러 헬라교회의 성도들로부터 갹출(醵出)한 구제금을 가지고 예루살렘으로 돌아온 바울은 도착시 예루살렘의 교우들로부터 따뜻한 영접을 받는다(행 21 : 17). 이튿날 바울은 야고보를 방문한다. 짐작컨대 모든 장로들이 야고보의 집에 모였을 터이다. 그 한 곳에 모인 장로들과 여러 예루살렘의 지도자들은 바울의 보고를 들을 뿐 아니라 그에게 경의를 표하기 위하여 소집이 된 것이다. 바울은 저희들에게 "하나님이 자기의 봉사로 말미암아 이방 가운데서 하신 일을 낱낱이 보고한다"(행 21 : 19). 현장에 참석한 이는 사도의 이름도 거명(擧名)이 안 된 것으로 미루어 이미 그때에는 모든 사도들이 외지선교를 위하여 예루살렘을 떠나고 없는 것으로 판단이 된다. 홀로 야고보만이 예루살렘 교회를 이같이 주도한다.

이때의 야곱과 장로들은 외지로부터의 끈질긴 모종의 소문에 접하고 있는 때였다. 그 내용은 바울이 선교지에서 유대인 크리스챤들에게 모세의 법을 준수할 필요가 없다고 선동을 하고 있다고 하는 것이다. 근거 없는 말이었음에도 많은 예루살렘의 유대 성도들이 그 말을 믿었다. 그러한 소문을 일소하기 위하여 그러한 소문이 근거가 없다고 하는 표시로서 당시 성전에서 '나실사람의 서약'을 지키고 있는 기독교 유대인들의 기도에 참여하는 것이 좋겠다고 하는 조언이 있었다.

위에 언급한 이상과 같은 다섯 가지의 근거는 야고보가 예루살렘 교회의 지도자였음을 확실하게 한다. 예수의 공생애 기간 시종 동행한 사도 중 어느 한 사람이 지도자로서 어찌 야고보보다 적격이 아니었겠는가. 그러나 야고보가 비록 예수의 공생애가 끝나기 전에는 신앙의 경력이 없다고는 하나 한 집에서 30년간 예수와 동거한 형제이다. 당시의 분위기가 알려진 바는 없어도 예수께서 친히 이러한 훗날의 큰 사역과 막중한 책임을 위하여 야고보를 준비시켜 놓았다고 하는 공감이 초기 기독교 공동체를 존재한 듯하다.

야고보의 지도자 자격은 예수와 같이 성장한 형제라고 하는 이유말고도 그의 원숙한 인격으로 걸 맞았다. 교회의 전승에 의하면 예수의 승천 이후 베드로, 요한 그리고 요한의 형제 야고보가 주의 형제 야고보를 예루살렘교회의 최초의 감독으로 선출하였다고 한다. 자주 원사도들은 예루살렘을 떠나야 하는 그러한 상황이 되었다. 그리고보니, 감독이라고 부르거나, 수석목사라고 부르거나, 수석 장로이건, 지도자이건, 총회장이건, 오늘의 직제에 의하여 여하히 명명이 되든 간에, 야고보는 예루살렘에 남은 유일하게 자격이 있는 지도자였다.

야고보, 그는 신약의 한 권을 저술한 저자

예수의 생전에 그는 불신자였다. 그러나 그는 예수의 교훈에 관하여 지극히 초기부터 잘 알고 있었다. 심지어는 예수의 공생애 이전의 소중한 교훈의 일부까지도 기억을 한다. 성서학자들은 야고보서가 내용만이 아니라 언어 사용에 이르기까지 얼마나 그의 친형 예수의 교훈 그대로인가를 지적한다. 그리하여 이 짧은 내용에서 산상설교와 병행적인 10여 곳을 주목한다. 성령의 도우심으로 야고보는 예수의 교훈의 실체를 놀랍도록 기억해 낸다. 그리하여 야고보가 저술한 지혜의 일부는 틀림없이 복음서에 나오지 않은 예수의 교훈 그 자체라고 해석을 한다.

신약 중에서 야고보서는 실제적인 기독교 윤리서이다. 교훈을 듣는 자만 되지 말고 행하는 자가 되라고 권고한다. 그러므로 이 서간문의 역점은 '성결한 삶'이다. 그러한 일면 때문에 루터는 야고보서가 '지푸라기'로 된 책이라고 했으나 그러나 그 서간문에 믿음과 행함이 조화를 이루어 모순이 없다. 피얼슨(A. T. Pierson)은 비유로 설명하여 바울과 야고보는 서로 등을 대고 적중(敵中)에서 사방의 적을 맞아 싸워 무찌르는 한 쌍의 용사와 같다라고 하였다(Herbert Lockyer, *All the Apostles of the Bible*, Zondervan, p.199). 야고보서의 특징을 아래와 같이 정리하여 본다.

야고보는 겸손이 무엇인가(4 : 6, 10)를 자신의 경험을 가지고 우리에게 모범을 보인다. 편지의 서두에서 예수의 친형제라고 밝히는 대신에 종이라고 말한 그는 예수를 "영광의 주"(2 : 1)라고 높인다. 참으로 놀라운 일이다!

야고보는 혀에 재갈 물려야 한다는 교훈을 실제적인 경험의 예를 들어 설명한다(1 : 19, 26, 3 : 1-12). 남의 의견을 듣는 일에 신속하고 자기 주장을 피력하는 일에 겸허하여 서둘지 않고 강요가 없어야 한다는 자기 절제의 실례를 예루살렘 회의에서 보여 주었다. 그는 여간한 인내심으로 율법주의 기독교 지도자들의 변을 다 듣고 그리고 베드로와 바나바와 바울의 견해를 충분히 경청한 후 겨우 자기의 견해를 나중에 피력한다. 그는 자기 혀를 통제하는 놀라운 자제력을 몸에 익힌 지도자이다.

야고보는 가난한 자들과 과부들과 고아들과 눌린 자들을 돌보는 일을 성실하게 실천한 사람이다(1 : 27, 2 : 1-9, 5 : 1-8). 예루살렘 교회는 불쌍한 사람을 힘써 돌본 교회이다. 많은 유복한 성도들이 아낌없이 자기의 소유와 재산을 팔아 주린 사람들을 급식하였다. 야고보 자신이 가산이 넉넉하여 그 일을 먼저 시작했다고 하기는 곤란하나 그러나 자기가 교회 지도자로 있는 동안 그의 독려로 이 일이 줄곧 중단없이 계속이 된다.

갈라디아 2장 10절에 보면 베드로, 요한과 그리고 그리스도의 형제 야고보가 안수하며 이방인에게 복음을 전할 것과 가난한 자들을 힘써 구제할 것을 위임하였다. 짐작하건대 위임 사항의 최후의 것, "가난한 자들을 구제하는 의무"는 야고보의 당부라고 판단이 된다. 그러므로 바울이 3차 선교 여행에서 사실 그때 그는 로마를 거쳐 서반아로 그의 꿈이 일고 있는 터였으나, 예루살렘의 난민을 위하여 헬라교회의 성도들이 갹출한 헌금을 자기가 직접 가지고 온 일이 야고보의 위임 사실과 일치한다고 해서 무리가 없다.

야고보는 "위로부터 온 참 지혜"에 관한 교훈에서 자기의 체험을 모범으로 보여 주었다(3 : 13-18). 바로 예루살렘 회의시에 야고보는 이러한 원숙한 지혜의 인격을 보여 준다. 그의 원숙성은 모든 의견을 모두 경청하여 수렴하면서도 의를 타협하지 않았다고 하는 점에서 유감 없이 나타난다. 야고보는 여하한 의문(儀文)의 전통도 구원을 제한할 수 없는 것으로 차원을 높이면서 또한 이방인들에게는 기초적인 도덕율(道德律)을 순종하여야 한다고 하는 공정한 판단을 내린다. 그의 이러한 원숙한 판단과 결론을 소용돌이를 잔잔케 하였고 불필요한 갈등을 잠재웠다. 그가 야고보서 3장 17절과 18절에서 그러한 경험을 피력하여,

> 오직 위로부터 난 지혜는 첫째 성결하고 다음에 화평하고 관용하고 양순하며 궁휼과 선한 열매가 가득하고 편벽과 거짓이 없나니 화평케 하는 자들은 화평을 심어 화평으로 의의 열매를 거두느니라

라고 요약한다. 그의 저술은 신약에서 대표적인 지혜서(知慧書)이다.

야고보는 기도에 관한 교훈을 체험으로 언급한다(1:5-6, 4:3, 5:11-18). 전승에 의하면 야고보는 기도의 사람이었다. 고전의 한 저술가는 야고보의 경건한 기도를 언급하여 "민족의 용서를 기도하기 위하여 성전 안에서 언제나 무릎을 꿇어 야고보의 무릎이 낙타의 무릎같이 굳었었다"라고 비교한 한 말은 너무나 유명하다.

야고보는 참으로 예수 그리스도를 닮은 경건의 사람이었다. 그는 62년이나 63년 경에 순교하여 목숨을 잃는다. 전설에 의하면 그가 백성에게 예수의 교리를 포기하도록 강요 받아 정반대로 더욱 굳게 서라 권면하자 성전꼭대기에서 그를 던졌다고 한다. 머리가 깨져 뇌가 유출이 된 참사라고 한다. 일설에 의하며 돌에 맞아 순교했다고도 한다. 전설이야 어떻든 야고보는 초기 기독교인의 가장 돋보이는 신앙의 영웅으로서 불멸의 위치에 서 있는 자 중의 한 사람인 것이 틀림없는 사실이다.

해결사(解決士), 디도

딛 1 : 4.
고후 8 : 23.

한 지역 교회가 원숙하지 못하여, 자주 분쟁이 일어나, 그러한 분쟁이 일어날 때마다 내부적인 원인들을 원만하게 해결하지 못하고 같은 지역 그리 멀지 않은 거리에 또 하나의 교회를 세워 분열하고마는, 별로 유쾌하지 못한 이야기가 있다.

미국의 모교파의 한 지역 교회에 출석하다가 다른 곳으로 이전하게 된 어느 주일학교 교사가 전 주거지에 있을 때 출석한 그 교회의 목사에게 문안 편지를 보내면서, 자기가 새로 이주한 지역 교회가 오르간을 새로 구입하는 문제를 놓고 의견을 조정하지 못하다가 결국 새 오르간이 들어온 후에는 어디에 놓을 것인가 하는 자리 때문에 다시 분쟁이 재연되어 의견을 달리하는 사람들이 박차고 나가, 또 하나의 교회를 시작했다는 소식을 전했다고 한다.

어느 지방 철도의 객차 안에 합석한 두 손님이 창문을 연다 안 연다 하는 시비로 심한 언쟁이 벌어져 차장을 불렀다고 한다. 알아보니 답답하니 차창을 열어야겠다고 한 노파는 숨통이 막혀 죽을 지경이라고 말하고 다른 노파는 기관지염으로 창을 열면 차가운 공기가 해롭다고 해서이다. 그 창을 열 수도 없고 안 열 수도 없는 일이었다. 이것은 코믹한 이야기 거리에 불과하지만, 우리 사회에도 꼭 그같이 3자가 개입하여 명쾌하게 해결을 해준다. 그와 같이 시원스럽게 속결하는 중재의 전문가를

183

해결사(解決士)라고 한다.

바울의 선교팀의 한 멤버이며, 민첩하게 곁에서 도와 주는 디도에게 그러한 해결의 능이 있었다고 한다. 이 디도는 신약의 중요 인물이지만 사도행전에서는 전혀 언급이 없어, 우리에게는 숨은 초대교회의 지도자이다. 그러나 그의 이름이 갈라디아서에 2회, 디모데후서와 디도서에 각각 1회씩, 그리고 고린도후서에는 9회 나오고 있어서, 신약 안에 그의 이름이 도합 13번이나 나온다. 어떤 견해에 의하면, 디도는 누가의 친척이고 자기 친척의 이름을 거명(擧名)하지 않는 것이 미덕(美德)이기 때문에 누가가 사도행전을 저술하면서 결국 사도행전 안에서는 그의 이름이 한번도 나오지 않는다라고 해석을 한다.

교회 전승에 의하면, 누가 일가의 원주지가 안디옥이고 그곳에서 디도는 신앙으로 인도되었다고 추적을 한다. 바울은 그러한 디도를 "같은 믿음을 따라 된 나의 참 아들"이라고 불렀다(딛 1 : 4). 고린도후서 8장 23절에 보면, 디도를 가리켜 "디도로 말하면 나의 동무요 너희를 위한 나의 동역자요 우리 형제들로 말하면 여러 교회의 사자들이요 그리스도의 영광이니라"라고 극찬의 글을 남긴다. 바울이 디도를 특히 가까이 두고 자기를 돕는 자로 높이 평가를 한 이유가 디도에게는 이러한 남다른 해결사의 재능이 있는 협력자였기 때문이라고 한다.

첫번째의 과업, 예루살렘에 일어난 논쟁의 해결

당시, 예루살렘 공동체 안에 일어난 초기의 난제의 이방인들에게도 할례를 시행하여야 한다고 하는 강력한 요구였다. 예루살렘 회의가 열리기 얼마전, 바울과 바나바는 디도를 대동하고 예루살렘의 지도자들을 찾아간다(갈 2 : 1).

저희들이 이와 같이 방문하게 된 목적이, 예루살렘의 지도자들과 상의하여 이방인들로 하여금 할례의 전제 없이 교회의 공동체 안에 은혜로 수용이 되도록 공감을 얻어내는 데 있었다. 만일 구원을 받는 전제 조건으로 유대의 의문 절차(疑問節次)를 밟아야 한다면 지금까지의 바울이 외지 선교에서 강조한 자유와 복음 선포와 모순이 되며, 바울의 수고가 헛수고가 될 위험에 놓여 있었다(갈 2:2). 당시, 바울은 소아시아 지역으로 선교여행을 확대한 계획을 의중에 두고 있을 때이므로 지금까지의 그의 복음 선포와 그리고 앞으로도 그와 같이 계속 진행하게 될 그의 복음 선포에 관하여 예루살렘 교회의 고위 지도자들의 공적인 인지가 필요하다고 생각을 하였다. 그는 그의 전도가 예루살렘 지도자와의 마찰을 빚는 것이 됨을 원치 않았다. 그러나 그 쟁점은 마침 유대주의 기독교 지도자들의 주장인 이방인들도 할례가 없이는 구원에 들어가지 못한다라고 하는 주장이 명백히 표시된 때이므로 이 문제의 해결이 그리 용이한 것으로는 보이지 않았다.

차제에, 예루살렘에 올라간 바울은 한 이방인 디도를 수행시켰다(갈 2:3). 말하자면 모세율법에 의한 감화가 없어도 믿음으로 구원받고 성령으로 거듭난 준수한 인격의 산 표본의 제1호가 디도라고 하는 묵시적인 의도가 깔려 있었다. 예상한 바대로 디도에게 할례를 행하라고 하는 강력한 압력을 받는다. 디도야말로 할례의 후보자로서 유자격자가 아니냐고 하는 역습이었다. 그러나 바울은 움직이지 않는다.

바울은, 지금 야기된 이 원리 문제에는 그가 선포한 복음 전체가 서느냐 넘어지느냐의 복음의 핵심이 걸려 있는 중요한 문제라고 생각한다. 그러므로 결단코 바울은 고집을 세운다. 만일 일순간이라도 바울이 마음이 약해져서 쉽게 일을 풀양으로 타협을 시사하면, 그의 주변에서 밀정(密偵) 같은 소행을 하는 자들이 뛰어가 형제들의 자유를 잃게 하고 멍에로 저희들을 묶는 일이 생겨나게 될까 하는 염려가 있어(갈 2:4-5), 구원은 선물이라고 하는 선포가 확립되기까지 한 순간이라도 바울은 방심할 수가 없는 형편이었다. 그러한 심경을 바울 자신이 이와 같이 말한다. "우리가 일시라도 포기하지 않았으니 이는 복음의 진리로 너희 가운데 항상 있게 하려 함이라"(2:5)(사역).

하나님이 바울의 선교를 얼마나 크게 축복하셨는가에 관해서 상세히 보고를 접한 사도들은 바울의 선교를 공적으로 확인한다. 저희들이 추가한 단 하나만이 단서(但書)는 다만 궁핍한 자들을 구제하는 일이었다. 이방인들도 유대인의 율법 아래에 같은 멍에를 메야 할 것인가의 문제를 해결한 사람은 실제적으로는 디도가 아니라 바울이었으나 양편이 아직 시시비비를 못가리고 있는 초반에 양편이 주시한 표적으로서 그의 인격의 중량을 저울에 달아 보고, 시험대에 부친 꼴이 된 표본(標本)은 이방인 크리스찬인 디도 개인이었다. 그러므로 디도가 해결사의 역할을 훌륭하게 감당한 첫번째의 사례가 된다.

두 번째의 과업, 고린도교회에서 보여 준 좋은 신앙의 의지(意志)

고린도전서를 일차 통독을 하면, 용이하게 그 교회가 심각한 여러 가지의 문제로 시달림을 받고 있는 중임을 알 수 있다. 저희들은 각기 바울이다, 베드로이다, 아볼로이다, 또는 심지어는 그리스도이다고 지도자를 임의로 선택하여 그것이 이유가 된 분열 상태에 있었다. 그런가 하면 도덕생활이 참으로 한심하여, 어떤 사람은 계모와 성적인 관계에 있었다. 또한 성도간에 야기된 불편한 문제를 세상의 법정에 고소를 하여 법적인 시비가 계류 중이었다. 주의 만찬을 신중하게 참여하지 않고 어떤 자들은 술에 취한 상태에서 분별없이 가담하는 자가 있었다. 공예배시에 각기 자기가 받은 방언의 은사를 자랑하여 질서를 잃고 엄숙하여야 할 예배가 난장판이 되었다. 어떤 사람은 죽은 자들을 위한 세례를 받고 그리고 이미 이러한 관행은 기정 사실이라고 고집을 한다. 설상가상격으로 고린도교회의 회중과 바울 사이가 악화되었다.

이러한 심각한 상황이 벌어지자 바울은 다시 디도로 하여금 그 교회를 바로 잡도록 과업을 준다.

디도가 어떤 상황 속으로 뛰어들었는지 알기 위해서, 시간 순서로 오늘의 성서학자들이 재현한 바울과 고린도 교회와의 관계를 살펴보자.

① 바울이 최초로 고린도를 방문한 것이 그의 제2차 선교 여행시였다.

그곳에 적어도 1년 반이나 체류하면서 교회를 세웠다.

② 간음자들과 사귀지 말라 권고한 편지 한 통을 써보낸다. 우리는 이 사실을 지금의 고린도전서 5장 9절에서 알 수 있다. 그러나 가장 먼저 발송한 이 편지는 지금에 와서는 망실(亡失)이 된 후 존재하지 않는다고 추측을 한다. 그 내용이 고린도교회 내부의, 너무나 파렴치하고도 국부적인 문제에 대한 지적이므로 회람하는 편지로서는 적합하지 않아 결국 의 해방이 불명하여진 짧은 편지라고 생각이 된다. 학자들은 이 편지를 "먼저 쓴 편지"라고 부른다.

③ 그런 후, 글로에의 문중이 방문하여 바울의 편지를 받고도 고린도 교회에 아직 분열과 성적 부도덕(性的不道德)이 가라앉지 않은 형편이라고 하는 소식에 접한 바울은 에베소에서 지금의 고린도전서를 집필한다(고전 1:11). 추가하여 스데바나와 브드나도와 아가이고가 가지고 온 편지 안에서 알게 된 바울과 관련이 있는 어려움에 관하여 지시를 한다(고전 16:17).

④ 바울은 디모데를 보내, 그 교회가 지금 겪고 있는 심각한 도덕적 문제와 교리적 혼란을 바로 잡도록 한다(고전 4:17, 16:10). 당시, 디모데는 아직 약관(弱冠) 25세이므로 마땅히 시정이 되어야 할 일들을 대담하게 척결하는 데 미흡한 것을 바울이 안다. 훗날에 바울이 디모데를 권하여 "누구든지 네 연소함으로 업신여기지 못하게 하고 오직 말과 행실과 사랑과 믿음과 정절에 대하여 믿는 자에게 본이 되어…"(딤전 4:12)라고 한 말과 일치한다.

⑤ 디모데가 돌아온다. 그러나 거의 성과가 미미한 형편이고 사태가 시정이 되는 진전이 없는 것을 알고, 바울은 서둘러 자기가 직접 에베소를 떠나 고린도로 간다. 그러나 그가 직접 현장에서 난마 같은 문제들을 해결하려고 하였으나 역시 이번 방문에서는 별로 해결을 위한 효과가 없었다. 오히려 저희들이 완고하여 바울이 고린도에 체재할 수 없을 정도로 곤혹스러운 것이 되게 하였다. 성서학자들은 이번 여행을 가리켜 "고통스러운 방문"이라고 부른다.

⑥ 드디어 디도가 무대 위에 등장한다. 바울은 다시 자신이 정면에 나와서 곤혹스러운 딜레머에 또 빠지는 것을 원치 않았다. 그리하여 고린도교회에 보낼 또 하나의 편지를 집필하면서 회개와 뉘우침이 없는 문제의 장본인들을 존엄하게 책망하는 내용을 담는다. 그리고 그 편지를 디도에게 전달하도록 위임하면서 그 난국을 해결하도록 당부를 한다. 그 편지의 내용이 너무나 가혹한 책망으로 가득하여 막상 보낸 후에 바울이 후회를 한 정도의 편지였다. 신약학자들은 이 편지를 '고통스러운 편지'(painful letter)라고 이름을 부친다. 그리고 이 편지 역시 지금껏 망실이 된 후 발견이 되지 않는 편지로 간주된다.

사랑이 많은 바울은 그러한 혹독한 내용의 편지를 써보낸 일을 나중에 후회를 한다. 그 편지가 초신자들에게 너무 가혹한 책망이 아니었을까 하는 초초감이 일었다. 그 편지를 받아 읽은 반응이 어떠하였을까. 할 수만 있으면 속히 확실한 소식을 접하기 원하여 바울은 디도에게 가급적 속히 돌아 올 것을 지시한 바 있다. 바울은 내심, 그 편지에 대한 어떤 반응이 일어날 것인가에 따라 그 교회의 존망(存亡)이 걸린 지금이 최대의 위기라고 주시하였다. 자기의 책망을 수용하면 회생(回生)의 길이 열릴 것이고 거부하면 그 교회 공동체는 끝나고 만다고 단정을 하였다.

⑦ 바울은 디도가 돌아올 때까지 기다릴, 마음의 여유가 없을 만큼 초초하였다. 약속의 장소인 드로아에서 디도를 만나지 못한 바울은, 드로아에서 전도의 길이 열렸으나 고린도의 소식을 빨리 접하기 위하여 조급한 마음으로 마게도냐로 떠나고 만다. 그때의 심경을 피력한 고린도후서 2장 12절에 보면 다음과 같이 그는 적는다. "내가 그리스도의 복음을 위하여 드로아에 이르매 주 안에서 문이 내게 열렸으되 내가 내 형제 디도를 만나지 못하므로 내 심령이 편치 못하여 저희를 작별하고 마게도냐로 갔노라." 이때의 초조한 바울의 복합 심리를 손바닥을 들여다 보듯 알 수 있는 것이다.

⑧ 드디어 기다리던 디도가 소식을 가지고 돌아와 바울에게 큰 안도(安堵)를 준다. 바울과 디도는 마게도냐의 어느 지점에서 만나는데 성공

을 한다. 짐작컨대 데살로니가가 아닌가 싶다. 디도의 보고에 의하면 고린도교회의 성도 대부분이 바울에게 충성스럽다고 하는 것과 아직 바울에게 비판적인 수용은 그대로 완고하게 고집을 하지만 지금까지 반발하는 많은 사람들을 치리하는 데 성공하여 마음을 돌렸다고 하는 결말을 일러준다. 이러한 다행스러운 결말에 크게 안도한 바울은 그의 글이 격앙(激昻)된 송영과 축복으로 바뀌며(고후 2 : 14−17) 다시 디도에 대한 언급은 7장 5절에서 6절에 가서야 나온다. 디도의 과업은 대체로 성공이었다. 짐작하건대 디도의 방법이 사랑과 확고한 의지 양편이 종합된 치리였을 것이고, 좋은 마무리가 되었을 것이다.

디도의 해결은 디도의 사역이 형제들의 발을 씻는 겸손한 섬김의 사역이기 때문이다. 형제들의 발을 씻는 사역은 다음과 같이 참으로 미묘하여 델리킷한 기능이다.

① 형제의 발이 불결한 사실을 확인하여야 한다. 그의 발을 대야의 물로 씻어 주기 전에 그의 발이 불결하여 씻어 주어야 할 이유가 확인이 되어야 한다. 바울과 디도는 고린도 형제들의 행실에서 교정이 되어야 할 이유를 정확히 안다.

② 우리가 형제를 도와 저희들의 발을 깨끗하게 하려고 하기 전 우리의 손이 깨끗하여야 한다. 손에서 더러움이 발로 옮겨지는 손은 적합하지 않다. 디도는 깨끗한 그릇이다. 그러므로 해결사로 적임자이다.

③ 형제의 발을 씻어 주는 일은 반드시 정당한 맥락에서 실시되어야 한다. "발을 씻어 주는 섬김"은 공개적으로 내가 "아무개의 발이 불결하므로 내가 씻으려 한다"의 식으로 선전해서는 절대로 안 된다. 사사로운 잘못은 사사로이 교정이 되어야 하며, 공개적인 비리는 공개적으로 수긍이 가는 교정이 있어야 한다. 공개적으로 범한 일은 "모든 사람 앞에 꾸짖어 나머지 사람으로 두려워하게"(딤전 5 : 20) 하는 방법이 적절하다. 고린도교회의 범죄는 공개적인 사실이며 이미 파렴치하게 내세워 자랑을 하여 온터이라 전체의 분위기 속에 바울과 디도가 힘을 합해 공개적으로 그 교정에 전력을 한다.

④ 남의 발을 씻는 일은 자기 자세가 낮아야 한다. 디도가 찾아 올 때 훈련 교관 같은 뻣뻣한 자세로 온 것이 아니다. 감사를 하려고 하는 위압이 있어서는 안 된다. 그는 이 일을 참으로 겸손히 접근한다. 순수하고 진정한 겸손이 아니면 그것은 냉대와 비판으로 끝난다. 이런 예화는 귀담아들을 만하다. 아들이 금붕어 몇 마리를 상으로 받아 집으로 돌아왔다. 아버지가 그 아들을 위해 몇 갑절이나 비용을 들여 금붕어 항아리를 구입한 후, 그 용기를 깨끗이 한다고 하는 과정에서 너무 독한 소독비누를 사용하여 그 다음 말끔히 씻는 것을 잊어 그 이튿날 아침에 보니 그 속에 놀던 금붕어가 전부 죽어 있었다. 형제의 목숨을 뺏는 교정은 잘못이다.

⑤ 끝으로, 우리는 씻은 발을 수건으로 닦아주어야 한다. 그의 발을 말려 주는 일이다. 그의 발을 말려 주는 일을 하지 않으면 젖어 있는 발은 전과 같이 또 부정물이 더 부착하기 좋은 상태이다. 그의 발을 씻은 사람은 밝은 길을 걸어가도록 자생의 길을 열어 주어야 한다. 디도는 그를 용서한 후(forgave) 그의 과거의 일을 기억하지 않았다(forgot).

고린도교회에서 행한 디도의 교정은 서로와 상호의 유익을 위한 사랑의 조치(措置)였다. 그러므로 바울이 편지에 언급하여 "저가 너희 모든 사람들이 두려워하고 떨므로 자기를 영접하여 순종한 것을 생각하고 너희를 향하여 그의 심정이 더욱 깊었으니"(딤후 7 : 15) 하였다. 그후 바울은 디도를 다른 곳에도 재차 해결사로 파송을 한다.

세 번째의 과업, 고린도의 헌금(獻金) 독려

고린도후서를 집필하기 일년 전에 바울은 갈라디아와 마게도냐의 이방인 성도들에게, 예루살렘에 살고 있는 빈궁에 처한 성도들을 위하여 헌금을 권장한 일이 있었다(고전 16 : 1-2).

고린도교회의 신도들은 처음, 넉넉한 헌금의 갹출을 대대적으로 약속하고 일을 시작하기도 전에 크게 선전을 하였다. 그러나 그 과욕이 쉽게 식어지느니 모금의 실적이 우야무야하였다. 바울이 시작한 모금 사업을 디도가 나서서 다시 부활시켜 놓아야 할 처지가 되었다. 바울은 이 과업에 관하여 고린도후서 12장 6절에서 이렇게 언급을 한다. "이러므로 우리가 디도를 권하여 너희 가운데서 시작하였은즉 이 은혜를 그대로 성취케 하라 하였노라." "권하여"라고 하는 동사가 나온다. 이 동사는 디도가 위임 받은 과업(assignment)을 의미한다(고후 12 : 18, 고전 16 : 12). 디도는 이 과업을 기쁨으로 수임(受任)한다(고후 8 : 16-17). 바울이 차기에 고린도에 오기 전 디도는 이 모금의 과업을, 바울에게 직접 위임을 받은 대행인(personal emissary)이 된 것이다(8 : 23).

결과를 고찰하여 본다. 고린도후서 8장과 9장은 형제들이 가난한 성도나 구제의 일을 위한 헌금을 언급한 고전(古典)으로 알려진 글이다. 이 일을 위하여 바울이 직접 지시하고 디도가 그 일을 추진하는 현장 책임자로 바울의 의도대로 시행하였음을 알 수 있다. 이 맥락은 바울을 위하여 마게도냐의 여러 교회 그 중에서 데살로니가와 베레아와 빌립보교회가 바울의 지원을 위하여 얼마나 너그러웠는가가 언급이 되는 도입으로 시작한 후 반복하여 그런 언급이 나온다. 넉넉한 마음에서 행한 헌금이라고 하는 사실을 저희들 자신의 궁핍의 생활 배경으로 고려할 때 더욱 진실된 행위임을 알 수 있다. 이러한 아름다운 행위를 선례(先例)로 들어 바울은 디도의 도움으로 고린도교회도 모금하는 일에 그들처럼 적극 동참하여 주기를 소망하였다.

바울의 편지를 검토하면 현장에 파견이 된 디도는, 우리를 위하여 하늘의 부요함을 포기하여 우리가 풍요함을 얻게 하기 위하여 스스로 빈궁에 처하신 놀라운 예수 그리스도와 희생의 모범을 고린도교회의 성도들에게 강조하였을 것이다(고후 8 : 9). 하나님은 우리의 자율적이고 기쁨으로 받치는 일을 기뻐하신다. 각자의 형편에 따라 받치는 액수는 다양하다. 당시의 사정으로 고린도교회의 성도들은 예루살렘을 위하여 헌금할 수 있는 여유가 있었다. 만일 고린도 교우들이 어려움에 놓이면 예루살렘의 성도들의 도움이 없겠는가(고후 8 : 12-15).

헌금 관리에 공정을 기하기 위하여 디도는 모금이 실시되는 현장에 몇 명의 현지 성도들의 감리(監理)를 동참시키도록 지시를 한다(고후 8：19-21). 개개인의 선한 의지가 헌금으로 집성이 되는 그 자리가 외인들이 의혹의 눈이 지켜보는 표적이 된다고 하는 것은 언제나 상식이다. 그리고 또한 헌금과 관련하여 언제나 우리 마음을 무겁게 만드는 시행착오가 일어나기 쉽다.

빌리 그레엄의 전도팀이 헌금을 걷어, 반드시 현장의 헌금위원회가 관장하고 반드시 감리를 거쳐 지방신문에 감사 내용을 보도하며 빌리 그레엄 자신은 그곳에서 체류 기간의 비용 외는 절대로 사용하지 않아서 신뢰가 높다고 한다(참조, Leslie B. Flynn, *The Other Twelve*, p. 73).

디도는 모금의 이유를 명시한 후 인색한 손과 관용의 큰 손을 비교하여 넉넉히 씨 뿌리면 넉넉한 수확으로 거두게 된다고 격려를 한다(고후 9：6).

헌금하는 자의 아픔을 덜어 주기 위하여 디도는 바울이 자주 쓰는 이 권면의 말인 "각각 그 마음에 정한 대로 할 것이요 인색함으로나 억지로 하지 말 것이니 하나님은 즐겨 내는 자를 사랑하시느니라"를 가지고 위로와 격려하였을 것으로 안다. 고금동서(古今東西) 어디에서나 헌금을 하는 회집은 장례식의 공기처럼 무겁기 마련이다. 어떤 실천신학자는 해학으로 언급하여 교회에서 헌금하는 시간 돈과 작별(作別)하기 위하여 멘델스존의 유명한 '위로'(consolation)라고 하는 악장이 분위기를 알맞는 배경 음악이라고 하였다고 한다.

하나님은 우리가 의무감에서 부득이 하는 행위가 아니라 기쁨으로 희사(喜捨)하는 것을 기뻐하신다. 많은 교회가 헌금을 제단에 올려 놓으면서 기립하여 송영을 부른다. 매우 적절한 예배 행위이다. 인간이 심성을 깊이 이해하는 바울의 간청과 현장에서의 디도의 공정한 처사와 격려로 고린도교회의 성도들은 적절한 헌금을 약속대로 하였을 것이다.

네 번째의 과업, 그레데교회의 미진한 일을 보완

바울은 첫번의 로마 투옥에서 석방이 된 후, 디모데와 디도를 대동하고 이전의 선교지를 두루 방문한다. 지중해 지역의 선교 활동지로 매우 적합한 그레데에서 바울은 많은 새신자를 얻는다. 그러나 미처 저희들의 조직을 마무리하기 전 다른 화급한 곳으로 이동할 수밖에 없었다. 바울은 디모데를 에베소로 보내고 디도는 그레데에 남겨 두고 "부족한 일을 바로 잡고 나의 명한대로"(딛 1 : 5) 행하게 한다.

이와 같이 위임하는 일은 바울이 떠난 후 그곳 회중들을 조직하여 장로들과 제직들을 세우는 일과 건전한 교리를 가르치고 그리고 절제 있는 생활을 하도록 권면하는 일이다. 디도서에 보면 건전한 교리와 절제생활이 여러 번 강조되어 나온다.

만일 어떤 일을 그가 위임 받았는가로 그의 사람됨과 역량을 판단하는 기준이 있다고 한다면, 디도는 참으로 높은 수준의 지도자이다. 그에게 좋은 교리와 건전한 사회 및 가정 생활을 위한 지도와 노인과 젊은 남녀를 고루 상담하고 지도하도록 한 것과 그리고 이단과 위교(僞敎)에 관해서도 해박한 대처 능력이 있는 것으로, 이와 같이 광범한 영역에 걸쳐 그의 지도가 요구된 사실은 디도서 1장에서 3장 안의 내용 안에 소상하게 나오고 있다. 디도는 이미 많은 일로 바울에게서 위임받은 일을 지금까지 성공적으로 수행하였다.

이제는 끝으로 그레데의 미진(未盡)한 일을 처리하도록 위임을 받고 일행을 떠나보내고 뒤에 남는다(딛 1 : 5). 당시의 문헌에 의하면 그레데는 로마제국에서 가장 정치적으로 불안하며 문제가 많은 곳이다. 바울은 이곳 시민들을 6세기 전에 야유한 한 선지자의 풍자를 인용하여 "그레데 사람은 언제나 거짓말쟁이며, 악한 짐승이며, 배만 위한 게으름쟁이라" 언급한 바 있는 것이다(딛 1 : 12). 저희들의 거짓말이 너무 유명하여, "그레데인의 놀이"라고 하면 사기행위(詐欺行爲)라고 우회적으로 말하는 뜻이 된다.

어드만(Charles R. Eerdman)의 주석에 보면 "그레데 섬에 맹수가 없는 대신에 도민(島民)들의 야수 같은 잔인 행위가 대신한다"라고 비유하였다(*Pastoral Epistles of Paul*, Westminster, p. 43). 그러나 그러한 유명한 비도덕 사회의 치유를 바울은 디도에게 일임한 것이다.

잔인한 야수적인 인간 행위는 비단 그레데 사람과 1세기에만 해당이 되는 것이 아니다. 오늘의 서구 사회 그리고 모든 우리 사회에 번지고 있는 폭력과 성도덕의 문란은 이미 기우(紀憂)의 한계를 넘어 사회 파괴의 위험 수위에 이른 형편이다. 미국 의회 목사였던 헬버슨(Dr. Richard C. Halverson)이 격주(隔週)로 발간한 경건생활 「퍼스펙티브」에 그는 다음 같은 기고의 글을 실은 일이 있었다(1986년 6월 11일).

동물들은 본능으로 짝짓기를 한다.
인간은 사랑으로 짝짓는다. 하나님이 그렇게 지으셨다.
비극적으로 인간이 동물을 닮아 간다.
사랑이 아니다. 책임도 아니다. 애정도 아니다. 친밀한 우정도 아니다.
육체만을 만족시키는 본능으로만 행동한다.
불행한 일은 동물은 발정기 외에는 그런 행동이 없다.
그러나
인간은 그런 행위에 휴식이 없다.
염치없는 성욕은 끝이 없고 수단과 방법에 끝이 없다.
성적쾌락을 위해서 폭력이 서슴없이 사용된다.
결과적으로 하나님이 지으신 남녀의 관계는 동물적인 욕구로 파괴되고 말았다.
하나님이 의도하신 가장 친밀한 애정과
보호가 따르는 사랑과 이타적 관계가 깨진 후,
추악한 이기적 본능만이 남았다.

이 과업의 완결.

바울이 디도에게 일러 준 내용 "모든 사람에게 구원을 주시는 하나님의 은혜가 나타나… 경건치 않은 것과 이 세상 정욕을 다 버리고 근신함과 의로움과 경건함으로 이 세상을 살고"(딛 2 : 11 - 12) 이와 같이 세속의 삶을 단호히 거부하는 성도의 삶에 대한 훈계는 참으로 오늘의 이 사회와 감각 위주의 시대 정신과 맞서서 거룩한 생활이여야 할 성도의 생활이 어떠하여야 하는가를 적절하게 요약한다.

맥도웰(Josh McDowell)의 말에 의하면 평균적으로 십대 소년소녀는 일주에 24시간 텔레비전을 보는 것으로 통계가 나오고, 1년간 평균 9200 장면의 성행위 암시를 본다고 한다. 십대 남녀에게 피임기구를 사용하라고 계몽을 할 것이 아니라 근본적인 순결 교육이 있어야 한다. 바울의 권고는 바로 그러한 초점에 놓인다.

하나님의 은혜는 모든 악을 극복하고 승리하기에 넉넉하다. 그레데 섬에서 디도가 얼마나 세속적인 삶의 올무에서 결연히 벗어나 성도로 성결한 구별된 삶을 견지하도록 인도하였는지는 그 성과를 우리는 알 길이 없다. 그의 수고는 하나님의 영원의 나라에서 밝혀질 것이다.

'팀플레이'의 명수(Team Player), 실라

행 15 : 22, 23, 16 - 18 : 22.
살전 1 : 1, 살후 1 : 1, 고후 1 : 19, 벧전 5 : 12.

멕시코, 바르셀로나 올림픽 경기의 피날레를 화려하게 장식한 마라톤 경주의 전 코스가 모든 텔레비전의 채널로 전국에 방영이 되었다. 한국의 황선수가 감격적인 동작으로 골인을 하자 우리는 전국이 온통 흥분의 도가니였다. 그후에 소나기처럼 쏟아지는 사진 기사의 플래시와 인터뷰에서 그는 자기와 함께 역주하며 팀플레이를 하므로 자기에게 기회를 만들어 주기 위해서 처음부터 작전상 희생이 된 동료선수가 있다고 하는 말을 하였다.

특히 인기가 높은 화려한 구기시합(球技試合)에서는 어느 스타플레이를 '어시스트'하는 일사불란의 팀조직이 없이는 승리는 기대하지 못한다. 야구의 투수가 늘 매스컴의 대표적인 기사거리가 되어 멋있는 투구 직전의 큼직한 전신 사진이나 함박 웃는 얼굴 사진이 스포츠 신문의 기사가 되어 나오기 마련이지만 그러나 그 실력 있는 투수 역시 그를 철통같이 뒷바침하는 여덟 명의 야수(野守)가 없이는 아무것도 못한다. 동양에서 특히 인기가 폭발적인 축구 시합에서 최후의 골 하나가 적진의 그물에 꽂힐 때, 실은 다른 동료들과의 절묘한 팀플레이의 극치(極致)인 것이다.

신약에 등장하는 실라는 참으로 그러한 훌륭한 팀플레이를 해내는 인물이다. 우리는 그의 성장 과정이나 그의 배경에 관하여 별로 아는 바가

196

없으나 그러나 확실하게 그는 초대교회의 매우 유능하고 중요한 지도자 중 한 사람이었다. 전승에 의하면, 그는 예수께서 둘씩둘씩 짝을 지어 파송하였을 때(눅 10 : 1) 그 파송으로 일한 제자 중에 있었다고 한다.

그의 이름이 우리의 주목을 끌기는 바울이 그를 2차 선교팀으로 발탁하면서부터이지만, 사도행전과 서신들의 자료로 종합하면, 실라는 최소한 네 번의 경우, 팀 멤버로 활동한 것으로 나타난다.

예루살렘 지도자의 팀 속에서

1) 실라는 로마시민권이 있는 사람이었다

빌립보의 전옥(典獄)이 바울과 실라를 태형(笞刑)으로 고문을 한 후에야 저희들이 로마 시민인 것을 알고는, 그 뒤에 찾아 올 준엄한 문책이 두려워 저희들이 조용히 그 도시를 떠나 줄 것을 간청한 일이 일어난다(행 16 : 36).

성서학자 램세이(Sir William Ramsay)의 설명에 의하면 당시 로마 시민의 시민권은 어떤 경우에서도 우대(優待)할 것과 그리고 본인이 상당한 재산의 소유자라고 하는 두 가지 특권을 보장하는 표식이 된다. 이러한 의미에서 실라는 그 원적지(原籍地)에서 상당한 재산이 있는 귀족 출신의 유지임을 일러준다(Herbert Lockyer, *All the Apostles of the Bible*, Zondervan, p.230). 그러므로 실라는 두아디라의 여자 부상(副賞) 루디아나 베뢰아의 존경받는 귀족 여인들이나 아레오바고의 관원 디오누시오 같은 영향력 있는 유지들과 용이하게 교제할 수 있는 신분의 사람이었다(행 16 : 14, 17 : 12, 34).

실라의 라틴계 이름은 실바누스(Silvanus)이다(고후 1 : 19, 살전 1 : 1, 살후 1 : 1, 벧전 5 : 12). 이러한 그의 라틴어 이름은 용이하게 그가 로마 귀족 사회 안으로 교제의 발을 들여넣을 수 있는 사람임을 말하여 준다. 그에게 찾아온 영적인 자각은 그의 로마 시민으로서의 의식과 이해와 함께 그로 하여금 복음의 증언이 더욱 광범한 세계로 널리 확대되게 하는 당위성과 관련하여 사명감을 느끼게 하였을 것이다. 그에게 있는 이러한 심리적인 기조가 바울이 2차 선교 여행을 위한 팀구성을 하는 계기에서 실라의 참여를 권유하였고 그리고 쉽게 응하게 만들었다고 생각된다.

2) 실라는 예루살렘 공동체 안에서 중요한 지도자였다

신약은 초기에서 이미, 그가 차지한 위상에 관해서 "형제 중의 지도자 … 실라"(행 15 : 22)라고 명기해 놓고 있다. 이 언어의 동사꼴은 "지배, 명령, 남들을 권위로 다스린다" 등의 동작을 표시하는 개념 언어이다. 마태복음 2장 6절에서는 이 언어를 '다스리는 자'(governor 또는 ruler)라고 하였다. 같은 언어를 사용하여 사도행전 7장 10절에서는 요셉이 애굽에서 제 2인자라고 표시하였다. 바울이 루스드라 사람들에게 하늘에서 내려 온 신(神)들이라고 오해되었을 때 바울을 가리켜 말 잘하는 지도자라고 구분한 언어가 나온다(행 14 : 12). 이 언어가 군사적 지도자를 의미하는 경우도 있고, 남들을 통제하거나 영향력을 행사하는 위치에 있는 자를 구별하기 위한 낱말이다. 이 언어를 사용하여 교회의 책임자를 의미한 것으로 히브리서 13장 안에 3회 나온다(7, 17, 24).

저자 누가는 비록 구체적으로 무슨 직책인가를 명시하지는 않았어도 실라가 예루살렘 기독교 공동체의 지도자였다라고 명시하였다. 실라가 예수의 문도 70명 중의 한 사람이었는지 아니면 지극히 초기부터 지도자라고 인정이 된 이유가 가룟 유다가 자살을 한 후에 실제적인 흠석에 보선이 될 후보자 정도의 사도였는지 명확하지는 않았어도 그와 같은 정도의 지도자였다고 생각이 된다(행 1 : 21-22). 혹 초기부터 그 정도의 지도자가 아니었다면, 그리스도 까닭에 공동체가 성장 성숙하여지면서 자연스럽게 공동체의 책임을 지게 된 파생적 지도자 중 하나로 등장하였다고 해도 무리 없는 해석이다.

많은 학자들은 그가 사도행전 11장 30절과 15장 2절에서 언급이 된 소수집체(集體)에 포함되는 예루살렘 장로 중의 한 사람이라고 추측을 하기도 한다. 사도행전 15장 22절에 가서, 그의 이름이 당당하게 명기되고 보니 그의 지도자로서의 영향력이 지금에 이르러 막중하여진 것이 틀림이 없다.

실라는 “날마다 마음을 같이 하여 성전에 모이기를 힘쓰고 집에서 떡을 떼며 기쁨과 순전한 마음으로 음식을 먹고 하나님을 찬송하며 또 온 백성들에게 칭송을 받으니 주께서 구원받는 사람을 날마다 더하게 하시니라”라고 기록이 나오는 초기 예루살렘 공동체의 그 영광(榮光)의 날에 속하는 중심 인물 중 한 사람이었음이 틀림없는 사실인 것이다(행 2 : 46, 47). 실라는 날마다 그렇게 많은 사람들이 새로 구원을 받는 그 감격적인 현장을 목격한 증인이다. 짐작하건대 실라는 초기 공동체가 합심하여 기도하고 있는 무리들에게 돌아와 우리가 이와 같이 놓여났다고 베드로와 요한이 본인들의 입으로 직접 말하는 그 기적적인 사건이 있었을 시에도 그 현장에 실라는 현장 목격자로 보고 들었을 것이다(행 4 : 23-31).

3) 실라는 예언자였다

예루살렘 공동체 안에 아가보와 같이 앞날에 예루살렘에 큰 기근이 닥쳐 올 일을 예견(豫見)한 자가 있었다(행 11 : 27, 28). 그러나 우리는 당시의 기독교 예언자의 활동에 관하여 자세히 알지를 못한다. 실라가 예루살렘에서 어떤 예언자 활동을 했는지 에피소드가 기록으로 있는 것은 아니나, 그러나 안디옥에서 실라가 “예언자인 유다와 실라도 교우들을 여러 말로 격려하며 힘을 북돋아 주었다”라고 하는 맥락과 관련하여 예언을 한 일에 명확한 문절로 있다(15 : 32). 실라는 그가 장기간 예루살렘 공동체 안에 자리를 정하여 활동한 지도자였으므로 자연 그의 지도자 위치와 상응하는 예언자의 역할의 섬김이 있었을 것으로 추측이 된다.

오늘의 우리는 예언자의 기능하면 전적으로 미래에 아직 일어나지 않은 사건들에 관한 예견적(豫見的)인 지식의 소유라고 전제하지만, 그러나 성서의 맥락에서 말하면 미래에 관한 예견은 예언자 활동의 작은 일부분이다. '헬라어'의 어의에서 온 영어 개념으로서의 예언은 두 가지의 개념을 동시에 나타낸다. 하나는 미래의 일을 미리 말하는 예견적인 지식, 그리고 또 하나는 하나님의 일을 대변하여 공적으로 알리는 일이다. 성서의 맥락에서 예언이란 하나님의 말씀을 대변하는 행위가 주이다.

신약성서가 아직 매듭이 나기 전, 그러니까 아직 신약의 내용이 진행이 되는 사도시대의 어간(於間) 아가보와 같은 예언자가 그의 특별한 은사로 공동체의 중요한 길잡이가 되었었다. 그러나 신약이 완결이 되고 하나님의 예언이 종결이 난 후에는, 예언의 역할은 기록이 된 하나님의 말씀을 주로 설교하고 대변하는 일이 주가 된다. 웨스턴 보수 침례신학대학의 학장 레드맷처(Earl Radmacher)는 명쾌하게 정의하여 성서가 완결이 나기 전에는 예언자들은 직접 하나님의 계시를 듣고 말하였다. 그러나 정전(正典)이 완결이 난 후에는 기록이 된 하나님의 말씀을 널리 선포하고 증언하는 일이 기독교 예언자의 기능이다라고 하였다(Western Communicator, *Fall*, 1982. p.2).

「크리스차니티 투데이」(*Christianity Today*)에 실린 편집자의 글에, 16세기 스위츠랜드 줄리히 시의 교역자들이 일주 일회식 회집에 출석하여 '예언 행위'를 행하였다고 하였고 이 집회는 순전히 성서석의(聖書釋義) 및 강해연구(講解研究)를 하는 모임이었다고 설명을 달았다(Leslie B. Flynn, *19 Gifts of the Spirit*, p.52).

초기 예루살렘 공동체 시절, 실라는 성령이 인도하심에 따라 순종하여 리더쉽을 발휘하는 지도자 체제(體制)에서 훌륭한 '팀플레이'의 역할을 잘 감당하였다. 실라는 자기의 개성을 돋보이게 하는 이기적 행동을 삼가, 공동체 전체의 유익을 위하여 다른 지도자들과 협력하여 자기를 내세우지 않았다. 전체적으로 말하여 이 예루살렘 공동체는 몇 가지의 경우 외에는 훌륭한 팀플레이를 해낸 기록으로 남는다.

예루살렘 회의의 대표자들 속에서

1) 실라는 회의가 의결한 편지를 전달

실라가 신약성서에 최초로 등장하기는 예루살렘 회의가 끝나면서이다. 이방인 신도들의 구원 문제를 놓고 모세의 율법의 조명으로 어떻게 대우하여야 할 것인가라고 하는 논제를 해결하기 위하여 예루살렘 회의에 참석토록 실라는 소집을 받는다. 이때의 심각한 쟁점은 믿음으로만 구원이냐 아니면, 행함으로 구원이냐의 양자택일이며, 말하자면 갈림길에서 어떤 입장을 택할 것인가를 결정하여야 하는 중요 시기였다. 주로 베드로, 바나바, 바울의 주제 연설이 있은 후 야고보는 그 문제를 심의 결정에 부친다. 그의 사회로 결정이 된 내용인즉 이방인 성도가 공동체의 일원이 되기 위한 조건으로 할례(割禮)가 반드시 요구되는 것이 아니라고 하는 결정과 그 결정문의 작성이었다. 그러나 유대인 형제들과의 원만한 관계를 위하여 다음과 같은 서식과 내용이 된 편지가 되었다.

여러분의 형제가 된 사도 및 장로들이 보냅니다.
수리아, 길리기아, 및 안디옥에 있는 이방인 신도들에게.
문안 드립니다.

작금에 우리로부터 위임을 받지 않은 몇 사람이 여러분들께 찾아가 책임질 수 없는 교훈으로 심려를 끼쳤음을 알았습니다.
그러므로 우리가 의논하여 몇 사람의 대표를 파송하기로 하였습니다.
저희들은 주 예수 그리스도의 이름을 위하여 생명을 바쳐 섬겨온 우리의 형제 바나바와 바울과 함께 동행하여 찾아갈 것입니다.
이 대표자는 실라입니다. 저희들은 우리가 집필한 편지 내용을 직접 말로 설명할 것입니다.
성령과 우리의 결정은 다음과 같습니다.

여러분은 우상과 피흘린 육류와 성타락(性墮落)에서 멀리하시면 그 것으로 족합니다.

작별의 인사를 드립니다(행 15 : 23 − 29).

2) 실라를, 대표자 중 한 사람으로 선정

예루살렘 공동체는 안디옥으로 돌아가야 하는 바나바와 바울과 같이 예루살렘의 공식 입장의 대표자로서 두 사람을 파송한다. 그중 한 사람은 바사바라고 하는 덧이름을 가진 유다이다. 이 사람은 짐작컨대 가룟 유다가 떠난 그 사도직의 자리에 보선이 있었을 때 한 사람을 선택하기 위하여 배수(倍數)로 추천이 된 그 '바사바'라고 하는 요셉의 형제라고 생각이 된다(행 1 : 23, 15 : 22). 그리고 다른 한 사람은 실라였다. 이 두 대표가 할 일은 예루살렘의 공식 문서의 내용을 구두로 설명하는 책임을 진 사람인 것이다.

3) 실라는 고도의 자격을 갖춘 인물

그 동안 예루살렘 지도자들과 같이 언급이 되어온 실라는 드디어 몇 사람의 손꼽는 지도자로서 신약의 전면으로 나온다. 실라는 이미 과거에 복음을 위하여 자기 생명의 위험을 무릅쓴 일이 여러 번 있는 사람이다. 실라가 로마 시민권의 소지자이며 그리고 헬라어를 사용하는 사람이라고 하는 점을 고려하면, 그의 자리는 스데반, 바울, 바나바 등과 같이 모세의 의식에 대하여 보다 자유로운 견해를 표시하는 계열에 속한다고 볼 수 있다. 그렇게 생각을 정리하면, 함께 대표자로 선택이 된 바사바라고 하는 유다는 베드로와 야고보와 요한과 입장을 같이 하는 쪽을 대변하는 지도자라고 할 수 있다. 지금에 이르러서 드디어 양편의 견해가 하나로 결속이 되어, 당시만 해도 유대주의의 대가족 속으로 되돌아가려고 하는 일종의 복고적 유대주의에 맞서기로 결정이 된 그러한 확고한 입장을 현장(現場)에 내려가 안디옥 교회 교우들에게 설명하게 된 것이다.

위와 같이 상황을 재현하고 보면, 예루살렘의 대표자로서 선택이 된 실라의 막중한 책임을 함께 고려하여 실라가 고도로 자격이 갖추어진 인물이라고 판단이 된다. 저희들의 위임을 받은 사명은 복음의 순수성을 정립하며 그리고 미래지향적으로 복음의 본질을 확고히 한 그러한 중요 사명이라고 역사적으로 평가가 된다. 한치 잘못 가면, 유대인과 이방인과 분열이 생길 수 있는 이러한 예민한 분기점(分岐點)에 서 있는 초대교회는 두루 인간관계와 대화에서 원만하고 그리고 평화를 사랑하는 인격자를 뽑는 옳은 선택을 하였다라고 판단이 간다. 신약학자 중에는 야고보서가 예루살렘회의 이전에 집필이 된 것이 아니라고 가정을 한다면, 이 예루살렘 회의가 써보낸 이 편지야말로 신약 안에 수록이 된 가장 최초의 편지문이라고 지적하는 학자도 있다.

4) 안디옥에서 사역을 시작

예루살렘이 파견한 대표들이 안디옥에 당도하자 보고 겸 설명회를 소집하였을 것이다. 안디옥 교회가 당초의 진원지(震源地)였기 때문에 그 문제에 대하여 어떠한 결정을 보았는지 초미(焦眉)의 관심사였을 것이다. 그러므로 그 해결이 어떠한 경로를 밟은 것인지 자초지종 자세히 설명하였을 것이다.

당시의 안디옥은 인구 50만이 넘는 로마제국 제3의 도시이다. 안디옥은 서방으로 진입하는 초입의 관문(關門)이어서 거주민들은 로마제국 각처에서 온 사람들로 혼성이 되어 있었다. 이러한 지리적인 유리한 여건으로 가장 큰 규모의 이방인들이 예수를 믿게 되었고, 이러한 변화의 발단이 예루살렘 교회의 비상한 관심을 끌었다. 그리하여 지체 없이 바나바를 보내어 현지를 소상이 파악하게 하였었다. 바나바는 저희들의 신앙이 순수하며 참으로 소망스러운 것이었기에 그곳에 머물러 저희들을 권면하여 굳게 그 믿음 위에 서라고 격려한 바 있었다. 바나바는 무리의 수가 자기의 능력을 넘어서는 성장을 보이자 바울을 협력자로 영입한다. 역사적으로 예수 믿는 사람들을 최초로 '크리스찬'이라고 부르게 된 기념할만 한 곳이 역시 이곳이었다.

안디옥 교회는 자발적으로 이방인 선교 활동을 시작한다. 그리고 그 노력이 놀라운 속도의 기독교 성장과 연결이 되자, 갑자기 늘어난 이방인 새 신도의 증가가 기독교 신앙의 본질을 위태롭게 하지 않을까하는 위구심(危懼心)을 일으킨 삼중론자들이 이방인들의 구원은 우선적으로 할례를 받아야 완전한 것이 된다라고 주장하는 율법주의적인 제동을 걸려고 하였다. 안디옥에 찾아 온 베드로 역시 이 급진적인 변화 문제와 관련하여 확실한 입장을 보여 주지 못하였다. 그러한 상황적인 맥락을 고려하면 예루살렘 회의의 대표가 안디옥으로 직행한 일은 참으로 적절한 결행이다.

기록에 의하면,

"저희가 작별하고 안디옥으로 내려가 무리를 모은 후에 편지를 전하니 읽고 그 위로한 말을 기뻐하더라 유다와 실라도 선지자라 여러 일로 형제를 권하여 굳게 하고"(행 15 : 30 − 32)라고 나온다.

저희들 대표들은 공한(公翰)만을 읽어 준 것이 아니라 예루살렘 회의의 선한 의도를 설명하여, 이방인들이 모세의 예문적 의무(禮文的義務)에 묶이지 않는 완전한 자유가 있음을 언명하고 그리고 유대인 크리스찬들에게는 저희들이 원하면 모세의 의문(儀文)에 계속 집착을 하여도 무방하다고 하였다(참조, 행 15 : 21). 그러나 양편은 예루살렘 회의가 지적한 도덕적 명령에는 모두 순종하여야 저희들의 순수한 신앙이 보존된다고 강권하였다. 실라는 고린도전서 14장 3절에 "예언하는 자는 사람에게 말하여 덕을 세우며 권면하며 안위하는 것이요"라고 설명이 나오는 바와 같이 설교의 은사가 있는 지도자이다.

로벗슨(A. T. Robertson)의 해석에 의하면(*Types of the Preachers in the New Testament,* Doubleday, Dorana & Company. p.137) 실라와 유다는 특히 하나됨과 그리고 서로의 섬김을 권장한 탁월한 설교가였다. 안디옥 교회의 회중은 저희들의 설교를 듣고 큰 위로와 격려를 얻는다.

얼마간의 시간이 흘렀다.

예루살렘 교회의 대표자로 파송이 된 의무가 성취된 후 편안히 가라는 전송을 받고 돌아간다. 그러나 훗날에 제작이 된 사본(寫本)에 보면 실라는 자기의 자유 의사로 계속 이 안디옥 교회에 체류한다는 문절이 추가된다. 그리하여 훗날에 바울과 함께 제2차 선교 여행을 출발하게 되는 연결 고리를 남겨둔다. 그러나 본문 비평에서 그러한 덜 정확한 문절을 삭제하는 학자들은 그 어간에 실라가 예루살렘을 충분히 여러 번 왕래할 기회를 얻는다고 생각을 하여 구태여 34절을 추가하지 않는다.

바울의 선교팀에 선발되어

바울과 바나바가 결별(訣別)하므로서, 말하자면 하나의 위기를 맞게 되는 바울은 안디옥 교회에 체류 중인 유능하고 덕망이 높은 실라를 새로운 선교팀으로 영입을 한다. 사도행전 15장 40절에 보면 "바울은 실라를 택한 후에 형제들에게서 주의 은혜에 부탁을 받고 떠나"라고 나온다. 그러나 논리적으로 말하면, 예루살렘 회의의 결의 공문서를 위탁받은 대표자였던 실라가 바울과 동행하여 그후 여러 수리아 교회와 길리기아 지방의 교회를 동일한 사명의 연장으로 방문할 의사가 있었다고 생각을 하여 자연스럽고 무리가 없을 것이다.

이방인 지역의 선교 활동과 그리고 새로운 교회 건립에만 노력을 집중하기 시작한 바울은 그의 이 웅대한 사역을 도울 수 있는 중요 면면으로 멤버를 선택하여 팀을 구성한다. 이러한 바울 선교팀에 참여한 멤버는 다음과 같다. 우선은 실라를 필두로 하여 연이어 강화될 멤버에 디모데, 두기고, 에바브로디도, 에바브로, 아볼로, 아굴라와 브리스길라, 데마, 그리고 개인 주치의(主治醫)인 누가가 포함이 된다. 이와 같이 일별(一瞥)해도 알 수 있는 바와 같이 그의 선교팀은 대단한 실력자로 구성이 된다. 바울의 저력(底力)은 그가 이와 같은 강팀의 체제로 선교 활동을 전개한다고 하는 전략적인 운영으로 발휘된다. 그리고 바울의 제2차 선교 여행에 있어서, 비장의 무기는 그와 밀착이 된 실라였다.

정밀한 구성과 일사불란의 협력이 요구되는 오늘의 팀플레이의 예를 우리는 우주인(宇宙人) 글렌(John H. Glenn)의 경우에서 본다. 글렌이 미국의 자존심을 걸고 최초로 무사히 지구를 세 번 돌게 된 것은 그의 우주선을 제조하고 쏘아올리기 위해 일사불란 초정밀(超精密)의 팀플레이를 해낸 30,000명의 과학자와 기술자의 집결된 힘의 뒷받침였었다.

1) 바울과 실라는 빌립보로 전진

실라는 바울과 같이 서북쪽으로 행로를 정하고 나아가 더베와 루스드라에서 잠깐 지체한다. 저희들은 그곳 루스드라에서 전자에 마가가 감당했던 잡무를 위해 디모데를 추가시킨다. 이 초기의 삼인의 '트리오'는 소아시아의 여러 도시들을 방문하여 "여러 성으로 다녀갈 때에 예루살렘에 있는 사도와 장로들의 작성한 규례를 저희에게 주어 지키게 하니"라고 나오는 사도행전 16장 4절과 같이 본래의 중요한 사명을 실행에 옮긴다.

저희들은 이어 내친김에 비두니아로 전진하려고 했으나 성령이 저지하시므로 드로와로 돌아 그곳에서 "우리를 와 도우라"고 간청하는 마게도냐의 사람의 환상을 본다. 바로 이때부터, 이 선교팀의 활동 사항을 기술하는 문절에서 "저희들"이라는 복수 대명사 2인칭이 "우리"라고 하는 1인칭의 복수형식으로 대치되는 것을 근거하여(16 : 10) 드로아에서 누가가 그 선교팀에 참여한 것으로 판단을 한다. 이제는 바울의 선교팀이 4인조가 된다. 저희들 바울, 실라, 디모데, 그리고 누가 이 4인조는 빌립보로 전진하여 그곳에서 승리와 시련을 동시에 조우하게 된다.

빌립보에 당도하자 즉시 수명의 경건한 부녀자들이 회집한 강변의 기도처를 찾게 된다. 짐작컨대 이 고장에 충분한 인원의 유대인들이 거주하지 않아 그래서 회당이 없는 것으로 생각이 된다. 그들 부녀자 중에 이름이 루디아라고 하는 재산이 많은 상인이 있었다. 그녀가 즉시 주께 마음을 열어 그녀의 넉넉한 저택을 선교를 위해 사용할 수 있게 하였다. 그녀의 감화로 온 집이 기독교 신앙의 성도가 된다.

그러자 올 것이 온 셈으로 박해가 일어났다. 바울이 이름을 알 수 없는 한 소녀의 사귀(邪鬼)를 추방하므로 그녀의 점술로 큰 수익을 올리던 주인이 그 일을 못하게 되자 바울과 실라를 함께 고발하였다. 저희들은 바울과 실라의 로마 시민권을 알아볼 사이없이 잡아나꿔 관청으로 끌고 갔다. 로마 시민은 여하한 경우에서도 잔인한 매질을 못하도록 법으로 보호받게 되었으나 성급한 처사로 무자비한 형리의 매질을 당한다. 그런 무모한 고문을 묵묵히 참고 이튿날에 바울은 자신의 시민권을 주장하여, 법대로 행정관의 공식 사과를 받기 전에는 이 일을 그대로 넘길 수 없다고 요구하자 관청의 관리는 크게 당황을 한다. 이런 과실은 로마황제의 간섭으로 가혹한 처단을 불러들일 수 있는 경우이기 때문이었다.

지금에 이르러 전자에 여러번 이런 일을 당한 일이 있는 실라에게 이미 생명의 위협이나 위험은 예사로운 일이었다. 전자에 바울의 선교팀에 가담하기 전에도 실라는 복음을 위해 자기 생명을 버릴 각오를 하여야 하는 사선(死線)을 몇 번이고 넘은 일이 있었던 것이다(행 15:26). 사실적으로 이 빌립보의 상황에서도 바울만큼 실라의 행위 역시 용기 있는 자의 행위였음을 공정하게 보아야 한다. 저희들의 수족은 자고로 사슬에 묶였고 등은 모진 태형(笞刑)으로 찢어져 줄줄 피가 흐른다. 그러나 “밤중쯤 되어 바울과 실라가 기도하고 하나님을 찬송하매 죄수들이 들었더라”(16:25)라고 놀라운 기록이 나온다.

이유없이 박해를 가한 가해자들을 원망하는 대신에, 하나님을 찬양하는 저희들의 놀라운 반사 행위는 즉각적으로 같은 감방에 수감되어 있는 관망자들의 영혼을 사로잡는다. 찬송하는 이 한쌍은 예수 신앙이 어떻게 역경을 기쁨이 되게 하며 감옥이 천국이 되게 만드는가의 힘있는 간증이 되었다. 저들의 찬송과 호응하듯 일어난 지진(地震)은 지금까지 이 이상한 죄수들을 주시하여 온 간수장으로 하여금 바울과 실라의 발아래 부복하게 하였다(16:29). 그는 어떻게 하여야 구원을 받는가를 질문한다(30절). 결과적으로, 간수장과 그의 가족과 문중들이 세례를 받고 빌립보 교회에 추가된다. 한밤중 빌립보 감옥에서 하나님을 찬송한 이 놀라운 에피소드가 기억이 될 때마다 실라의 이름은 바울과 같이 영원이 언급이 될 것이다.

구세군의 창시자 윌리암 부트(William Booth) 사령관이 행한, 이 빌립보 감옥의 찬송에 관한 유명한 설교를 내용 그대로 소상히 기억하는 사람은 드물 것이다. 그러나 "한밤 중에 바울과 실라가 행한 찬송과 기도를 하나님께서 지극히 열납하시므로 아멘의 지진으로 옥토를 흔들어 놓으셨다!"라고 설파한 그의 한마디는 사람들이 쉽게 잊지 않고 기억한다고 한다(Lockyer, *All the Apostles*, p.232).

이 혹독한 경험을 치른 실라는 그것으로 인하여 마음이 침울하여지거나, 바울의 사역에서 물러서거나, 소극적으로 의기가 냉각하여지거나, 그런 일이 없었다. 전자에 복음을 위해서 수차나 이미 어려운 일을 경험한 그로서도 이 빌립보에서 당한 태형은 참으로 가혹한 경험이었다. 그러나 실라는 이러한 고난 후에 찾아올 더 좋은 열매를 소망하여 고난을 극복하였을 것이다.

십 여년 전 힌클리(John Hinckely Jr.)라고 하는 이름의 한 정신착란증 환자가 돌연 권총으로 레이건 대통령을 저격한 사건이 있었다. 그의 아버지 잭크(Jack Hinckely)은 교회에 열심히 출석하고 섬기는, 정직하게 자수성가한 부호였다. 그러나 자기 아들의 광기(狂氣)를 미처 알아차리지 못했던 것이다. 그를 아는 친구나 이웃들은 이제 잭의 인생은 끝난 것이라고 생각하여 그에게 예고없이 닥쳐온 액운을 참으로 안스러워하였다. 그러나 잭은 이 충격적인 액운을 선하게 처리하였다. 자기의 일체의 재산을 정리하여 아들이 수용이 된 정신병원 근처에 침실 두 개의 전세집을 마련하여 이사하였고 그리고 그가 전재산을 기울여 기금을 마련하여 1985년에 세운, 미국정신병전문보건소를 위해 여생을 바치는 생활로 전환을 하였다. 잭은 자기 아들의 정신병을 조기 발견을 못한 자기의 경우와 같은 많은 아버지를 도와 주기 위하여 그리고 예비 환자를 조기에 치유할 수 있도록 돕는 일에 보람을 찾았다. 이러한 변화를 전화위복(轉禍爲福)이라고 하는 막연한 표현보다는 당사자의 선한 결단이 그의 혹독한 운명을 바꾼 숭고한 승리라고 생각을 하여야 한다.

2) 바울과 실라는 빌립보를 뒤로 데살로니가로 전진

마게도냐에서 가장 번영하고 있는 중요 도시가 데살로니가였다. 이곳에 온 바울은 회당에서 3주나 이어 강론을 한다. 매양 다른 곳과 같이 약간명의 유대인이 결신하였으나 그러나 상당수의 "하나님을 두려워하는" 헬라인과 그리고 약간명의 경건한 부녀자들이 결신을 하였다(행 17 : 4).

데살로니가에서 계속이 되는 바울의 사역을 실라는 협동 사역자의 입장으로 함께 돕는다. 상기 두 사람은 뒤에 가세한 디모데와 같이 저희들의 체제 비용과 사역에 필요한 자급(自給)을 충당하기 위하여 많은 노동일을 하였다. 데살로니가전서 2장 9절에 보면, "형제들아 우리의 수고와 애쓴 것은 너희가 기억하리니 너희 아무에게도 누를 끼치지 아니하려고 밤과 낮으로 일하면서…"라고 자급을 위한 저희들의 수고를 회상하게 한다.

물론 데살로니가에서도 매양 다른 곳에서의 경우와 같이 박해가 일어난다. 유대인 지도자들은 불량배들을 동원하여 바울 일행이 투숙하고 있는 야손의 집을 쳐들어온다. 공교롭게 그 시각에 바울과 실라는 밖으로 출타 중이었다. 야손과 다른 성도들을 관청으로 끌고 가 그같이 소요를 일으킨 원인이 된 것을 사죄하며 만일의 경우를 위한 공과금과 약정서를 제출한 후 석방이 된다. 그러한 의도는 바울과 실라가 신속하게 이 도시를 떠나야 한다고 하는 보장을 의미한 것이었다. 그러므로 바울과 실라는 지혜롭게 판단하여 그곳을 떠난다(행 17 : 10). 훗날에 바울은 데살로니가 교회에 두 편의 편지를 보낸다. 그 어느 편지에서도 서두에 바울은 실라를 언급한다. 그리고 그와 같이 하면서 실라의 이름을 로마시민권의 이름으로 "실루아노"라고 하였다(살전 1 : 1, 살후 1 : 1).

데살로니가 시에서 서남쪽으로 약 40마일 떨어진 거리에 위치한 베레아는 좀더 민심이 너그러웠다. 그곳에서 바울은 구약의 약속이 예수의 죽음과 부활로 성취되었음을 변증한다. 그러나 얼마 못되어 그곳에까지

210

데살로니가의 유대인 행동대들이 몰려와 또 소란을 시작하자 그곳 성도들의 안내로 베레아에 실라와 디모데를 뒤로 남겨 놓고 바울은 아덴으로 내려온다(행 17 : 14).

지금까지는 실라가 바울의 곁을 떠난 일이 없었다. 사정이 사정인지라 바울이 떠난 후에 실라가 뒷일을 계속한다. 그렇게 할 수 있었던 것은 실라 자신이 능력이 있는 설교자였기 때문이다. 그는 뒤에 머물러 베레아의 성도로 하여금 하나님의 말씀을 상고하여 굳게 서도록 교육을 계속한다. 오늘의 개념으로 설명하면, 바울이 떠난 후의 성실한 '펠로우 업' (follow up)이라고 할 수 있다. 이때에 디모데가 실라 옆에서 실라에게 배우며 실라를 돕는다. 말하자면 현장 실습이라고 할 수 있다. 효율성 높은 선교와 전도는 반드시 이 두 가지 단계가 필연으로 연결이 되어야 한다. 전도의 초동적(初動的)인 극적 충격(劇的 衝擊)과 아울러 연속적으로 교육을 이어 성도의 신앙이 확실히 아는 바에 거하도록 하는 교육이다.

실라와 디모데는 고린도에서 바울과 합세

베레아에서 남쪽으로 200마일 떨어진 곳에 고전문명을 대표하는 지성과 철학의 중심지, 소크라테스와 플라톤과 아리스토텔레스의 고향인 아덴 시가 위치한다. 잠깐 동안 바울은 아덴에서 선교의 기회를 찾다가 '아레오바고'에서 설교의 기회를 얻기는 했으나 별로 결실을 보지 못하고 그곳에서 얼마 안 떨어진 고린도로 전진한다. 고린도 시는 아가야 반도 제일의 상역(商易)의 중심지로서 동(東)과 서(西)를 연결한다. 그리고 정치적으로 매우 중요한 요지이다.

바로 이 고린도시에서 실라와 디모데는 바울과 합세하며 그곳에 1년반 이상이나 시간을 들여 복음 선교에 힘을 경주한다(행 18 : 11). 그후에 바울이 이곳을 떠나게 될 때 다시 실라를 뒤에 남겨두며, 그리고 그후 실라의 이름은 바울의 곁에서 다시는 찾을 수 없게 된다. 우리는 소식이 두

절이 된 그러한 어간에도 상당 기간 실라가 바울을 돕는 자로 협력을 한 것으로 짐작을 한다.

실라는 언제나 제 2인자의 역할로 만족

탁월한 지도자를 도와 그를 위하여 제 2인자로 머물러 있는 일은 쉬운 일이 아니다. 그러나 기독교인의 인격은 드러나지 않게 제 2인자의 역할을 충실하게 감당하므로서 가장 눈부시게 드러나게 된다. 바로 실라는 자기의 모든 능력과 꿈을 엄격히 통제하여 정당하게 사도된 자를 보좌하는 일에 부름을 받은 자로 충실하게 그 자리를 지킨다. 이같이 하나님이 정하신 동반자의 역할, 하나님이 정하신 '팀멤버'로서의 자신의 소임을 다하는 우리 모두를 위한 넉넉한 귀감이며 다시 그를 배워야 한다.

디모데, 철저한 도제(徒弟)

바울이 사랑하는 아들 : 고전 4 : 17.
복음의 동역자 : 살전 3 : 2.
모친과 조모에게 성경으로 교육받음 : 딤후 1 : 5, 3 : 14.
바울이 유대인을 위해 그에게 할례를 행함 : 행 16 : 3.

바울과 디모데의 우정 관계는 도저히 상식적으로 있을 수 없는 참으로 고귀한 인간 관계였다. 우선, 바울이 50세가 넘었고 아직 디모데는 10대의 소년이었다.

바울의 기질은, 그의 끊임없이 이어지는 이교사회로 향한 전진과 선교 활동으로 갖가지의 역경을 참고 고난을 견디어내야 한 강철 같은 강인한 의지의 사람 바로 그것이었다.

모진 태형(笞刑)이 몇 번이었고, 암울한 감옥 속에 수도 없이 여러 번 던져진다. 풍토병(風土病)에 시달린 경우와, 춥고 굶고 도적에게 박탈당한 일은 수도 없다. 반대차와 불량배들과의 격돌과 음모가 쉬지 않고 기다리는 그런 행보(行步)였다.

그런데 디모데는 모든 것이 그 반대의 끝에서 출발을 한다. 몸이 여자 같이 약한 듯하다. 디모데전서 5장 23절에 보면,

이제부터는 물만 마시지 말고 네 비위와 자주 나는 병을 인하여 포도주를 조금씩 쓰라

하였고, 상황적으로 해석하여 디모데는 자주 신경성(神經性)의 위장장

애(胃腸障礙)를 일으키는 병약한 몸매라고 생각이 된다.

　바울은 선천적으로 지도자형이다. 디모데의 경우, 그는 천성이 유순하여 잘 따르며 협력하는 기질의 인물이다. 바울이 장부답게 정열적인 반면에, 온순한 성격의 디모데는 누군가가 그의 곁에서 불을 당겨 주어야 할 필요가 있는 내성적인 인물이다.

　바울과 디모데는 이러한 성격의 차이임에도, 그리고 연령의 큰 차이임에도 저희들이 한번 맺은 우정은 지극히 이상적이었다. 바울은 디모데를 지극히 깊은 애정으로 대하며 모든 그의 협력이 없이는 여행을 할 수 없는 정도가 된다. 그리고 디모데의 경우에는, 처음 바울이 그에게 선교 여행에 참여해 줄 것을 한번 요구하자, 그 선교의 고된 일과 여행의 위험을 무릅쓰기 위하여 자기 모친과 그리고 조모의 지극한 사랑이 일상적으로 늘 경험되는, 그리 쉽게 떠날 수 없는 참으로 행복한 가정의 품을 즉시 떠나는 결단을 보였다. 이렇게 시작이 된 디모데와 바울의 관계는 마치 아버지와 아들 사이같이 긴밀한 것이 된다(빌 2 : 22). 저희들은 슬픈 일이나 기쁜 일이나 언제나 하나였다.

　바울은 아버지의 자애로 디모데의 영성(靈性)의 성장을 주목한다. 자기의 혈육이 없는 형편인 바울의 속마음엔 저를 언젠가는 자기의 양자로 정하리라 하는 마음이었을 것이다. 사도행전 16장 3절에 보면 바울은 디모데에게 자애로운 부정(父情)에서 저의 아버지가 헬라 사람인 것을 모든 유대인들이 알고 있는 터이므로 할례를 행한다.

　바울은, 디모데를 특별히 자기가 직접 개인 지도로 이끌어 주고 훈련시킬 자기의 도제(徒弟, understudy) 같은 관계로 여겼다. 바울은, 앞날에 자기가 사역할 수 없게 될 날을 예상하여, 그가 자기의 대를 이어줄 아들 같은 사역자로 기대하며 훈련을 시켰다. 디모데의 젊음 속에 있는 남다른 영득(領得)함(prodigy)을 보고 그의 젊음 속에서 바울은 자신을 다시 빚으려고 한 것이다.

　그러므로 때가 오면 넉넉하게 그가 자신을 대신하여 줄 사람으로 설 수 있도록(고전 4 : 17) 그에게 건전한 교리와, 경건한 삶과, 강력한 추진력과 이 모든 것이 성취될 강력한 동기 부여와, 믿음과, 그리고 고난과 박해 아래 놓일 때의 인내와, 모든 사람에게 대한 온유와 사랑을, 지금 철저하게 심어 놓으려고 하였다(딤후 3 : 10−11).

성격상 디도처럼 당당하지 못한 대신에 섬세하고 유순한 디모데는 사도 바울이 자기에게 부친 글에서 언급한 그 모든 어려움을 잘 견디어 낸다. 그러기에 디모데를 가리켜 모두들 '바울이 사랑하는 자'라고 하였다. 불가피한 사정으로 바울이 디모데와 떨어져 있게 된 상황이 생기면 바울은 자기 옆에 디모데가 속히 와주기를 열망하는 의사를 표시한 일이 글에도 나온다.

목회서간(牧會書簡)에 보면 디모데의 연약해 보이는 성품이 좀더 강인해져야 하지 않느냐라고 필요성을 강권하는 바울의 글이 자주 나오지만, 그러나 디모데가 얼마나 오랫동안 바울에게 변하지 않은 충성을 보였는가로 평가하면 위와 같이 어느 단층(斷層)에서 노출이 된 아쉬움은 약간은 바울에게 있는 과장이 된 평이라고 이해하여야 할 것이다.

태산과 같은 장부의 의지와 만난(萬難)을 어거하는 결단과 인내심이 있는 바울의 초인적 인격과 비교하면 일견 디모데가 보이는 섬세한 인상이 지극히 소극적이고 유약한 인격 같으나, 그러나 바울의 곁에서 바울의 열화 같은 성격과 오래 조화하며 자기의 역할을 시종 충직하게 감당한 그의 인격성에 새삼 경이에 가까운 것이 있음을 재평가하여야 한다. 요는, 저희 둘은, 비록 능력과 개성의 차이는 크면서도 지극히 잘 조화되고 서로가 서로를 필요로 하는 절묘한 한팀의 만남이라고 보아야 할 것이다. 한쪽은 영적인 아버지, 다른 한쪽은 사랑받은 믿음의 아들이다. 저희들은 주를 섬기는 일에 슬픔이나 기쁨이나 한 심장의 고동처럼 서로를 협력하고 서로를 열어 주고 나눈 놀라운 16년간의 사역이었다.

디모데가 성장하며, 물려받은 경건한 신앙의 가풍(家風)

세란스키(Anatoly B. Shcharanskey)는 반소바에트 저항 운동가였다. 그는 국가 반역과 첩자 활동의 혐의와 반소비에트 선전의 이유로 13년 강제노동 실형을 언도 받은 후 소련 오지의 산림벌목장에서 강제 노동에 시달리다가 1986년 2월에 그간에 체결된 동서 포로 교환 협정의 일환으로 석방이 되었다. 그가 석방이 되는 날 경비병이 그가 지닌 시편서(詩篇書)를 압수하려고 하였다. 그것은 이스라엘에 있는 그의 처가 부쳐 준 것이다. 그는 눈길에 뒹굴며 "수용소 생활에 나를 지탱하여 준 이 시편을 압수하면, 한 발자욱도 더 밖으로 나가지 않겠다"고 항의를 하였다.

1900년 전에, 디모데의 생애를 빚은 것은 그에게 소중한 구약의 말씀이었다. 바울은 디모데에게 써보내기를 "또 네가 어려서부터 성경을 알았거니와"(딤후 3 : 15)라고 하였다. 이러한 바울의 회상은 그가 처음 디모데의 고향인 루스드라에서 선교하므로 저희 가족 전부가 그리스도의 이름으로 구원받기 전에 아직 나이 어린 10대 소년이었던 디모데가 구약의 하나님의 말씀에 깊이 젖어 있었고 그의 모친과 조모가 그와 같은 경건한 가정교육을 시켜왔음을 말하여 준다.

지금도 모범적이고 정상적인 유대인의 가정에서는 매양 그와 같이 하는 것같이, 잠자리에 들기 전 그의 모친과 조모는 어린 디모데에게 언제나 성경의 말씀을 읽어 준 것이다.

디모데의 모친 유니게와 외조모 로이스는 경건한 유대인 부녀였다. 저희들은 과거 족장의 이야기를 반복적으로 디모데에게 익히려고 정성을 기울였을 것이다. 디모데의 부친에 관해서는 그가 이방인이었다고 하는 것외에 아무것도 알려진 바가 없다. 짐작으로, 그의 아버지는 연소한 디모데에게 할례를 행하는 일만은 허락하지 않았어도 모친이 아들인 그에게 디모데라고 하는 작명(作名) 즉 '하나님을 영화롭게 하는 자'라고 하는 뜻으로 지어주도록 한 것으로 보아 경건한 유대인의 감화와 교육으로 아들을 양육하는 것은 허락한 듯하다. 디모데의 아버지는 바울이 그 고장을 선교 목적으로 찾아오기 이전에 이미 고인이었다. 우리는 과거 얼마나 경건한 부녀자, 말하자면 유니게, 한나, 엘리사벳, 동정녀 마리아

등의 감화가 위대하였는가의 사실을 기억하여야 한다.

외조모 로이스의 경건은 바울이라도 감동이 되게 한 모범이었다. 디모데후서 1장 5절에 보면 바울은 외조모 로이스와 모친 유니게의 순전한 믿음이 디모데 속에 있다고 언급한다. 독일에는 이러한 격언이 있다. "할머니의 훈계는 아무런 인상을 남기지 않는다." 할머니는 손자가 귀여워 교육이 되지 않는다라고 하는 해학(諧謔)이다. 그러나 순전한 신앙과 경건한 부녀인 로이스의 훈계는 디모데 안에 전수되었다.

그러고 보니 신약 안에 할머니가 나오는 단 하나의 경우가 여기 뿐이고 그리고 아울러 신약 안에는 할아버지는 한번도 나오는 일이 없음을 알고보면 이 로이스의 존재가 빛난다. 지금이나 예나 교회가 간직한 미담 속에는 조모나 조부의 독실한 신앙과 자애로 길들인 소년이 훗날에 큰 신앙의 장부가 되었다는 간증이 풍성하다.

디모데의 회심(回心)

바울은 훗날의 선교 여행에서 디모데를 소아시아의 여러 도시로 동행시켜 경험이 되게 한다. 사도행전 14장에 보면, 처음 바울의 일행이 아직 확실한 선교팀의 구성을 하기 전의 활동에서 이고니온에서 돌에 맞는 반대에 부딪치게 되고, 루스드라로 피하여가 그곳 주변에서 복음을 전하게 된다. 이때가 디모데의 가족과 만나게 된 첫 기회가 된다. 짐작컨대 모친과 외조모가 우선 회심을 하고 그 뒤를 이어 디모데가 회심을 했다라고 생각이 된다.

루스드라에서 바울이 불구자를 치유하자, 바나바와 바울이 하늘에서 내려온 신들이라고 하는 오해를 불러일으킨다. 그런 빗나간 오해가 군중들을 자극하여 실망과 한으로 격앙이 된 군중들의 투석(投石)을 맞아 거의 죽은 상태에서 공개 처형의 관행대로 성 밖으로 시신들을 내던진 그런 처참한 사건에서 목숨을 건진다. 소년 디모데는 이때에 목격한 끔직한 경험을 결코 잊지 못한다. 바울은 디모데후서 3장 10, 11절에서 다음과 같이 회고한다.

> 나의 교훈과 행실과 의향과 믿음과 오래 참음과 사랑과 인내와 핍박
> 과 고난과 또한 안디옥과 이고니온과 루스드라에서 당한 일과 어떠
> 한 핍박 받은 것을 네가 과연 보고 알았거니와 주께서 이 모든 것
> 가운데서 나를 건지셨느니라.

돌무덤에서 기어나와 다시 도시 안으로, 온몸이 피로 물들어 돌아온
전도자들의 모습을 목격한 소년 디모데가 그 처절한 일을 평생 기억하고
있음은 무리가 아니다.

수년 전 바울이 증인들의 옷을 건사하고 스데반을 투석으로 살해한 그
때, 그 순교자가 바울에게 끼친 깊은 감동이 그후에 바울의 전환에 깊은
동기가 되었다라고 하는 것과 같다.

여기 디모데의 경우, 바울이 죽음에 처한 절박한 처지에서 보여 준 고
결한 덕성은 디모데에게 크나큰 감동이었다. 필연 죽었다고 생각이 되었
을 때 돌무덤을 헤치고 나온 바울과 바나바는 그 밤에 로이스와 유니게
의 집에서 밤이 새도록 치료를 받고 막 새벽이 아직 뿌옇게 밝기 전 떠
났다고 하는 교회의 전설이 있다. 집을 나서 힘없이 사라지는 바울의 뒷
모습을 바라보며 디모데는 그 바울을 다시 살아서 볼 수 있을까 하는 느
낌이었을 것이다. 그러나 바울은 디모데에게 돌아온다.

바울의 선교 활동에 동참하도록 부름 받은 디모데

5,6년이 지난 후, 두 번째로 루스드라를 찾은 바울은 디모데에게 자기
의 선교팀에 참여하도록 권유하였다(행 16:1-3). 왜 하필, 이 소년을
필요한 사람으로 점 찍었는가. 그때 디모데의 나이 아직은 20미만이었
다. 그의 문화권에서는 연로한 경험 많은 사람들의 말을 공손히 듣는다.
그가 성장한 고장은 유대인의 수가 부족하여 회당이 없는 곳이다. 경건

218

한 가정에서 그가 받은 감화는 족한 것이고 그리고 그가 성서에 관해 배운 지식이 족하다고 해도 그러나 그의 배운 바 지식이 신학교에 해당하는 정도는 아닐 것이다. 그의 체격은 어떻게 보면 허약한 편이었다. 성격도 활달하지 않고 내성적이다. 오늘 우리의 관행으로 설명하자면 꼭 '마마보이' 스타일이다. 그러나 바울은 자기 곁을 떠난 마가 대신에 필요한 젊은이로서 디모데를 선택하였다. 왜 바울은 실라 같은 장부를 또 한 사람 보충하지 않았을까. 디모데는 앞으로 일어날 첫번째의 투석 경험에서 혼비 백산(魂飛魄散) 줄달음질로 도주할 사람으로 여겨지는 그런 인상의 소년이다.

1) 바울이 디모데를 선택한 이유

디모데는 자기 고향인 루스드라에서 뿐만 아니라 18마일이나 거리가 있는 이고니온에서까지 칭찬을 듣는 모범이었다(행 16 : 2). 디모데는 그 주변의 교회 회중에게 그의 성실한 신앙과 예사롭지 않은 충성된 봉사로 널리 감명을 끼친 청년이었다. 훗날에 바울은 디모데전서 3장 7절에서 "외인에게서도 선한 증거를 얻은 자라야" 감독의 자격이 있다고 하였거니와 디모데는 참으로 선한 출발을 이미 하였고 족히 자격이 있는 자라고 바울이 판단을 한 것이다.

바울은 항시 자기와 복음을 함께 운반할 적격자를 물색하였다. 가령 일찍이 주께서도 수곡(收穀)할 것은 많으나 일꾼이 부족하다고 탄식하신 일이 있거니와 바울은 그러한 일꾼으로 장성할 좋은 후보자를 일찍 결정한 셈이 되는 것이다.

바울이 원하는 일꾼은 유대인과 이방인 두 문화권을 아무런 구애없이 접촉할 수 있는 그런 균형 감각의 소유자였다. 디모데는 외조모에게서 경건한 유대인의 교육을, 그러면서 이방인의 문화권에서 성장한 사람으로서 바로 그러한 양편의 위화감(違和感)에 만족스러운 균형 감각이 있었다. 가령, 예루살렘 하나만의 기질을 몸에 지닌 직설적인 실라는 그러한 매력을 소유한 인물이 아니었다.

뿐만 아니라 디모데는 신세대(新世代)를 대표하는 위치에 놓인다. 복음의 연속성을 펴내기 위하여 바울이 자기 연령보다 30년이나 후배를 선택하여 훈련을 하였다고 하는 것은 선교 전략적인 의미에서 참으로 현명한 처사이다.

사실적으로 현장에서 벌어질 일들이란 젊은이들의 회심 운동이다. 복음에 이끌린 많은 젊은이들은 복음의 사역자 중에서 자기들과 같은 나이 또래가 전도자로 참여하고 있다고 하는 사실 자체만으로 용이하게 감정이입(感情移入)을 하게 하면, 크나큰 격려가 되는 것이다.

바울이 디모데를 즉각 관찰하여 일차적으로 느낀 점은 그가 루스드라 주변의 사역 안으로 한정이 되어선 안 될 그 이상의 가능성을 가진 인물이라고 하는 예견이었다. 바울은 신세대의 선정에 신중하였다. 전자에 마가의 경우, 경험한 시행착오를 되풀이 할 수는 없었다. 그리고 한 사람이 더 추가한다고 하는 것은 그만큼이나 문제가 복잡해 질 수도 있는 것이다. 바울은 디모데를 저울질하면서 긍정과 부정을 모두 생각한 후에 그를 참여시키기로 용단을 내린다.

2) 디모데의 할례

그에게 할례를 시행하여야 했던 이유는, 헬라 사람들은 디모데의 설교를 하등의 장애 없이 접근하여 들을 수 있으나, 유대인들은 그가 무할례자이므로 접근조차도 거부할 터이므로 바울은 그러한 불편스러운 여건을 제거하려고 하였다. 그러한 바울의 의도를 디모데는 충분히 수용하여, 이미 성장한 후에 고통이 따르는 수술이지만 순종하였다. 이러한 디모데에 대한 배려가 디도의 경우와 비교하면 얼핏 바울의 행위에 일관성이 없는 듯 보이기도 할 것이다.

왜냐하면, 그는 전자에 디도의 할례를 끝까지 거부하였기 때문이다. 그러나 바울이 디도마저 할례를 실시하였다면 이방인들의 선입 관념이 모든 성도가 할례를 필히 받아야 한다고 하는 확대 해석이 되었을 것이며 바울은 그러한 오해를 두려워한 것이다.

때맞추어 예루살렘에서 내려온 지도자 회의의 결정문은 이방인들에게 구원의 은혜가 율법에 매이지 않을 은혜와 자유임을 규정해 주었다. 바울은 이 원칙을 끝까지 밀고 갈 투지가 있었다. 그러나 그와 동시에 복음의 원리가 도전받는 일이 아니라면 구태어 사람들의 마음을 섭섭하게 자극할 필요도 없다고 하는 현실적인 양면성을 바울은 원숙하게 대처한 것이 된다.

디모데의 모친이 유대 여인이므로 만일 디모데가 할례가 없다고 하면 유대인의 안목으로 비친 디모데는 모친의 교육, 다시 말하여 유대인 교육이 부실한 것으로 불신임의 이유가 되었을 터이다. 바울은 그러한 불편한 사정에 관한 심층적 이해를 한 것이다. 그야말로 모든 사람에게 구원이 되게 하기 위하여 "모든 사람에게 모든 것이 되려고"한 바울의 의도와 완전히 일치한다(고전 9 : 22).

3) 그가 받은 안수(按手)

디모데는 법대로 지도자들 앞에서, 그의 자격과 그의 신앙에 관한 높은 천거와 평가가 있은 후에 엄숙한 안수례가 실시되는 예배 진행 속에서 사역의 위임을 받는다. 이러한 그의 지극히 의미심장한 위임예배(委任禮拜)를 기억하고 있는 바울은 디모데전서 4장 14절에서 다음과 같이 언급한다.

네 속에 있는 은사 곧 장로의 회에서 안수받을 때에 예언으로 말미암아 받은 것을 조심없이 말며.

위와 같은 안수 예식에서 바울 자신이 안수 위원으로 그에게 안수를 행하였음을 기억하여 언급하는 바울은 다음과 같이 말한다(딤후 1 : 6).

그러므로 내가 나의 안수함으로 네 속에 있는 하나님의 은사를 다시 불일듯하게 하기 위하여 너로 생각하게 하노니.

디모데전서 1장 18절에서는 디모데가 직접 받은 도제습(徒弟習)의 내용을 상기시키려고 바울은 다음과 같이 언급한다.

아들 디모데야 내가 네가 이 경계로서 명하노니 전에 너를 지도한 예언을 따라 그것으로 선한 싸움을 싸우며.

주의 사역자가 몇 번이나 처음 열심의 불길이 식어지는 무력감에 시달려야 했던가. 수없이 찾아오는 이러한 침체와 냉각의 골짜기에서 너무 오래 지체말고 속히 빠져나오기 위하여 헌신 때의 서약을 회상하고 처음의 탐구열을 새롭게 하며 헌신의 불길을 재연(再燃)시키기 위하여 새로 시작하여야 할 필요가 여러 번 찾아온다.

디모데가 안수를 받은 후 얼마간은 마치 암탉이 새끼 병아리를 돌보듯, 바울의 주의는 디모데의 주변을 떠나지 않았다. 그러나 바울은 디모데를 형제요, 동사자(同仕者)요, 같이 종된 자요, 그리고 같이 사도가 된 자로 여겼다(살전 3 : 2, 빌 1 : 1, 롬 16 : 21, 살전 1 : 1, 2 : 6). 디모데는 거인(巨人) 사도 바울과 비교하면 아직도 미숙한 작은 사도(a minor apostle)였으나 그러나 역시 막중한 사도직의 사역을 실행하여야 한다.

충성을 다하여 바울을 섬긴, 그 많은 세월

바울과 함께 소아시아의 여러 도시를 찾아가 예루살렘의 결정문(決定文)을 여러 이방인 교회의 지도자나 회중에게 제시하며 격려하는 일과 전자에 세운 작은 교회들이 어엿이 성장하고 부흥한 모습을 현지에서 확인하는 선교 여행은 디모데에게 피곤을 잊게 하는 참으로 벅차고 즐거운 경험이었을 것이다(행 16 : 4-5).

바울의 선교 활동이 하나님의 영에 의하여 인도됨을 현장적으로 직접 목도할 수 있게 하는 기회인, 휴식이 없는 여행 경험은 디모데로 하여금 하나님의 원대한 구원 의지에 관한 깨달을 수 있도록 그의 마음을 활짝 여는 새로운 조명(enlightening and illunination)이었다(행 16：6-10). 그가 드로아에서 네아폴리스까지의, 아마도 처음 경험하는 뱃길을 통한 여행을 나섰을 때만 해도 그들이 향한 빌립보시에 무엇이 저희들을 기다리고 있는 것인지 상상도 못하였을 터이다. 디모데의 고향인 루스드라는 지중해에서 100 마일이나 거리가 된다.

1) 바울을 따라 빌립보로

수명의 부녀자들을 그리스도에게로 인도하고, 사귀(邪鬼)에 잡힌 소녀에게서 악령을 쫓아낸 후, 바울과 실라는 감옥에 투옥이 된다. 저희들은 수감되기 전 민심을 소란케 한다고 하는 고발 때문에 심한 태형을 받았다. 한 밤중이 되자 심한 고통에 잠을 이루지 못하는 양인은 소리 높여 주를 찬송한다.

어떤 이유에서인지, 그때에 디모데와 누가는 수감이 되지 않았었다. 아마도 저희들은 빌립보에서 최초로 신도가 된 부상(富商)인 루디아가 자기 집을 예배처로 열어 주므로 그녀의 집에서 기도회를 모였을 것이다. 그 이튿날이 되자 로마 시민권의 소유자를 잘못 구속한 것이 판명이 되어 즉시 석방이 되어 루디아의 집에 찾아온 사도들은 저희 초신자들에게 믿음에 굳게 서라고 하는 격려와 권고를 한다(행 16：40). 우리의 상식으로는, 감옥에서 시달림을 받고 풀려나온 몸에 심한 부상을 당한 저희들이 오히려 격려와 위로를 받아야 할 터이다. 그러나 상황이 역(逆)으로 전개된다. 짐작컨대, 큰 지진이 일어나고 감옥의 전옥(典獄)과 그의 온 가족이 회개하고 결신한 사실들을 현장적으로 듣고 알게 된 디모데, 새로 시작한 빌립보 교회가 출발점에서 일어난 이러한 극적인 현장을 목격한 10대 청소년인 디모데는 놀라움으로 두 눈이 둥글어졌을 것이다. 바울이 당한 이 경험을 함께 동참한 디모데는 하나님이 환난을 역전시켜 승리되게 하시는 놀라운 현장교육을 받은 셈이 될 것이다.

그러나 디모데에게는 한 가닥의 불안과 의혹이 있었다. 자기가 오해로 심한 태장을 받은 후 감옥에 던져졌다고 치면, 자기는 그와 같이 한 밤중은 고사하고 백주(白晝)에 원망이 아닌 찬송이 나올 수 있을까 하는 두려움이었다. 디모데에게는 아직 고난과 인내의 훈련이 더 필요하였다.

2) 데살로니가에서

사도들은 빌립보를 떠나고, 한편 계속 어린 교회를 권면하고 곤고히 하는 일을 위하여 누가는 뒤에 남는다. 일부 성서신학자들은 이때에, 디모데도 남았을 것이라고 생각을 한다. 그러나 견해를 달리하는 편에서는 디모데는 사도 바울과 같이 그곳을 떠나 에그나다(Egnata)의 공로(公路)를 따라 사흘을 걸어 약 100마일 떨어진 인구 20여 만의 중요 도시 데살로니가로 동행을 하였다고 생각을 한다.

빌립보에서는, 처음 새로운 이방인 교회가 시작이 되면, 그곳에 어떤 일들이 벌어지는가를 자기의 두 눈으로 본 디모데이다. 데살로니가에서는, 야기된 상황의 성격이 좀 달랐다. 이번에는, 많은 '디아스포라' 곧 '흩어진 유대인들'이 거주하는 그런 이방인 도시에서는 어떤 종류의 도전이 일어나는가를 다시 현장 경험으로 배우게 된다.

바울은 으례히 그가 하는 관행에 따라 안식일에는 회당을 찾아가, 그곳에서 구약의 말씀을 읽고 메시아가 오시면 고난을 겪는 일과 죽임을 당한 후에 부활하실 일을 강론한다. 그런 후에 그는 예수로 말미암아 이 말씀이 성취되었으며 바로 예수가 약속이 된 그 메시아이심을 선언한다(행 17:3).

바울과 실라는 이곳에 체류하는 경비를 자급으로 마련하기 위하여 주간에는 천막업과 그밖의 잡다한 수공업에 해당하는 노동을 하여야 했다. 이러한 주간 노동과 주일 전도가 어떻게 이어지는 것과 새신자들이 어떻게 늘어가는가를 디모데는 자기 눈으로 살피게 된다.

데살로니가의 선교 활동이 초반에는 순조롭게 평탄한 길을 가는 듯하다. 그러나 결국은 저항이 일어나고야 만다. 이곳의 회당 지도자들의 사촉을 받은 불량배들이 바울과 실라와 디모데가 투숙하고 있는 야손의 집을 덮친 것이다.

　마침 바울과 일행은 밖에 볼일이 있어 부재였을 때였고, 폭도들은 야손을 법정에 끌고가 소요의 장본인들을 불러들인 자라고 고발하였다. 루스드라에서는 돌에 맞고 빌립보에서는 태형을 당한 바울과 실라의 경우를 이미 목격한 디모데, 이번에는 자기도 무사하지 못할 것으로 느꼈다. 그러나 사태는 의외의 방향으로 종결이 나, 야손이 선교사를 즉시 떠나게 하겠다는 서약과 벌금을 물고나서 풀려났다. 그 밤에 3개월 여의 선교 활동을 끝낸 일행은 그곳을 떠나야 했다. 그래서, 그곳에서 50마일이 떨어진 베레아에서 하나님의 말씀을 사랑하는 작은 공동체를 새로 구성한다. 그러나 그러한 정보에 접한 데살로니가의 유대인들은 질투심을 일으켜 베레아까지라도 행동대를 보내어 그곳에서의 선교활동을 저지하므로 다시 난을 피하여야 하였다. 베레아의 성도들은 실라와 디모데를 뒤에 남도록 하고, 배편으로 사도 바울을 아덴으로 피하게 한다.

　아덴에 도착한 바울은 돌아가는 사람들에게 디모데가 아덴으로 자기를 찾아오기를 당부한다(행 17 : 10-15). 이때, 디모데는 바울 옆에서 도우며 훈련을 받은 지 겨우 1년 여 밖에는 되지 않으나 바울을 떠난 첫번 단독 사역의 명을 받게 된 셈이다. 짐작컨대 그의 나이 아직 20이거나 21정도이어서 오늘의 단독 사역을 나서는 신학도의 평균 연령보다 더 젊은 나이였다. 바울은 디모데를 데살로니가로 보낸다. 그곳은 교회의 박해가 시작한 곳, 그리고 초신자의 공동체를 확고히 믿음 위에 서게 하여야 할 필요가 있는 곳이다. 바울은 편지에 다음과 같이 적는다.

　　이러므로 우리가 참다 못하여 우리만 아덴에 머물기를 좋게 여겨 우리 형제 곧 그리스도 복음의 하나님의 일꾼인 디모데를 보내노니 이는 너희를 굳게 하고 너희 믿음에 대하여 위로함이라, 누구든지 이 여러 환난 중에 요동치 않게 하려 함이라 우리로 이것을 당하게 세우신 줄을 너희가 친히 알리라(살전 3 : 1-3).

다행한 일로 디모데의 이 단독 사역은 성공이었다. 뒤에 바울에게 돌아온 디모데는 데살로니가 교회 교우들이 사랑으로 보내온 십일조와 바울에게 대한 존경과 흠모를 전하여 준다. 바울은 이 전언에 큰 위로를 받는다. 이번 일을 계기로, 그후부터는 디모데는 기회가 있을 때마다 바울이 가지 못할 곳에 대신 파송하는 단독 사역을 마치고 그리고 즉시 돌아오곤 한다. 피터슨(William Peterson)은 이러한 디모데를, "단거리 왕복 외교"(shuttle diplomacy)라고 묘사하였다.

주석가 바클레이(William Barclay)는 디모데를 설명하여, 디모데의 생애에서 독특한 것은 바울이 항상 그를 자기를 대신하여 어디엔가로 보내고 있다고 하는 점이다. 마치 디모데는 우표(郵票) 같은 존재이다라고 말하였다. 우표란 항상 편지에 부착이 되어 제 구실을 한다. 봉투에 부착이 되어 그래서 목적지로 운반이 된다. 에딘버러나, 런던이나, 파리나, 베를린이나, 북경이나 우표가 봉투에서 떨어지지 않는 한 목적지에 도착한다. 디모데는 어디로 가라고 바울이 명하건 개의치 않는 성 싶었다. 그저 가라고 하면, 갈 뿐이었다.

디모데의 이러한 엄격하고도 힘든 도제 훈련(徒弟訓鍊)은 데살로니가로 파송이 되어 그곳에서의 사명을 성공하므로서, 그 길고 긴 훈련의 과정이 졸업이 된다.

3) 고린도에서

바울은 아텐 시를 떠나 고린도 시로 가는 길을 내딛는다. 고린도 시는 인구 50만이 밀집한 상업시이다. 디모데와 실라는 그곳에서 바울을 합류하여 1년 반 이상이나 성공적으로 교회를 세운다. 바울은 스스로 말하여 자기가 세례를 베푼 자가 적다고 하였으니 짐작컨대 실라와 디모데가 세례 집전의 대부분을 감당한 것이라고 성서신학자들은 상황을 해석한다. 이 고린도에서 바울은 로마서를 집필한다. 그리고 로마서 16장 21절에 "나의 동역자 디모데"라고 다른 동역자와 함께 문안을 전한다. 디모데는 2차 선교 여행시 끝까지 바울과 함께 동역하였고 그리고 3차 선교 여행

226

이 출발하여 저희들이 에베소에 당도할 때까지 충성스러운 동역자(同亦者)로 머문다.

에베소에서 저희들은 고린도 교회의 심각한 문제들을 알게 된다. 몇 차례의 편지를 보냈으나 일이 진정이 될 기미가 없어, 디모데를 보내면서 "내가 주 안에서 내 사랑하고 신실한 아들 디모데를 너희에게 보내었노니 저가 너희로 하여금 그리스도 예수 안에서 나의 행사 곧 내가 각처 각 교회에서 가르치는 것을 생각나게 하리라"(고전 4 : 17) 하였다. 바울은 저가 바울의 대리이므로 그가 약관(弱冠)이라고 업수이 여기지 말라 언급하였다(고전 16 : 10 − 11).

이와 같이 바울은 디모데의 신병(身柄)을 세심하게 보장하였으나 그러나 고린도 교회의 격한 신도들은 그의 충고를 중히 여기지 않았다. 당시의 사정은 교리문제, 성 도덕문제, 네 종류의 분파문제, 율법주의의 침투, 방종한 방랑철학(放浪哲學)의 오염, 신비주의의 발생 등 디모데 한 사람으로는 도시 어떻게 어거(禦拒)할 수가 없는 복합적이고 동시다발(同時多發)의 난맥상이었다. 디모데의 좋은 성품과 몸에 배인 건실한 경건성(敬虔性)으로도 아직은 경험 부족으로 실패하고 만다. 디모데는 아직은 약관이다. 왜, 바울이 직접 나서지 않았는가. 아마 바울은 당초에 그렇듯이 심각한 상황인지를 모른 듯하다. 그 심각한 혼란의 깊이는 사실 바울 자신이 직접 건너야 할 격랑(激浪)의 깊이었다.

고린도로 건너간 디모데에게서 위급한 소식을 접한 바울은 자신이 현지로 달려간다. 그리고 돌아온 바울은, 그래도 수습이 되지 않는 것을 보고는 디도를 해결사(解決士)로 파송하기에 이른다. 디도는 노련한 해결사답게 적절하게 수습하여 기쁜 소식을 바울에게 보고한다. 고린도후서는 그러한 흥분에서 집필이 된 편지이다.

그 고린도후서에 보면 머릿말의 시작이 "하나님의 뜻으로 말미암아 그리스도 예수의 사도된 바울과 및 형제 디모데는…"이라고 함으로서 디모데가 실패하였음에도 디모데에 대한 신뢰가 추호도 변화가 없음을 말하여 준다. 그후 얼마 안 있어, 바울과 디모데는 같이 고린도 교회를 방문한다. 이 경우에 디모데는 자기의 시행착오와 그리고 어려움을 준 사람들을 다시 얼굴 대하기가 약간은 곤혹스러웠을 터이지만, 디모데는 바울에게서 용서하는 큰 마음을 배웠다. 디모데가 고린도 교회 사역에서 경험한 일체는 바울의 도제습(徒弟習)의 중요 고급 과정(高級課程)이었다.

로마에서

디모데에 대한 기사가 마지막으로 나오는 장소는 사도행전 20장 4절, 예루살렘의 난민 구제의 헌금을 전달하는 헌금 위원들이 모인 드로아이다. 드로아에서 디모데는 바울과 같이 예루살렘으로 동행하였을 것으로 생각이 되며, 그런 연후 바울이 팔레스틴의 가이사랴에 2년간 감옥에 있을 때에 그도 그곳에 있었다고 할 수 있으나, 그러나 그의 종적이 중단되었다가 다시 그의 이름이 다시 나온 장소는 바울이 1차로 로마의 감옥에 투옥이 된 맥락에서이다. 로마에서 연금 상태로 있으면서, 바울은 그가 써보낸 세 편의 옥중서간의 인사말에 디모데를 언급한다(빌 1:1, 골 1:1, 몬 1:1).

바울은 로마에서 얼마 안 있어 석방이 될 것을 기대하면서, 오래지 않아 디모데를 먼저 그곳으로 보내겠다는 의사를 빌립보 교우들에게 피력한다. 바나바는 바울과 1차 선교 여행에서만 동행하였고 실라도 한번만 동행하였다. 그러나 디모데는 아직도 바울과 같이 있다. 그러한 디모데와 같은 인물을 평하여, 빼어난 천재는 아니나 그러나 충성스럽고 온화한 성품과 그런 인상을 풍기는 사람이라고 한다.

바울이 디모데를 향해 얼마나 알뜰한 감정을 소유하였는가를 언급한 서신에,

내가 디모데를 속히 너희에게 보내기를 주 안에서 바람은 너희 사람을 앎으로 안위를 받으려 함인, 이는 뜻을 같이 하여 너희 사정을

진실히 생각할 자가 이 밖에 내게 없음이라. 저가 다 자기 일을 구하고 그리스도 예수의 일을 구하지 아니하되 디모데의 연단을 너희가 아나니 자식이 아버지에게 함같이 나와 함께 복음을 위하여 수고하였느니라(빌 2 : 19-22)

라고 하였다. 빌립보 교회에 부친 이 편지의 맥락은, 그리스도가 우리를 위하여 하늘의 기쁨을 버리시고 십자가의 고난을 당하신 그리스도의 마음을 언급한 맥락이다. 빌립보 교회를 위하여 자기의 일체의 즐거움을 포기한 디모데가 적게 나마 그리스도의 마음과 같다고 바울은 빌립보 사람들에게 칭찬을 아끼지 않는다.

지금에 이르러 바울이 살펴보니 과연 로마에서 어느 누구도 디모데 만큼 자기 희생의 삶을 산 사람이 없었다. 사람마다 누구나 가정에 대한 애정, 편한 나날, 할 수만 있으면 안락하게 지내고 싶은 욕망이 있다. 이러한 인간적인 안정을 지키려는 욕구가 자기 삶을 지배하는 한은 그리스도의 마음과는 멀어질 수밖에 없다.

디모데에게 부친 목회서신

다시 한번 흐름과 연결이 있어 간극이 생긴다.

디모데가 빌립보에 도착했는지 알 길이 없다. 다음 차례로 우리가 디모데의 이름을 듣게 되는 때가 에베소에서 서로 합류되면서이다. 그런 후 바울 자신은 에베소를 떠나며 디모데에게 에베소에 남으라고 한다(딤전 1 : 3).

하루는, 디모데가 바울에게서 편지 한 통을 받는다(디모데전서). 그리고 또 얼마 있어 다른 편지 한 통을 받게 된다(디모데후서). 디모데는 지금까지 13년간 바울을 보필한 셈이 된다. 그러는 동안 잠깐씩 제한적으로 당부를 받아 잠시 그리고 위임 목회(委任牧會)를 위해서 잠시만 그의 곁을 떠나 파견이 되었거나 혹 그가 옥에 있을 때 떠나 있었을 뿐이었다. 이제는 드디어 디모데가 장기간의 독자적인 사역을 하여야 할 때가 왔다. 로마제국에서 다섯 번째로 큰 이 에베소에서 처음 단독 목회(單獨牧會)를 한다는 것은 그의 역량에 벅찬 도전이 아닐 수 없다. 아직 그의 나이 약관 33세인 것이다. 그의 성격은 담대함이 부족하고 여전히 내성적이다. 위장(胃腸)은 약하여 소화불량에 시달린다. 디모데는 고독하였다. 모든 격려가 필요한 심정이다. 그러기에 바울은 그에게 다음과 같이 마땅히 되어야 할 종이어야 한다고 일러준다.

　　① 진리의 신실한 일꾼.
　　② 거짓 교사들과 맞 싸워야 할 변증자.
　　③ 목회기도(牧會祈禱)로 다스리는 자격을 갖춘 교회의 관리자.
　　④ 행실과 말과 순결에서 본을 보여야 할 모범자.
　　⑤ 모든 연령층, 모든 사회계층을 불문하고 책임진 목회자.
　　⑥ 부한 자들에게 절제와 구제를 권면하는 자.
　　⑦ 예수 그리스도의 선하고 용기 있는 병사.

　사랑하는 아들이 집을 떠나면 사생활이 느슨하여지는 것이 상례이다. 그러나 디모데는 바울의 권면대로 엄격하게 준수한 종이었다. 바울은 거침없이 그를 향해 "오직 너 하나님의 사람"(딤전 6:11)이라고 무제한 신뢰한다. 그리고 바울 역시 디모데와 같이 있기를 원하며 그를 그리워한다.

로마로 돌아가다

　바울이, 연금이 아니라 '매몰된 병사'(兵舍)에 있는 가공할 토옥(土獄) 속에 갇히게 되자 바울은, 석방이 아니라 곧 처형이 될 일을 직감한다. 진정 바울은 "내가 선한 싸움을 다 싸우고 나의 달려갈 길을 마치고 믿음을 지켰으니…"(딤후 4:7)라고 담대한 자신을 말하는데, 과연 이러한 개선가는 바울의 것이다. 바울은 죽는 것은 얻는 것이니 죽음도 두려움이 없다고 자신한다.

그러나 바울은 친구가 그리웠다. 그래서 디모데에게 추운 겨울이 오기 전 자기에게 오라고 청한다. 이미 바울은 에베소에서 디모데를 잠정적으로 대신할 수 있는 교역자, 두기고를 파송하였다. 디모데가 올 때 마가와 같이 그리고 따스한 외투와 책들과 피혁(皮革) 두루마리를 가지고 오라는 당부를 보냈다(딤후 4:9-13). 이와 같이 디모데의 위안이 몹시 그립다고 한 바울의 초청에 접한 디모데는 즉각 자리에서 일어나 1000마일을 가로 질러 거침없이 그에게로 달려갈 채비를 한다.

두 사람이 다시 상봉을 했는지, 신약에 기록은 없다. 그러나 짐작이 가는 일로 바울에게로 오는 중 디모데는 용감한 신앙 행위로 인하여 감옥에 투옥이 되는 경험을 하게 된다. 히브리서 13장 23절에 나오는 "우리 형제 디모데가 놓인 것을 너희가 알라. 그가 속히 오면 내가 저와 함께 가서 너희를 보리라"라고 언급한 문절은 이때 디모데가 투옥이 된 것을 말하고 있는 기사라고 해석한다. 사실적으로 히브리서에 나오는 디모데는 단 한 사람의 생존자이다.

바울이 말년에 그처럼 간절히 회구한 대로 디모데와 마가와 누가와 그 밖의 다른 동지들이 그에게 달려가 그가 최후를 맞는 시간에 큰 위로가 되었을 것을 생각해 본다. 바울이 로마성 밖으로 끌려가고 있을 때, 그 처형의 행렬을 동지들이 곁에서 함께 동행하는 일은 그 이상이 없는 특권이라고 기억이 될 터이다. 진실로 디모데는 최후까지 바울에게 충실하였다.

디모데의 원리(原理)

디모데후서 2장 2절에 언급이 된, "또 네가 많은 증인 앞에서 내게 들은 바를 충성된 사람에게 부탁하라 저희가 또 다른 사람들을 가르칠 수 있으리라"의 문절을 가리켜 디모데의 원리라고 한다. 생명은 반드시 이어지면서 재생이 되고 반복이 된다. 복음은 이와 같이 쉬지 않고 재충전(再充電), 전달(傳達), 확대의 길을 전진하여야 한다. 디모데가 바울에게서 받은 이 복음의 좋은 소식은 또 다른 사람에게 그리고 그 다음에 또 다른 사람에게 쉬지 않고 전달되고 전진하여야 한다.

디모데는 본래 수줍은 내성적인 사람이었다.

그러나 바울은 그를 담대한 복음의 사역자로 만들었다. 그는 그가 걸어가는 사역의 길에서 당할 어떤 시련과 고난도 마다 않고 앞을 향해 전진한다. 교회의 전승에 의하면 그후 다시 20년이 지나 디모데는 에베소에서 로마 도미디안 황제 박해시 순교했다고 한다. 디모데는 믿음의 아버지 바울을 쏙 빼닮은 그의 아들 같은 최후를 맞는다(Like father, like son!).

의사(醫師), 누가

바울이 세 번 그를 언급함 : 골 4 : 10, 14, 몬 24장, 딤후 4 : 11.
누가가 언급이 된 상기 3회는 마가가 반드시 언급이 되어 주목.

의사 누가는 바울의 주치의의 역할로 바울과 함께 선교 여행에 동참한 것만이 아니라, 빌립보에 뒤에 남아 마치 소아과 전문의(小兒科專門醫, pediatrician)처럼 방금 태어난 어린 교회를 육성하는 일도 담당하였다. 그는 신약성서 안에 나오는 첫 다섯권 중 누가복음과 사도행전 두 권의 저자이며 그리고 그의 사도행전을 꼼꼼히 읽고 생각하는 독자들은 필히 그가 본래 제3의 저술을 마음 먹은 것이 아니냐 하는 강한 암시를 떨쳐 버릴 수가 없게 한다.

전문업이 의사인 누가

기원 1세기의 의학 지식과 누가의 지식과 훈련이 어떤 수준의 것이고 그리고 과연 신뢰성이 있는 지식인가? 말을 바꾸어, 오늘의 우리가 만일 큰 수술이 불가피한 경우 누가를 찾아가 수술을 의뢰할 수 있을까? 기원 전 1700년 경의 의술 문헌에 의하면, 당시의 의술은 가정 상담과 약초(藥草) 지식과 마법과 신체의 기능이 원만한가에 대한 관찰 등을 복합적으로 축척하여 이룬 전문 지식이어서 오늘의 수준에서 평하여 과학적인 의술이라고는 말할 수는 없을 것이다. 그러나 기원전 6세기에서 기원 2세기 어간에서 놀랍게 진보한 의학의 기술은 현, 최근 2세기를 제외하고는 과거에 그런 예가 없는 정도의 참으로 고도로 발달한 지식이었다고 한다.

어떤 이유에서 기원전 6세기부터, 학문과 지식의 발전이 그와 같은 높은 등고선(等高線)을 긋는 발전의 상승을 주었는가에 관한 평가는, 희랍 문화의 지식이 관찰(觀察)과 비교(比較)와 도출(導出)이라고 하는 3원리의 방법을 중시하고 이론의 정립과 방법론적인 고증이라고 하는 종합적 귀결을 중시했다고 하는 데 원인이 있다라고 한다. 라써(William LaSor)의 말에 의하면 상술한 이론과 방법이 특히 의술면에서 고도로 활용이 되었다고 하면서 "의사 누가가 소유한 의술의 전문 지식은 바로 이러한 지식의 정화였고 쉽게 설명하면 바로 19세기 초엽의 의술과 동등한 의학 지식이었다"라고 하였다(*Great Personalities of the New Testament*, Revell, p.130). 한 마디로 요약하면, 누가의 의학 지식은 참으로 신뢰할 수 있는 고도의 것이었다. 고넷(F.L. Godet)은 그의 누가복음 저술에서 언급하여,

> 로마 황제 시대 로마에는 뛰어난 의과대학(Collegiumm archiatrorum)이 있었고 중요 도시마다 의원(醫院)을 개설하는 전문인들을 감찰하였다. 교육을 마친 새로운 의원은 노련한 의원 밑에서 오랜 실습을 하도록 의무화하였고, 그 전문 기술에 정통하게 하였으며 외과 수술의 실패는 엄중한 처벌과 함께 면허의 몰수가 뒤따랐다. 그러한 이유에서 저자 누가는 다른 사도나 신약 저자 누구보다 고도의 우수한 지식의 소유자였다

라고 말한다.

누가의 동정녀 탄생(童貞女誕生) 기록

신약에 동정녀 탄생에 관한 언급이 두 복음서에 나온다. 그리고 상술

한 바와 같은 고도의 의학적 지식을 소유한 전문의(專門醫)가 예수의 동정녀 탄생을 확신하였다고 하는 것은 대단히 중요한 의미를 지닌다.

누가는 명료한 필치로 기술하여, 마리아가 아무 남성과의 동침이 없이 예수의 모친이 되었다고 하였다. 의사 누가는 우리의 시간선(時間線)에서 단지 지난 세기와 동등한 고도의 의학 지식을 소유한 자의 그러한 안목으로 예수의 동정녀 탄생의 이야기를 사실적으로 기술한 것이다(1:26-56).

비양대는 한 신문기자가 어느 기독교 의사에게 찾아와 "아름다운 젊은 한 여성이 당신에게 찾아와 자기가 성령에 의하여 회임이 되었다고 상담을 요구하면 당신은 그녀의 진술을 액면대로 인정하겠는가"라고 질문하였다. "물론 아니겠지요. 그러나 후에 한 아들이 태어나, 그후 놀라운 이적과 권능을 소유한 성인이 되어 초자연의 권능으로 병자를 치유하고, 문둥이를 완치하며, 물로 포도주가 되게 하고, 그 어느 누구보다 권위로 교훈을 주며 사망한 자를 다시 살리는 사실에 접한다고 하면, 나의 전자의 판단을 수정하여 그 여성은 틀림없이 동정녀 잉태의 기적으로 회임을 경험한 여성이라고 신뢰할 것입니다." 이렇게 그 외과의사는 답하였다고 한다.

의사 누가는 예수의 초자연적 이적 사실을 면밀히 검증하였다. 예수의 누구와도 비교할 수 없는 경이로운 교훈과 죄없으신 생애와 확실한 사실인 부활을 검증하였다(행 1:3). 끝으로 예수의 승천을 확인한다. 이 모든 사실을 사실로서 확인한 그가 예수의 동정녀 탄생을 수용하는 일은 당연한 것이다.

예수의 치유 행위(治癒行爲)에 대한 누가의 깊은 관심

다른 복음서에 나오는 대체적인 이적 기사를 언급하는 것 외에도 누가는 추가하여 18년간 몸을 펴보지 못한 귀신들린 여인의 치유(13:10-13), 고창병 걸린 자의 치유(14:1-6), 10명의 나병환자를 고치신 일(17 : 11-19), 그리고 베드로가 칼로 베어낸 대제사장의 종의 귀를 치유한 일(22 : 50-51)을 기록하였다.

저자 누가는 예수의 신체적인 상태를 임상학적으로 언급하여 예수의 겟세마네의 기도가 땀이 땅에 떨어지는 피방울같이 되더라(22 : 44), 부활하신 주가 제자가 드린 생선 한 토막을 그들 앞에서 잡수신 일과(24 : 42-44), 같은 맥락에서 영은 살과 뼈가 없으나 부활의 예수는 살도 뼈도 확인이 된 기록을 언급하였다(39절).

사도행전을 저술한 누가는 성전 미문 앞에서 불구자를 치유한 일(행 3 : 1-8), 상 위에 놓은 중풍병자 애니야를 고쳐 일어나 상을 정돈한 일(행 9 : 33-34), 루스드라에서 나면서부터의 앉은뱅이를 고친 일(행 14 : 8-10), 돌에 맞아 죽어 성밖에 버렸는데 다시 살아난 바울(행 14 : 19-20), 드로아에서 유두고를 소생시킨 일(행 20 : 9-12), 말타에서 독사의 독이 바울에게 아무런 해독을 주지 않은 일(28 : 1-6), 같은 말타의 유지(有志) 보블러의 부친을 기도와 안수로 고친 일(28 : 7-10) 등을 구체적으로 기술하였다.

의사 누가의 인자한 성품은, 한 과부의 독자를 나인 성에서 다시 살려 내신 예수의 이적을 기록한다. 예수께서 죽은 시신이 들어 있는 관에 손을 대시고 "청년아 내가 네게 말하노니 일어나라"하고 저를 살린 후 그의 모친에게 돌려 주었다. 누가는 그가 과부의 독자라고 하였다. 누가는 이런 유사한 이야기를 두 가지 더 추가한다. 야이로의 하나밖에 없는 딸을 다시 살려 일으키신 일(8 : 41-42)과 그리고 한 아버지의 사귀 걸린 독자를 치유하여 아버지에게 돌려 준다(9 : 38-40)는 기사이다. 다른 복음서에서도 나오는 이야기이지만 누가만이 '외아들' 그리고 '외딸'이라고 하는 구분을 지어 놓고 있어서 그의 성격이 자상하고 성품이 인자한 의사임을 엿보게 한다.

선교 동반자 누가

　사도 바울은 그의 2차 선교 여행의 중반부터 선교팀 안에 전문의(專門醫) 하나를 포함시킨 후 자기의 생애 끝까지 그와 함께 일을 한다. 성서 학자 중 어떤 이는 누가의 고향이 안디옥이라고 하며 어떤 이는 그가 빌립보 출신이거나, 심지어 그가 바울이 드로아에서 본 환상에 등장한 마게도냐의 사람이라고 생각한다(행 16：9). 사도행전에 나오는 항해술(航海術)에 익숙한 그의 묘사를 이유로 들어 누가가 전자에 항해 선박에 전속이 된 일이 있는 의사라고 추측을 하는 이도 있다. 또 어떤 상황적 설명에서는 바울에게 "쏘는 가시"가 자기 육체 안에 있다고 하였거니와 이러한 만성적 난치에 해당하는 지병으로 누가를 찾게 되었다고 생각을 하는 경우도 있다.

　좌우간, 누가가 바울의 선교팀에 참여할 때 그는 이미 크리스찬이었다. 그리고 그가 참여할 때 이미 그 선교팀에는 실라도 디모데도 있었다. 사도행전의 문장이 16장 4절, 6절에서 8절에서 "저희들"이라고 나온 제3인칭대명사(人稱大名詞)의 복수형식(複數形式)이 10절에서 16절에서 "우리"라고 하는 제 1인칭의 복수 형식으로 변화되어 나오고 있는 그 시각부터 누가가 현장에 동참하고 있는 것으로 본다.

　사도행전 16장 10절에서 16절에 나오는, 빌립보의 에피소드를 취급한 문단에서 "우리"나 "우리에게"라고 하는 복수 인칭 대명사(複數人稱大名詞)를 사용한 후 다시 사도행전 20장 5절에서 그 형식이 나오기까지는 이 복수인칭 대명사가 나오지 않는 것으로 미루어, 바울과 일행이 다른 선교지로 전진하는 동안 누가는 여기 빌립보에 그대로 남아 새로운 결신자들과 핵심 교인들을 견고하게 하는 담임 목회자(牧會者)로 있었다고 하는 해석을 한다.

　바울 일행이 제 3차 선교여행차 다시 빌립보를 찾아왔을 때 그곳에서 바울은 누가를 다시 합류시켜 그후부터는 줄곧 누가는 바울과 동행하여 예루살렘으로 그리고 저 유명한 난파 경험을 하게 되는 지중해 항해에서, 그리고는 로마까지 동행을 하는 것이다.

사도행전을 가볍게 한차례 읽는다고 해도 20장부터 사도행전의 끝까지에서 바울의 예루살렘 여행, 성전 밖에서 매맞는 일, 바울이 산헤드린 앞에서 자기 변호를 하는 일, 그리고 바울이 3회 가이사랴에서 재판받는 일 등의 기록이 여타의 것보다 월등하게 상세한 묘사인 것을 알 수 있다. 그러한 이유를 설명하는 단 한 가지, 누가가 바울과 함께 그 자리에 일어난 모든 일을 현장의 목격자로 소상히 알고 있기 때문인 것이다.

누가는 아리스다고와 같이 바울을 동행하여 그 유명한 항해 난파(航海難破)의 와중(渦中) 속에 같이 있게 된다. 죄인의 처와 친가족이라도 동반이 허락이 되지 않은 상황이라고 보면, 위의 두 사람은 바울의 노예의 자격으로서 그리고 누가의 경우는 그의 개인 의사로서 동행이 허락이 된 것으로 추측이 된다.

누가는 최후의 일각까지 바울과 같이 있게 된다. 로마의 가공할 '마멜틴' 감옥(Mamertine prison) 안에 바울이 감금이 되었을 때도 데마는 그를 버렸으나 그러나 바울은 편지에 남겨 "누가만 나와 함께 있느니라"(딤후 2:11)라고 그의 참으로 절실한 마지막 상황을 언급한다.

빌립보에서 드로아를 거쳐 예루살렘으로 그리고 가이사랴에서 로마까지 그림자같이 바울을 따라 온 그는 그 어간에 줄곧 그의 건강을 의사로서 검진하며 밀착적으로 지켜 본 동행인이었다.

하나님은 바울을 통해 이적으로 병자들의 치유를 행하실 때 다른 의사의 참여가 없는 직접 그 자신을 통한 역사였다. 그러나 그러한 바울이 에바브로디도가 죽는 데에 이른 병에 걸려 있는 동안 그에게 이적으로 즉각 치유를 역사하지 못한 것이 사실이고(빌 2:25~27), 그리고 자신이 자기 몸에 걸머진 만성질환인 '자기 몸의 가시'라고 하는 고통은 치유하지를 못한다.

바울에게는 자기의 주치의가 필요하였다. 만일 바울이 걸머진 만성적인 신체적 고통이 안질이었다고 하면 그것은 누가가 전문의로 도와야 할 분야이다. 바울은 유대인들에게 다섯번이나 "39번 매맞는 형"을 치렀다.

세 번이나 잔인한 로마인의 태형을 치룬다. 가지가지의 고난과 주림과 갈증과 춥고 벗은 고난과 역경을 수없이 경험한 본인이다(고후 11 : 23-27). 이 모든 고통의 현장을 가장 밀착이 된 자리에 있어 온 주치의가 누가였다. 우리는 위에 언급한 그 많은 설명이 없는 곤역을 바울이 언제 치렀는지 확실히 할 수 없다. 그러나 초기에 그가 당해야 했던 그 많은 물리적인 고통을 알게 된 측근자(側近者)들이, 그에게 반드시 주치의가 언제나 대기하여 따라 붙어 있어야 한다고 하는 필요성을 강력히 권고했을 것으로 생각하여 자연스럽다.

역사가(歷史家) 누가

1) 신중한 탐구(careful research)

누가는 고도의 교육을 받은 사람, 신중한 탐구(探究)와 그리고 그러한 자료들을 망라하여 현장을 재현하는 놀라운 기술을 몸에 익힌 저술가(著述家)이다. 사도행전에 나오는 "우리" 장절의 내용(행 16 : 10-17, 20 : 5-21, 21 : 25, 27 : 2-28 : 16)은 자서전(自敍傳)의 성격이 있는 문장이다. 이러한 문장을 읽어가면 우리도 바로 누가의 등 뒤에서 그의 어깨 너머로 현장을 목격하는 현실감을 갖게 된다. 그의 예수의 이야기를 읽어보라. 그가 비록 현장에 없었고 그리고 예수의 모든 제자들을 그가 전혀 만나본 일이 없다라고 해도 그 박진감(迫眞感) 넘친 현장감과 정교한 사실 묘사는 참으로 놀랍다.

누가복음의 서언을 읽고, 우리는 다른 저자들이 비록 현장 경험이 있는 증인들이고 그리고 또한 말씀의 사역자의 손에 의하여 저술이 된 것이지만 그러나 자기에게는 일종의 미흡한 저술처럼 느껴졌다고 말한 뜻으로 받아들여진다. 그는 "우리 중에 이루어진 사실에 대하여 처음부터 말씀의 목격자되고 일꾼된 자들의 전하여 준 그대로 내력을 저술하려고 붓을 든 사람이 많은지라"라고(눅 1 : 1-2) 술회한다. 그리고 더욱 포괄적이고도 순서대로 체계가 있는 이야기를 엮어나가기 위하여 누가는 원초적인 검토와 밀착적인 분석을 다시 한다라고 말한다.

그는 예수의 이야기에서 아직 기술이 안된 중요한 누락(漏落)이 있는 가를 살펴, 수많은 인터뷰와 여행을, 그리고 시간과 투자와 수고를 아끼지 않았다. 이제는 시간이 지나갈수록 직접 예수를 육안으로 접한 사람들과 현장적인 지식이 있는 사람들의 수가 적어지기 마련이다. 이제는 시간을 지체할 여유가 없다. 누가는 주저없이 예수의 가족과 그리고 제자들과 친밀한 관련자들을 빠짐없이 인터뷰를 하였다.

그리하여 저술을 시작하면서, "그 모든 일을 근원부터 자세히 미루어 살핀 나도 데오빌로 각하에게 차례대로 써 보내는 것이 좋은 줄 알았노니 이는 각하로 그 배운 바의 확실함을 알게 함이로라"(1 : 3-4)라고 자기의 저술이 어떠한 탐구를 통하여 어떻게 저술이 되었는가와 아울러 목적을 천명한다. 여기 데오빌로라고 언급이 된 인물은 누가가 지극히 높이 평가하는 지면인사(知面人士)일 것이다.

흥미 있는 사실로서 누가는 그의 두 번째의 저술인 사도행전 역시 같은 인물에게 헌서(獻書)하고 있는 것이다. "데오빌로여 내가 먼저 쓴 글에는 무릇 예수의 행하시며 가르치시기를 시작하심부터… 승천하신 날까지의 일을 기록하였노라"(행 1 : 1). 누가복음에서는 예수의 승천까지의 지상 공생애 기간의 사역을, 그리고 사도행전에서는 사도들을 통하여 성령으로 행하신 사역을 담았다고 하였다.

매우 협소한 영감설을 고수하여 성령의 지시 외에 다른 자료가 근거가 될 수 없다고 하는 주장도 있으나 그러나 성령의 감동으로 저자 누가가 근거한 자료는 광범하다.

예수의 모친 마리아는 그녀가 그간에 비장하여 아무에게도 공개한 일이 없는 중요한 자료들을 저자 누가에게 전한다. 그녀는 잘 알려진 사도 바울의 주치의(主治醫)이며 또한 뛰어난 저술가인 누가에게 드디어 그녀의 마음을 연다. 그녀가 그간 비장한 지극히 중요한 자료, 가령 하나님과 가브리엘과 요셉과 그리고 아들 예수와의 소중한 대화 내용을 누가에게 제공하였다.

천사가 사가랴에게 찾아와 세례 요한이 태어날 일을 고시한 일, 가브리엘이 동정녀 마리아에게 예수께서 태어나실 일과 그후에 마리아가 엘리사벳을 찾아간 일, 그리고 마리아의 찬가(讚歌, Mary's Magnificat)와 요한의 출산의 이야기는 다만 누가복음에만 나오는 중요 기사이다. 누가는 예수의 태어나심과 할례와 목부(牧夫)들의 찬양과 시므온과 안나의 찬미와 12살에 있었던 학자들과의 만남에 대하여 소상한 기사를 엮는다.

바울 자신이 누가의 중요 자료의 근거이다. 바울에게서 스데반의 순교에 관한 자세한 내용, 다메섹 도상에서의 바울의 회심 내용, 안디옥 교회의 사역 그리고 1차 선교 여행의 상세한 이야기, 그리고 바나바와의 날카로운 의견대립과 결별 등의 상세한 내용을 알게 되었다.

누가는 또한 자신이 아직은 현장에 없었던 경우의 바울의 행적에 대하여서도 면밀한 지식과 정보를 수집하였다. 그러나 모든 자료의 수집이 거의 완성이 된 무렵이, 바울이 가이샤랴 옥중에 있던 2년의 기간이었다고 대체로 학자들은 견해를 같이 한다. 전도자 혹은 집사로 알려진 빌립의 거주지가 서해안의 가이사랴이므로, 누가는 용이하게 빌립에게서 초기 교회의 중요한 지식과 자료에 효율적으로 접근할 수 있게 된다. 누가는 이 팔레스틴의 가이사랴에서 감옥에 수감 중인 바울을 돌보는 일을 하면서, 쉽게 예루살렘으로 상경하여 예수의 야고보와도 접촉을 하였다. 물론 누가가 구성하는 이야기(the narrative) 안에서 요점마다 실라나 마가나 디모데나 적절하게 제자리와 위치를 채워 나간다.

2) 역사적 정확성(Historical Accuracy)

누가만이 세속 사회의 권력과 시간 개념의 구성 안에서 자기의 자료를 엮었다. 그가 탐구한 자료는 참으로 방대한 양이 것이었다. 렌스키(R. C. H. Lenski)의 견해에 의하면, 사도행전에 거론이 된 인물의 수는 110명에 달한다고 한다. 장소와, 지리적인 정보와 관칭(官稱)과, 그리고 지방의 특색 등의 언급이 빈범하게 여러 곳에서 그러나 정확하게 언급이 나온다(*Interpretation of the Acts of the Apostles,* Wartburg Press, p.5).

처음 누가 연구의 초기에서는, 오늘 현대의 역사적 안목과 표준에서 말하여 몇 군데 정확도가 떨어지는 곳이라고 생각되는 것들을 지적하여, 누가의 역사적 정확성이 어떤 수준의 것인가하여 매우 회의적인 견해를 표시하는 학자들이 많았다. 그러나, 1880년에 정평이 있는 역사가 렘세이(Sir William Ramsay)가 처음 소아시아 지역을 탐방 그후 30년간을 조사하면서, 조목조목 현지 탐방을 하며 정밀 조사한 결과는 매건마다 사실과 일치하여 누가가 참으로 제1급의 역사가라고 결론을 내렸다.

렘세이가 한 말은 다음과 같다.

"거론이 된 인물마다 그 맥락과 그 자리에서 정확하며, 의회(議會)가 관장한 지역의 총독 '프로컨슬'(proconsuls)이 누가의 언급 그대로 에베소의 '아시아크', 빌립보의 '스트라테고이', 데살로니가의 '폴리타크'와 일치하고, 그리고 도처에 등장하는 마술사와 점쟁이 등이 지역적으로 정확한 것으로 증명이 된다"(*The Bearing of Recent Discovery on the Trustworthiness of the New Testament,* Hodder and Stoughton, pp.96-97).

렘세이는 소아시아 지역의 지정학에서 최고의 권위자이다. 그는 누가의 기록에서 아무런 하자(瑕疵)를 찾지 못하였다. 렘세이가 저술한 지리와 역사에 관한 많은 압권(壓券)들은 저자 누가에 대한 적지 않은 수의 회의자들의 편견을 돌려 놓는다.

복음서의 저자 누가

누가는 그가 정성을 기울여 탐구하여 조사한 자료를 근거하여 신약 중에서 가장 장편에 해당하는 복음서를 저술하였다. 그러나 사도행전과 함께 묶어 생각을 하여, 그의 빛나는 업적은, 당시에 자칫 어느 한 벽지(僻地)에서 일어난 과거의 한 옛 이야기로 지나갈 뻔한 예수의 이야기를 당시의 지성인이며 인격자이며 공인인 데오빌로경에서 헌서하므로, 공개된 사회에 널리 회람이 되게 하였으며, 영원히 현재의 이야기가 되게 한 복음서 저자라고 하는 것이다. 그러므로 그는 무엇보다 우선하여 철두철미 복음서의 집필자이다. 그는 세상 널리 이 '좋은 소식'을 전하기를 원했었다.

1) 구원의 강조

다만 누가복음에만, "잃은 은전" "잃은 양" "돌아 온 탕자"의 이야기가 나온다(15 : 1−32). 누가복음에만 삭개오의 회개와 다음 같은 예수의 구원의 말씀 "오늘 구원이 이 집에 이르렀으니… 인자의 온 것은 잃어버린 자를 찾아 구원하러 함이니라" 하신 말씀이 나온다(19 : 9−10). 다만 누가복음만이 십자가의 달린 강도의 회개를 언급한다(23 : 39−43). 예수가 죄인의 친구라고 여러 번 강조된다(7 : 34, 15 : 2, 19 : 7). 그러한 구원의 강조가 있는 맥락이 그의 저서 사도행전 안에서도 시종 일관한다. 오순절에서는, 예수의 십자가와 부활의 강조와 사죄의 기쁜 소식을 전하여 하루에 3000명의 결신자가 구원을 체험한다.

누가는 복음이 전파된 여러 가지의 경우를 실례(實例)를 들어 기술하고 있다. 가령, 스데반이 원래는 식탁을 준비하는 직분이지만 산헤드린 앞에서도 복음을 전한다. 스데반이 돌에 맞아 죽임을 당한 후 흩어지게 된 헬라어 사용자들은 어디를 가든지 그곳에서 기쁜 소식을 전한다. 다메섹 도상에서 졸지에 회심을 한 교회의 박해자 사울은 거의 즉각적으로 복음을 전한다. 베드로는 이 기쁜 소식을 이방인 백부장 고넬료에게 전한다. 바울과 바나바는 안디옥 교회에서 파송이 되어 이방 지역의 선교를 시작한다. 빌립보 감옥의 전옥은 바울에게서 "주 예수를 믿으라 그리하면 너와 네 집이 구원을 얻으리라"의 기쁜 소식에 접한다(행 16 : 31).

2) 깊은 동정으로 여자와 가정 생활을 묘사

누가복음만이 엘리사벳과 마리아의 이야기가 함께 한 탄생기사를 기록하였다(1 : 5 − 2 : 52). 누가복음에만 나인성 과부(7 : 11 − 17)와, 눈물과 머리로 예수의 발을 닦은 여인(7 : 36 − 50)과, 경제적으로 예수를 지원한 여인들(8 : 1 − 3)과 마르다는 일에 분주하고 예수의 발아래 앉아 그의 말씀을 듣는 마리아의 이야기(10 : 38 − 42)를 기록하고 있다.

누가는, 마태의 집에서 베푼 잔치에 손님으로 참석한 예수(5 : 29)에 대한 마태의 이야기를 다시 언급하며, 바리새인의 집에 초대된(7 : 36, 11 : 37, 14 : 1) 일을 말한다. 삭개오의 집에는 예수가 자청하여 그의 집에 머문다(19 : 5). 누가는 또한 부활하신 후 엠마오의 주막집에서와 그리고 다락방에서 음식을 드신 일을 언급한다(24 : 30, 42 − 43).

3) 모든 사람을 언급한다

누가복음은 보편인(普遍人)의 복음서이다. 그 내용에는 제외된 사회 계층이나 어느 누구만을 강조하는 편견이 없다. 가난한 사람들과 저변사회(底邊社會)의 보통 사람들에게 소망을 그리고 동정을 표시하는 누가는 부자의 악덕을 경고한다(12 : 16 − 21). 영원의 곳에서 거지 나사로에게 물 한방울을 간청하는 가련한 부자의 이야기는 너무나 유명하다(16 : 19 − 31). 마가복음과 같이 누가는 한 가난한 과부의 헌금 엽전 두 닢이 모든 부자들의 합친 헌금보다 귀하다고 하신 예수의 판단을 기록하고 있다(21 : 1 − 4).

누가는 시므온이 예언하여 예수가 "이방을 비추는 빛이 되리라"(2 : 32). 모든 족속들에게 회개와 죄의 사죄를 전파하게 될 것이다(눅 24 : 47)라고 기록하였다.

4) 기쁨과 희열을 표현한다

사도행전을 한번 신속하게 읽었다고만 해도, 즉각 그 안에 기쁨과 희열이 가득한 것을 알게 된다. 그곳에 등장하는 주역들이 다 같이 승리에 도취한 사람들이다. 초기 공동체는 기쁨으로 공동 식사를 취한다(행 2 : 46 − 47). 불구자가 치유된 후 성전에 들어가 뛰기도 하고 하나님을 찬양하였다(3:9). 사마리아에서 빌립이 전도하니 그 결과로 온 도성에 기쁨이 충만하였다고 하였다(8:8). 새로운 깨달음으로 회심하고 세례를 받은 에디오피아의 내시는 기쁨에 충만하여 자기의 예정대로의 여정을 이어간다. 교회를 잔해하던 사울이 변하여 사도가 된, 그 바울이 가는 뒤를 따라 그의 감옥을 차례대로 따라간다면, 그가 어떻게 환난 중에 기뻐하며, 슬픔을 이긴 희열을 한 밤중에 감옥에서라도 거침없는 주의 찬송이 되게 했는가를 발견하게 될 것이며 감격할 것이다.

사도행전에 나오는, 이러한 찬송의 연속이 불가항력이라고 하는 누가의 저술은 복음서가 어떻게 시작이 되었고 어떻게 종결이 나고 있는가를 살펴 다시 한번 수긍이 갈 것이다. 처음 시작을 마리아의 아름다운 찬가와 사갸랴의 노래와 천사들의 합창으로 시작한 그는 그의 복음서를 역시 제자들의 감격스러운 찬송으로 대단원을 내리고 있어서(24:52-53) 마치 마태, 마가, 요한복음에서 쉽게 발견할 수 없는 이 긍정적이고 희열에 찬 찬송을 의미 심장한 것으로 주목하여야 한다.

5) 누가의 발자취를 따라가며

선교사 중에는 많은 수의 실력 있는 의사들의 헌신이 있다. 가령, 윌슨(Dr. Walter Wilson), 데한(Dr. M. R. Dehaan), 리로이드 존스(Dr. Martin Lioyd-Jones) 등은 모두 성공한 의사들이지만 의업을 포기하고 선교사로서 의술을 베풀기로 헌신한 사람들이다. 이러한 의사들의 모임을 '성 누가의 회'(Order of St. Luke)라고 부른다.

많은 신실한 신앙을 소유한 실력 있는 의사들이 누가의 발자취를 따라감으로 의료 선교사(醫療宣敎師, medical missionaries)가 되었다. 이러한 의료 선교사 중 한 사람이 보수 침례교 교도인 슬레이더 박사(Dr. John Slaytor)이다. 슬레이더 박사는 1800년대에 아프리카의 오지 선교를 위하여 헌신한 리빙스톤(David Livingston)의 다음과 같은 영감 있는 한 마디에 사로 잡힌 것이라고 한다.

하나님의 독생자는 의사이며 선교사였다. 나는 아무리 그를 모방하려고 하더라도 서투른 모방자일 뿐이지만 그러나 이러한 섬김의 길을 이어 살기 원하며, 그와 같이 생애를 끝내기를 소원한다.

개인지도 교사, 아굴라와 브리스길라

아굴라, 본도에서 난 유대인, 그의 처는 브리스길라 : 행 18 : 2.
글라오디오의 칙령으로 로마시에서 추방됨 : 행 18 : 2.
고린도 시에서 바울을 만남 : 행 18 : 2.
아볼로를 자기 집에 초대하여 그의 불완전한 복음을 시정하여 줌 : 행 18 : 26.

아굴라와 브리스길라의 부부의 이름이 신약에 나오기는 여섯번의 경우이다(행 18 : 2, 18, 26과 롬 16 : 3, 고전 16 : 19, 딤후 4 : 19). 그중에서 네 번의 경우에는 아내 브리스길라의 이름이 남편의 이름 앞에 나온다. 짐작컨대 로마 시민권과 관련이 된 사회 질서로 보아 아내의 가문이 사회 계층의 관점에서 남편보다 우월한 가문이기 때문인지, 아니면 아내의 신앙 행위가 남편을 이끌어가는 처지에서인지 확실치는 않다. 그러나 우리는 다음 몇 가지로 저희들이 신약의 맥락에 확실하게 남겨 놓은 뚜렷한 발자취와 자리매김을 정리하여 본다.

저희들의 본업은 천막업자

기원 50년에 아굴라와 브리스길라는, 황제 클라우디오가 내린 모든 유대인들은 로마시에서 추방된다고 한 영에 의하여 다른 유대인들과 같이 그곳을 떠나게 된다. 아굴라는 북부 소아시아 폰도 출신인 유대인의 가족에서 태어난 한 유대인이며 상술한 추방령이 떨어질 무렵 그는 아내와 같이 로마시에 거주하고 있었다. 이렇게 시작이 된 유랑 여행에서 저희들은 51년 경 고린도 시에 정착하게 된다. 그리고 바울 역시 그의 2차 선교 여행으로 하여 이곳에 기착을 한다.

유대인들은 전통적으로 그리고 예나 지금이나 모든 남자 자녀에게 생업의 기술을 익히게 하는 것이 불성문율이며 확고하다. 그러한 이유에서 아굴라와 브리스길라 부부는 전문적으로 천막 제조와 매매업인(賣買業人)이었다. 유대인의 격언에 보면, "자기 자녀에게 직업을 교육시키지 않는 자는 저희들이 도적이 되게 하고 있는 것이다"라고 하였다. 바울역시 천막업이 생업이고 보니 저희들이 그러한 이유에서 쉽게 만나게 되며 그리고 친숙하게 된다. 당시의 천막은 염소의 머털 실로 천을 직조하여 그 천으로 제조를 하였다. 이러한 천이 나오는 주산지가 길리기아였기 때문에 이 천을 불러 '길리기컴'(Cilicicum)이라고 하였다.

동양에서는 동업자끼리 같은 장소에 모여, 옆자리에 점포를 이어 상점을 열어, 이와 같이 같은 상품을 같은 지역에서 장사하므로 그 자리를 특산물로 유명한 곳이 되게 하는 뛰어난 상술과 풍습이 있다. 바울이 그러한 관행에서 천막업들이 집결한 거리에 찾아간 기회에 동업인 아굴라와 브리스길라와 상봉하게 되었을 것이다. 저희들의 처음 상봉을 말해 주는 어떤 에피소드도 없는 것으로 보아, 저희들 아굴라와 브리스길라는 로마에 있을 때부터 독실한 성도였으며 지극히 자연스럽게 서로를 용납하게 되었을 것이고 따라서 특별나게 언급하여야 할 아무런 설명이 없는 것이다. 아마도 즉시적으로 저희들 부부는 바울을 청하여 저희들의 저택에 함께 유하게 하였을 것이다. 그리하여 동업자가 되었고 그후에 실라와 디모데가 찾아오자 저희들도 함께 같은 집에 머물게 되었다. 이러한 경우는 전자에 빌립보에서 루디아가 바울의 일행 네 사람을 청하여 같은 저택에 머물게 한 일이 있는 것과 같은 상황일 것이다.

능숙한 전문업자의 손끝으로 피혁과 천과 끈을 다루면서 한편 저희들은 신학과 교리를 이야기하였을 것이고 아굴라와 브리스길라는 그 동안 마음에 쌓였던 많은 질문을 던져 바울에게서 참으로 오래오래 기억이 되며 잊을 수 없는 그러한 중요한 답변에 접하였을 것이다.

저희들 내외는 주일에 회당에 나가 그곳에서 바울의 설교를 경청하였다. 저희들은 천막업이라고 하는 전문 기술만이 아니라 신앙 생활과 전도를 연결지어 사람들에게 복음을 전하는 일에 헌신한 기술자들이라고 하여야 한다. 두 가지의 전문 기술이나 지식이 상승적으로 유익을 크게 준 그러한 유능한 직능인을 만나기란 용이한 일이 아니다. 그후 바울은 저희들과 어린 고린도 교회를 도우면서 2년간이나 같이 생활을 하고, 그리고 바울이 에베소로 이동할 때에는 저희들도 동반을 한다. 그후 바울과 저희들과의 이 아름다운 우정은 신약의 맥락에서 17년 이상이나 계속이 된다.

'천막지기'

천막 제조자, 또는 '천막지기'라고 하는 낱말이 선교 사역에서 독특한 의미를 지닌 언어가 되었다. 왜냐하면 선교 사역에 투신한 자로서 현장에서의 선교 비용을 자기의 본업인, 교사, 치과의사, 외(外) 내과(內科) 의사, 관리 사회사업 등 전문업인의 행위를 그대로 계속하므로 그것으로부터 수입을 얻어 사역에 충당하는 선교자들을 상징적으로 그와 같이 종합하는 관용어가 되었기 때문이다. 이러한 자급자족하는 선교 행위 중에 어떤 이들은 아무런 선교 단체와의 협약이 없이 단기적으로 선교에 참여했다가 다시 자기의 옛 직업으로 되돌아가는 유형의 사역도 있다. 그리고 일체의 비용을 남의 선교비 지원 없이 자기 직업을 통한 수입에만 의존한다.

훗날 현대 선교인 아버지라고 인정하는 윌리엄 케레이(William Carey)를 선교사로 교회가 파송하였을 때, 그는 인도 선교를 위한 넉넉한 비용을 조달할 길이 없어서 현지에서 모 인도회사의 고용인으로서 천막 제조에 손을 댔다. 미국이나 여러 기타 지역에서도 처음 교회를 개척하면서 자기와 가족의 생활비를 자기의 직업에 따른 수입에 의존하여야 했던 교역자가 많았다.

이러한 천막업과 같이, 현지 직업에 선교비를 의존하여야 하는 전략에는 여러 가지의 곤란한 문제가 일어난다. 첫째는 한 직업인으로서 요구되는 일의 양을 감당하면서 또 선교사로서의 업무량을 이중으로 감당하여야 하는 과중한 격무(激務)이다. 두 번째는 복음을 전하는 활동에 제약에 따른다고 하는 것과 동역자들과의 친교가 소홀하여진다고 하는 점이다.

그러나 소위 천막 선교 행위에 장점도 있다. 왜냐하면 공산 국가나 모슬렘국들에게 접근하기가 용이하지 않으며 저희들 관공소가 직접 선교의 길을 열어 주지 않기 때문이다. 그리고 선교 행위를 엄히 규정하는 나라 중에서 구체적으로 천막 제조 공업이 중요한 산업인 그러한 중, 근동 국가들은 같은 제조업에 종사하는 사람들에게는 문호를 열어 준다. 여권 수속에서 선교 행위에 대한 불필요한 의혹을 받을 필요가 없는 것은 큰 부담을 덜어 준다. 그리고 많은 경우에 이러한 지급적인 선교 행위는 기존하는 선교 체제를 직접 간접으로 돕는 일이 된다. 선교 신학자(Missiologists)들의 예상에 의하면 2000년까지 현재의 80퍼센트의 지역이 선교 목적 자체의 입국을 금지할 것이라고 내다본다. 그때까지 5억의 인구와 접촉을 하기 위한 전략에서 가장 효율적인 방법이 이 천막 선교 전략이라고 평가한다.

저희들은 교사였다

아굴라와 브리스길라는 저희들이 섬기던 로마시의 공동체에 관하여 언급하였다. 선교의 전략가인 바울은 저희들에게서 들은 지식을 기초하여 장차 서반아(西班牙) 선교의 웅지를 실현하기 위하여 로마시에 있는 교회를 선교와 선교 훈련의 본부 기지로 정할 생각을 갖는다. 그러나 그러한 새로운 장을 열기 전에 그는 먼저 지중해 연안 선교의 중심지인 에배소에서 확고한 기반을 정립하기를 원한다. 이 에베소는 유명한 다이아나 여신의 큰 신전이 자리잡고 있는 곳이다.

에베소에서

　근본이 선량한 보수주의 유대인인 바울은 할 수만 있으면 유월절에는 예루살렘으로 올라가기를 원한다. 당초의 생각에 에베소에 교회를 세우고 그후에 예루살렘으로 올라갈 계획으로 바울은 에베소를 찾아온다. 물론 그가 상경을 하므로 그가 없는 기간에는 고린도에 있을 때부터 그에게 좋은 협력자였던 아굴라와 브리스길라를 그대로 에베소에 머물게 하여 그곳의 기반을 확고히 할 계획을 세운다. 이미 바울은 저희들과 2년 간이나 같이 일한 사이였다. 그들은 하나님의 말씀에 정통하며 그리고 선교열이 놀라운 지도자들이다. 그러므로 사도행전 18장 18절에서 19절의 내용에 보면, 바울은 아굴라와 브리스길라와 함께 에베소에 찾아와 그리고는 그 에베소에 저희들을 머물러 있게 한다라고 기록이 나온다.

　바울의 이 같은 확신은 정확한 판단이었다. 고린도에서 저희들이 보여준 협력은 그후 에베소에서 더욱 가시적(可視的)으로 결실을 맺는다. 바울이 돌아오기 전 아굴라와 브리스길라는 다시 에베소에서 유능한 개척 선교사의 역할을 하였고, 그러한 그들의 역할은 그들의 천막업이 지원하여 준 경제적 뒷받침으로 가능한 일이었다. 온후한 성격과 그리고 사람들에게 친절을 베풀기를 기쁨으로 아는 저희들은 자기 저택을 공개하였으며, 결과적으로 비록 모이는 사람들의 수는 소수라고는 하나 바로 초기교회의 특징(特徵) 가정교회(家庭敎會, a church in their house)의 응집(凝集)이 형성된 것이다.

　저희들은 바울이 돌아 올 때까지 에베소에 그저 머문 것만이 아니라 바울이 오기 전에 선교활동의 결실이 있었다. 바울은 즉시 저희들의 천막업에 가담하므로 자기의 필요한 자금에 도움을 얻게 된다(행 20 : 34). 바울은 에베소가 3년간 유한 것이 된다. 그간의 그의 활동을 시간대로 정리하여 보면, 3개월간의 유대회당설교(행 19 : 8)와, 두란노 강당에서의 2년간의 강의(행 19 : 10)와, 그리고 여타의 이유로 시내 체류의 시간 여유를 감안한 시간들이다.

에베소 체류의 마지막 기간에 집필한 고린도서에 나오는 아굴라와 브리스길라의 인사말의 전언으로 미루어(고전 16 : 19), 저희들은 끝까지 에베소에 체류한 셈이 되며 자기 저택을 열어 초신자들의 집회와 그리고 바울을 기숙하게 하므로 그의 선교 활동을 위한 무제한의 지원을 아끼지 않은 것으로 생각이 된다.

원사도가 아닌, 한 뛰어난 설교자의 불완전한 지식을 교정

아직 바울이 돌아오기 전의 일이다. 에베소에 체류 중인 아굴라와 브리스길라는 그곳에 찾아온 유명한 설교가 아볼로를 만나게 된다. 사도행전 18장 24절에서 26절에 보면,

알렉산드리아에서 난 아볼로라 하는 유대인이 에베소에 이르니 이 사람은 학문이 많고 성경에 능한 자라 그가 일찍 주의 도를 배워 열심으로 예수께 관한 것을 자세히 말하며 가르치나 요한의 세례만 알 따름이라. 그가 회당에서 담대히 말하기를 시작하거늘 브리스길라와 아굴라가 듣고 데려다가 하나님의 도를 더 자세히 풀어 이르더라

하였다. 다시 말하여 이러한 아굴라와 브리스길라 부부의 적절한 행위는 저희들이 평신도의 입장이지만 위대한 설교자 아볼로가 소유한 지식의 완전 여부를 감찰한 셈이 되어 흥미롭고 주목이 된다.

아볼로의 선교를 들은 아굴라와 브리스길라는 그의 설교가 큰 잘못은 아니더라도 불완전한 것이며, 그리고 그의 역점이 세례 요한의 세례에 두고 있음을 알았다. 그는 매우 설득력 있는 웅변이었으나 그러나 올바른 주의 길로 바로 잡을 필요가 있고, 그리고 참으로 온유한 권고와 충고가 있어야 하는 것이다. 비록 아볼로의 열성은 가찬한 것이나, 그러나 불완전한 지식은 초신자들에게 바른 신앙이 아닌 큰 해를 줄 수도 있다고 하는 위험성에 대하여 그들은 현장 경험으로 익히 잘 알고 있었다. 그리

하여 이 웅변(雄辯) 설교자가 성경의 말씀을 바로 해석하도록 일러준다. 이러한 교정의 과정은 생각보다 그리 용이한 작업이 아니다. 정당한 지식에 근거한 비판이라도 그 비판을 교정받는 자가 인종(忍從)으로 수용할 큰 마음이 없으며 치유가 아닌 결렬이 되기 쉬운 법이다. 그런 의미에서 이 두 내외의 접근도 참으로 은근하고 온건하거니와 아볼로의 인격이 훌륭한 재목임을 새삼 알게 된 기회이기도 하다.

아굴라와 브리스길라는 온건하고 자극하지 않는 원만한 접근에 의하여 참으로 유능한 한 지도자를 얻은 셈이 된다. 이 결과는 초기교회의 맥락에서 사뭇 중요한 의미를 지닌다. 사도행전 18장 26절에 보면, "그(아볼로)가 회당에서 담대히 말하기를 시작하거늘 브리스길라와 아굴라가 듣고 데려다가 하나님의 도를 더 자세히 풀어 이르더라"하였다. 아굴라와 브리스길라는 공회 현장 그 자리에서 즉시 비평이나 이의(異義)를 제시한 것이 아니라 자기 집으로 초대하여 세례 요한의 세례가 결론이 아니라 예수의 죽음과 부활과 성령의 강림이라고 하는 막중한 기독론적인 구속사(救贖史)의 요체(要諦)를 일러주므로 완전한 신학으로 마무리를 준다. 아볼로는 원래 구약에 능한 웅변가이다. 그리고 과거 여러 번 바울이 공식적으로 선교 여행을 떠나기 전 회당에서 구약을 참으로 감동적으로 새롭게 변증하는 것을 경청한 일이 있는 터에 그러한 초기의 바울과 맥을 같이 하는 입장이었을 것이다. 그러나 그리스도의 보혈의 씻음과 성령의 은혜주심과 개인의 영생을 비로소 그들 내외의 도움으로 완전히 알게 된 아볼로이다.

사도행전 18장 27절 이하의 맥락으로 생각하면, 그 웅변가는 아가야 곧 고린도교회로 가기를 원한다. 아굴라와 브리스길라는 그를 천거한다. 그곳에 도착한 아볼로의 웅변은 희랍인들에게 불을 댕긴다. 마치 큰 고기가 물을 만난 셈이다. 그가 일으킨 감동의 파고(波高)가 너무나 기대 이상이여서 일종의 부작용으로 분파(分派)가 형성이 되어 베드로와 바울과 겨눌만한 사자로 부각이 된다. 이러한 부작용을 직시한 아볼로는 그래서 고린도교회를 즉시 떠난 듯하다. 속담에 그런 말이 있다. "너 자신이 위대한 자가 아니면 다른 위대한 자를 협력하는 자가 되라."

아가야에 도착한 아볼로의 활동에 관한 요약적인 신약의 언급은 "아볼로가 아가야로 건너가고자 하니 형제들이 저를 장려하여 제자들에게 편지하여 영접하라 하였더니 저가 가매 은혜로 말미암아 믿는 자들에게 많은 유익을 주니 이는 성경으로써 예수는 그리스도라고 증거하여 공중 앞에서 유력하게 유대인의 말을 이김일러라"(행 18:27-28)이다.

저희들은 늘 여행하는 자들이었다

기네스 북에 나오는 세상에서 가장 동작(動作)이 없는 사람이라고 하는 이상한 기록의 소유자 빌 푸크아(Bill Fuqua)는, 한번 서 있으면 너무나 긴 시간을 나무기둥같이 동작이 없기 때문에 하루는 그가 크리스마스 트리 옆에 서 있자, 한 부인이 그를 만지면서 "어쩌면 진짜 사람 같을까!" 감탄하였다고 한다. 아굴라와 브리스길라는 한 곳에 가만히 정착을 하여 그대로 머물러 있는 사람들이 아니다. 저희들의 본업이 천막 제조업이었거니와 로마, 고린도, 에베소, 끝없이 이동하는 길손이었다.

우리는 비교적 정확한 루트를 따라 저희들의 16년간의 이동 행적을 추적할 수 있다. 기원 51년에 모든 유대인들은 로마를 떠나라고 한 글라우디오의 칙령에 로마를 떠난 후 고린도에 온다(행 18:2). 고린도에서 2년간 체류한 후 에베소에서 3년을 체류한다. 그후에 다시 로마로 돌아간 저희들은 그곳에서 10년쯤 지낸다. 그러다가 기원 67년경 바울이 두 번째로 투옥을 당할 때에 다시 에베소로 되돌아온다.

① 로마에 체류. 부득이하여 아굴라와 브리스길라가 그곳을 떠나게 되지만 저희들은 이미 그곳에서 전자에 오순절 경험(행 2:10)을 한 어떤 평신도의 도움으로 성도가 된 것으로 믿음의 근원이 추적된다. 그후 저희 두 내외의 전도활동이 적극적인 것이었으므로 표출이 되어 버린 저희들은 칙령에 의하여 로마에서 추방이 된다.

② 고린도의 체류. 앞서에서 어떻게 이 두 내외와 바울이 만나게 된

것인가를 추리한 바 있다. 당시 동양의 상역은 동업자끼리 같은 지역에 모여 상행위를 한다. 그러므로 자연 바울은 저희들과 같은 천막업이므로 만나게 되고 그리고 같은 신앙이어서 꿈같은 의기투합(意氣投合)이 되었다. 자연 아굴라와 브리스길라의 생활이 넉넉하니 저희들의 집에 초대 되며 바울의 교회 개척 사역(church-planting enterprise)을 지원하게 된다. 그곳에 약 2년간 머문 후 바울은 자기가 예루살렘으로 왕복하여야 하며 그럴 때마다 자기의 선교 활동의 근거지로 에베소를 곤고히 할 웅지(雄志)를 품고 건너 올 때 아굴라 두 내외도 동반하게 된다.

③ 에베소에 체류. 이곳에서 고린도에 부친 편지에 바울은 다음과 같은 인사말을 첨부한다. "아굴라와 브리스길라 및 그 집에 있는 교회가 주 안에서 너희에게 간절히 문안하고…"(고전 16 : 19). 바울은 이곳에 상당히 긴 시간 체류하여 저희들 두 내외의 저택을 모교회(母敎會)로 정하고 그리고 여러 곳에 지교회(支敎會)를 세운다.

초기교회의 기간에는 단독 건물을 교회 전용으로 사용한 예가 거의 없고 주로 넉넉한 성도의 저택이 교회였다. 이 기간에는 자기 저택을 내 놓은 성도들, 가령 예루살렘의 마리아, 가이사랴의 고넬료, 빌립보의 루디아, 골로새의 빌레몬, 그리고 에베소와 고린도와 그 밖의 지역에서는 아굴라와 브리스길라였다. 만일 저희들의 관용과 희생이 아니었다면 최초의 교회 공동체는 없었을 것이다. 그들의 개인 소유의 집들이 유명한 신약교회였던 소위 "너희 집에 있는 교회"인 것이다.

④ 다시 로마로. 글라우디오가 사망한 후 저희들 내외는 다시 로마로 돌아와 수년간을 머문다. 그럴 즈음에, 제3차 선교 여행의 말기까지 고린도에 체류 중인 바울은 그가 예루살렘으로 갔다가 로마로 찾아갈 의사를 담아 저 유명한 로마서를 집필 송부한다. 이 편지 안에 보면, "너희가 그리스도 안에서 나의 동역자들인 브리스길라와 아굴라에게 문안하라, 저희는 내 목숨을 위하여 자기의 목이라도 내어 놓았나니 나뿐 아니라 이방인의 모든 교회도 저희에게 감사하느니라. 또 저의 집에 모이는 교회에게도 문안하라"(롬 16 : 3-4)라고 하는 당부를 잊지 않았다.

바울은 저희를 자기의 동역자라고 불렀다. 바울은 저희들의 사역의 공헌과 중요성을 자기와 동등한 반열 옆자리에 두기를 주저하지 않는다. 저희들은 소중한 사역자들이다. 바울이 자기와 동역한 소중한 지도자들의 인명록(人名錄)에서 이들 내외의 이름을 포함하지 않으면 완전한 인명록이 될 수가 없다. 바울의 설명에 나오는 "내 목숨을 위하여 자기의 목이라도 내어 놓았나니"라고 한 것은 과장이나 수사적인 미사여구(美辭麗句)가 아닌 실제로 형리의 쳐든 도끼 앞에 목을 내어 놓는 경우로 설명이 되는 위기를 가리킨다. 실지로 그러한 경우가 고린도에서 바울이 공격을 당한 때(행 18 : 12)였는지, 아니면 에베소에서 폭동이 일어났을 때(행 19 : 23－41)였는지 정확하게 할 수는 없다. 혹 이러한 위기에서 여러 번 저희들은 창고 속에 쌓아올린 천막더미 속으로 바울을 숨겼는지 모른다.

이러한 위기 관리와 그리고 그 밖의 많은 수고로 인하여 모든 이방인의 교회가 저희에게 감사하고 있는 처지였다. 이러한 맥락으로 다시 생각을 하면 아굴라와 브리스길라 내외는 초기교회 시대에 참으로 잘 알려지고 그리고 존경을 받는 지명인사(知名人士)들인 것이다. 이러한 저희들의 명성과 덕망은 이태리의 유명한 오래된 카타콤 구석에 "브리스길라를 기념하여"(The Coemeteruim Priscilla)라고 하는 명문(銘文)이 남아 있는 것과 그리고 로마의 어느 교회에 남아 있는 "아굴라와 브리스카(브리스길라의 약자)를 기념하여"(Titulus Aquilla and Prisca)로서도 짐작이 간다.

⑤ 다시 에베소로. 그후에 다시 몰아 닥친 네로의 박해가 이유이건 아니면 바울이 저희들에게 위임한 새로운 사역이 이유이건, 확실하지는 않아도 저희 내외는 다시 로마를 떠나 에베소로 왔다. 바울이 최후로 로마의 감옥에 다시 투옥이 되었을 때 에베소에서 사역하는 중인 디모데에게 편지한 글 속에 "브리스가와 아굴라와 및 오네시보로의 집에 문안하라"(딤후 4 : 19) 말하기를 잊지 않았다.

이러한 떠돌이의 생활은 지금이나 그때나 편한 생활이 아니다. 그러나

256

저희들 내외는 주의 사역을 위한 열심이 그와 같이 자주 여행을 하게 한 것이다. 더구나 저희들의 생업이 천막업이고 보니 한번 옮길 때마다 그 것은 많은 소유와 그리고 짐꾼과 그리고 짐승들의 행렬로 이동하는 번거 러움이 대단한 것이었다. 그러나 저희들은 개의치 않았다. 저희들이야말 로 강의 위험과 바다의 위험과 험준한 산과 낯선 길에서 도적떼와 수없 이 여러 번 조우(遭遇)하는 일체의 모험을 딛고 넘어선 수고였다.

에베소에 돌아오자마자 제일 먼저 시작한 일이 자기들의 집을 열어 교 회가 되게 한 것이었다. 주기적으로 모이는 예배와 애찬의 고정된 장소 가 되었고 그리고 길손을 돌보는 일은 저희들의 품성에서 우러나는 섬김 이었다. 저희들은 기본 생활의 골격으로 타자들이 저희들을 통하여 그리 스도를 알게 하는 통로가 되게 하는 일을 우선하였고 그리고 그들은 이 러한 사역에 철저하였다.

저희들 내외는 이미 완벽한 선교조(宣教組, a team)였다

저희들의 활동을 언급하면서 한번도 내외가 분리된 활동의 언급이 없 었다는 것을 주목하여야 한다. 그리고 이러한 완벽한 설교조의 이니시어 팁을 잡은 쪽은 아마도 부인 브리스길라였을 것으로 생각이 간다. 바울 연구의 신학자 중에는 바울이 성격상 여자 기피증이 있는 사람같다고 조 심스러운 견해를 말한다. 그러한 까다로운 성미의 바울이라도, 루스드라 의 로이스와 유니게, 빌립보의 순두게와 유오디아와 루디아, 그리고 에 베소의 몇 사람의 여인들에 대한 바울의 존경심 어린 깊은 관심은 각별 한 것이었다. 여자 기피증이라고 하는 위인이 이 정도의 경건한 부녀자 와의 사귐이 있었다고 하는 것은 무엇을 의미하는 것일까. 두 가지의 사 실, 초대교회의 상황에서 경건한 여인들의 활동이 참으로 돋보였다고 하 는 것, 그러므로 바울 같은 성격의 지도자라고 해도 지극히 자연스러운 친교가 아름다운 비단처럼 직조된 것이다라고 하는 사실이다. 그러한 아 름다운 맥락 속에서 이 아굴라와 브리스길라처럼 언제나 부부의 이름이 한번도 분리된 경우가 없는 언급은 바울의 주변에서 없는 일이며 그 만큼이나 귀한 보석 같은 부부의 존재인 것이다.

매우 흥미 있는 사실은 바울이 저들 내외의 이름을 언급한 6회 중에서 4회, 브리스길라 부인의 이름이 먼저 나오고 있어서이다. 브리스길라의 활동은 남편을 족히 능가하는 눈부신 것이었다. 역사적인 유적에 기념으로 남은 이름은 브리스길라 쪽이 더 많다. 브리스길라의 신앙이 더 장부 같았으며, 그녀의 교리적 이해와 그녀의 강론이 더 감동을 주는 폭넓은 것이었다. 그리고 형제들을 권고하며 접대하는 초기 공동체의 활동에서 지극한 활약이었다고 생각이 된다. 브리스길라는 참으로 놀라운 여장부이다. 천막 사업과 가정의 의무와 경건한 신앙 생활과 그리고 그리스도의 섬김을 이상적으로 융화시키는 일에 성공한 참으로 귀한 모범이었다.

우리의 흔한 경험으로, 두 부부가 같은 일자리에서 활동하는 경우, 이상하게 집안의 스트레스가 직장에서 노출되거나 아니면 직장 활동이 서로를 의지하여 적극성이 없거나 하여 타자의 눈에도 바람직하지 않은 것으로 비치는 일이 허다하다.

그러나 아굴라와 브리스길라는 같은 활동의 자리에서, 접촉하는 사람들도 같은 경우이면서 성공한 선교조(宣敎組)라고 하는 것이다. 한 남자와 한 여자가 만나는 결혼의 조건에서 말하여, 참으로 아굴라와 브리스길라는 인격과 지성과 신앙과 정서로 한몸이 된 이상적인 결합이다. 주를 섬기는 일을 위하여 서로의 손을 잡으니 결혼 생활도 행복하며 그리고 매사가 성공한 예이다. 이들 아굴라와 브리스길라가 거둔 성공이 교과서(敎科書)가 되어, 오늘에 이르기까지 부부가 선교사로 헌신하여 성공을 걷은 축복받은 그런 무수한 일꾼들이 줄을 선 그 선두에는 바로 아굴라와 브리스길라 내외가 서 있는 것이다.

로마 가톨릭 교회의 전통에 의하면 저희들은 같은 날 같은 자리에서 목이 잘리는 순교자가 되었다고 한다. 그리고 보니 이 선교조는 죽음도 같이 맞는다. 로마 가톨릭 교회는 저희들의 순교일을 순교사(殉敎史)의 차원에서 결정하여 7월 8일로 지킨다.

웅변가, 아볼로

행전 18 : 24 − 26.
고전 1 : 12, 3 : 4, 5, 6, 22, 4 : 6, 16 : 12.
딛 3 : 13.

한 유랑 교사(流浪敎師)가 에베소의 회당에 찾아들었다. 존경스러운 지도자와 학자에게 교훈을 듣는 오래된 유대인 공동체의 관행에 따라 그에게 강론의 기회로 예우한다. 그가 자리에서 걸어나와 입을 여니 그의 놀라운 언어 구사와 그리고 열의 넘친 웅변에 듣는 이가 모두가 숙연하였다. 그는 놀라운 교사였다. 그러나 그의 해박한 지식과 남을 쉽게 사로잡는 천부적인 의사 전달의 기술을 가지고도 그 교사는 자신이 지금 처하여 있는 한계성으로 하여 지금이 그의 위기인 것을 알아 차리지 못하였다. 그의 복음에 관한 지식은 불완전한 것이었고 그리고 더욱 심각한 문제는 예수의 죽음과 부활과 성령의 사역을 자기 자신의 구원과 아직도 연관을 맺지 못한 그런 완결이 없는 상태였다. 자신의 구원과 고백이 없는 이러한 지경에서 타자를 능히 감동시킬 수 있는 언변의 재사(才士)는 오히려 남을 쉽게 오도할 수 있다고 하는 시각에서 대단히 위험한 것이다.

아볼로의 천부적 자격

아볼로는 천부적으로 학문의 호기심과 정열이 남다른 사람이었다. 사도행전 18장 24절에서 26절에 보면 "알렉산드라아에서 난 아볼로라 하

258 "

는 유대인이 에베소에 이르니 이 사람은 학문이 많고 능한 자라 그가 일 찍 주의 도를 배워 열심으로 예수의 관한 것을 자세히 말하며 가르치나 …”라고 한 그에 관한 소묘(素描)가 참으로 간결하고도 적절하다.

1) 그는 알렉산드리아의 사람

알렉산드리아 시는 애굽에서 지중해 연안, 나일강 가까이 위치한, 과 거의 영걸(英傑) 알렉산드리아 대제가 건립한 도시이다. 동서의 양거인 (兩巨人)을 결합한 위대한 알렉산더 제국에서 가장 위대한 중심 도시로 서 상역과 재부와 유명한 도서관(圖書館)과 교육과 철학의 중심 도시였 다. 이곳에 흘러들어 온 ‘흩어진 유대인들’(디아스포라)은 이곳에 재물을 붓고 무수히 기업을 일으켰고 그리고 사업에 성공하며 상층 사회층에 군 림한다.

희랍과 유태인의 문화가 교류하는 바로 이곳에서 플라톤과 모세의 교 훈이 서로 만난다. 유태인들은 자기들 고유의 신앙을 고수하면서 그러나 자기들 자녀들에게는 알렉산드리아 최고의 교육과 사상에 노출이 되고 접촉하도록 기회를 제공한다. 당대의 유명한 유대인 철학자 필로(Philo) 는 헬라주의와 유대주의를 화해와 종합시키려고 시도한 위대한 학자이 다.

알렉산드리아에는 철학과 신학 이외에도 어법, 수사학, 점성학, 수학, 지리학 그리고 약학에 뛰어난 석학과 학자들이 벌떼같이 일어난 곳이다. 바울 역시 당대의 이 지성을 호흡한 사람이므로 이러한 기질의 높은 지 성의 소유자인 아볼로를 잘 알고 있었다.

2) 그는 웅변가(雄辯家)

모세도 말의 솜씨는 약한 편이었다. 그리하여 하나님이 아론을 대변자 로 옆에 두셨다(출 4 : 10-16). 당시의 바울 역시 말솜씨가 석연치 못한 자라고 하는 평을 들은 일이 있었다(고후 10 : 10). 그러나 아볼로는 웅 변가다. 그를 경합하는 교사들도 그의 말솜씨에 대해서는 혹평이 없다.

모세는 구약의 대표자, 바울은 신약의 대표자이지만 각기 자기의 심오한 사상과 심증을 유루함이 없이 자기의 말솜씨로 표시하지를 못한 위인들이다. 그러나 아볼로는 자기 재량대로 자기의 의도하는 바를 적절한 때에 의도하는 강도(強度)로 청중을 사로잡고 이끌어 가는 말솜씨가 있는 귀재였다. 그의 논지는 명쾌하고 그의 주장은 강력하며 그의 결론은 모두가 수긍하게 한다. 짐작컨대 아볼로는 초대교회 제일의 설교가였을 것이다.

3) 그는 성서의 말씀에 크게 능한 자

아볼로는, 그의 학문적인 노력을 오로지 당시의 성서인 구약주석과 해석에 집중하였다. 그는 사람들의 심정을 사로 잡기 위하여 어떻게 하나님의 말씀을 적절하게 인용하며 또 사용하여야 하는가를 능숙하게 아는 학자였다. 오늘의 설교자가 언어, 역사, 신학, 사회의 변화와 흐름에 대하여 매우 적절한 감각과 지식을 소유한다고 하는 것은 참으로 바람직한 일이다. 그러나 그런 후에 성서 자체에 대한 충분한 지식이 없으면 그것은 주객전도(主客顚倒)요 참으로 애석한 일이다. 아볼로는 해박한 지식과 그것들을 뒷받침할 수 있는 성서 지식의 확신이 있었다.

위대한 설교자는 항시 성경을 연구하며 그리고 항상 친숙한 성서지식이 그의 의식 속에서 신선한 혈액처럼 순환하고 있어야 한다. "하나님의 말씀은 살아 있고 운동력이 있어 좌우에 날샌 어떤 검보다도 예리하여 혼과 영과 및 관절과 골수를 찔러 쪼개기까지 하며 또 마음의 생각과 뜻을 감찰하나니(히 4:12)하신 그대로를 확실한 지금 나의 경험적 지식으로 그 설교자에게 있어야 한다. 미국 남침례신학 대학의 설교학 교수이며 설교학의 고전이 된 「설교의 준비와 전달이론」이라고 하는 교과서의 저자인 브로더스(John A. Broadus, *A Treatise on the Preparation and Delivery of Sermon*, Harper & Brothers)는 그곳 신학대학에서의 최후의 신약 강의 시간의 소재를 이 아볼로 연구로 마치면서 신학도들에게 "하나님의 말씀에 크게 능한 자"가 되어야 한다고 격려했다고 들었다.

4) 아볼로는 심령이 뜨거워 열심이 있는 사람

열심이 있다고 하는 문자적 의미는 '끓어 넘친다' '불꽃이 살아 있다'이다. 아볼로는 정열적이고 열의가 대단한 사람이었다. 그는 회당에서 자기의 소신을 굽히지 않고 피력하는 용기가 있는 사람이었다. "그가 당대히 말하기를 시작하거늘…"(행 18 : 26)에 나오는 '담대히'는 잠시 후에 같은 회당에서 바울이 설교하는 모습을 기록하면서 역시 나오는 언어이다(행 19 : 8).

5) 아볼로는 성실하게 자세히 가르친다

열심이 있는 설교자는 자기의 열심에 실려, 사실을 사실대로가 아니라 과장과 확대하므로 강조하는 경향이 쉽다. 그러나 위에 언급한 아볼로의 기록은 그가 "예수에 관한 것을 자세히 말하며"에서 암시하는 바와 같이 놀라운 통계 수사학적인 역량으로 예수에 대한 집중적인 변론이었음을 알 수 있다. 그는 자기가 이해한 예수 지식을 그대로 청중이 수용하도록 열망한다. 그러나 이러한 그의 설교 내용에서 그는 자기의 한계를 드러낸다. 그는 하나님의 말씀의 강해에는 충실하였으나 그러나 그의 강해는 충분히 완벽한 것이 아니었다. 그의 지식에 한계가 있기 때문이었다. 이러한 사실은 자신의 심령과 그리고 타자의 심령을 위태롭게 할 수 있는 위험 요소이다.

오늘의 교회 생활에서 충분히 성실하며 열정적으로 교회 일에 참여하는 인사들이 그러나 기본적인 신약성서의 지식이 비평적으로 충분히 여과된 지식이 아니므로 위험한 사람들이 많다.

아볼로의 부족(不足)

아볼로는 구약에 지극히 능하며, 그리고 초기 바울의 구약 변증에 접촉할 기회가 있었을 것이고, 자기의 학문적 소양과 예리한 판단에 근거하여 갈릴리 목수 예수를 주제로 정열적인 설교를 하여 왔다. 그러나 초기 기독교 공동체 전체의 지도자의 안목으로 볼 때 아볼로의 성서신학과 예수 신앙은 미완의 것 그리고 부실한 것이었다.

이러한 아볼로의 부족을 풍자적으로 다음같이 설명한 반하우스의 예화는 코믹하나 아볼로의 경우와 일치한다. 그의 이야기는 이렇다.

18세기 중엽까지 버지니아에서 살다가 새로운 개척을 꿈꾸며 서부로 포장마차를 끌고 끝도 없이 이동하여 오늘의 테네시 주나 켄터키 주에 정착한 동부인들은 아직 영국 식민지의 시민이었다. 1770년에 저희들이 버지니아의 친구들에게 보내는 인사는 "하나님이 왕을 도우소서"의 영국 국가의 한 구절이었다. 그후 찾아 오는 손님도 없고, 소식이 단절이 된지 15년이 지났다. 그런 후에 계곡을 뚫고 험로를 달려 다른 포장마차가 또 왔다. 저희들은 흥분은 이만저만이 아니다. 푸짐한 식사를 하면서 이야기의 꽃이 피어, "지금 누가 왕이신가. 지금도 조지 3세인가" 궁금하여 물었다 "천만에 우리는 지금 영국 시민이 아니라 미공화국의 시민일세. 왕이 아니라 초대 대통령이 조지 워싱턴이라네." 저희들의 충격은 이만저만이 아니었다. "우리 모두가, 신생 미국의 시민이라니, 하나님이여 대통령을 복주소서!" 환호를 올렸다는 이야기이다(*Epistle to the Romans*, Booklet 31, Evangelica 1 Foundation, p. 1571).

말하자면 아볼로의 이해와 지식은 바로 전환기의 것이었다. 요한의 세례와 오순절 사이에 존재한 과도기에 꼭 들어 맞는다. 그는 그후 이러한 변화의 성숙에 대하여 알지 못하였다. 성서학자의 견해 중에는 이러한 아볼로의 난처한 초반의 입장을 설명하여 그가 예수의 죽음과 부활과 성령의 강림을 들은 일이 없이 예수의 교훈에만 접하였고, 그리고 근본 요한의 세례를 받은 인물이 아닌가 하는 견해이다.

그러니까 세례 요한이 죽은 지 25년이 지났으나 아직 세례 요한의 설교를 연장하는 사역이었으며, 세례 요한 자신 보다도 좀더 세련이 되었을 것이 틀림이 없다. 그의 종교적 정의감은 놀라운 것이었다. 그의 설교는 열기가 있는 웅변이었다. 그러나 십자가의 죽음 이전, 부활 이전, 오순절의 성령 강림 이전의 감동이었다. 그의 성실한 설교를 들은 아굴라와 브리스길라는 참으로 당혹하였다.

예수의 죽음과 부활의 영역으로 들어서지 못하고 예수의 사회정의와 윤리만을 설교한 설교자가 어찌 아볼로 한 사람뿐이었겠는가. 이러한 설교가는 예수가 한 모범일 뿐 구주가 아니다. 복음서의 의도는 구주이신 신앙 고백의 첫째요 그 다음이 그의 규범에 따른 생활이어야 한다. 아볼로의 지식은 잘못이 아니라(not erraneous) 부족이다(incomplete). 그는 이단은 아니었다.

오늘의 사정으로 미루어, 마치 아볼로가 보완 수업을 받은 것과 같이 적절한 연장 교육으로 수료증을 소유하는 많은 목회자들을 생각해 본다. 그러한 연장교육과 헌수관정은 매우 중요하다.

그가 받은 새로운 조명(照明)

아굴라와 브리스길라는 그의 열의 있는 설교를 듣고 마음이 착잡(錯雜)하였다. 얼마나 유능한 설교가인가. 그러나 그의 예수 신앙과 지식은 한정된 것이다. 어떻게 할 것인가. 이러한 상황에 놓이면 우리가 흔히 하는 첫번째의 반응은 아마도 우리가 다른 사람들과 앉은 자리에서 이러쿵저러쿵 자기의 우월한 지식과 비교하여 불평조로 말하고 마는 일이다. 지루하여 몸을 꼬다가 시계를 자주 보며 하품을 억지로 할 것이다. "너무 신학적인 기초가 없군!" "참으로 지루하여 들어 볼거리가 없는 사람이야, 어떻게 저런 분을 세웠을까." 그래서 예배가 끝나기가 무섭게 집으로 달아나 버린다. 이러한 냉대를 알아채린 그 설교자는 다시는 그 강단에 대한 희망을 버리게 될 것이다.

우리는 아굴라와 브리스길라가 그의 설교를 교회 문턱에서 그리고 자기들의 자녀들 앞에서 토의하지 않았다고 생각을 한다. 저희들은 사려가 깊은 원숙한 내외이다. 만일 자녀들이 그의 설교에 대한 부모의 생각을 물었다면 아마도 아볼로가 큰 교육 도시 알렉산드리아에서 학문을 한 훌륭한 설교자이며 그의 설교 안에 오늘 우리에게 주는 교훈이 크다라고 설명을 하였을 것이고 자녀들이 잠든 후에 가서야 두 내외는 서로 솔직한 평가를 교환하고 그리고 아볼로를 자기의 집으로 초대하기로 결정을 하였을 것으로 추단이 간다. 저희들은 아볼로에게서 다이아몬드의 원석 같은 귀한 바탕을 본 것이다. 그러나 그 원석은 빛을 나타내는 보석이 되게 하기 위하여 깍고 다듬어져야 하는 것이다. 그런 의미에서 아볼로의 초대는 중요하다.

한 영혼의 구원은 꼭 그와 같다. 의견의 개진이 책망과 노여움을 주어선 안 된다. 강요이어서는 안 된다. 속임수를 써서도 안 된다. 친구의 우정으로 그의 동의를 구하여야 한다. 말하자면 수술을 시작하기 전에 아굴라와 브리스길라는 그를 정중하게 식사에 초대하였을 것이다. 식사를 물린 후 하나님의 일에 관하여 화제가.돌아가면서, 인류의 구원을 위하여 하나님의 종인 세례 요한이 등장하여 예수를 증거한 것만이 아니라, 그가 증거한 예수가 어린양같이 죽임을 당하셨다고 일러 준다. 그리고 삼일만에 승리자로 무덤을 밟고 부활하셨습니다. 그후에 승천하시고 그리고 하나님의 우편에 앉으시고 오순절 이후 계속하여 성령을 보내시사 이제는 성령 세례로 말미암아 우리 모두가 교회 곧 그리스도의 몸으로 하나가 된 것입니다라고 보완하여 주었다.

그의 선량한 반응

세례 요한의 증언 이후, 예수의 구속의 십자가와 부활과 하나님 우편에 앉으신 일과 그곳으로부터 성령을 모든 성도에게 보내신 일에 대하여 처음으로 알게 된 아볼로는 감격으로 눈물을 적셨을 것이다. 아볼로는 그러한 새로운 지식이 구약의 모든 예언들과 어떻게 일치하고 있는가를 즉각 확신하게 된다. 비로서 구약 안에 놓이는 신약과 그리고 신약의 메시지가 구약의 약속의 성취라고 하는 복음주의적인 오늘의 성서신학의 일관성에 대한 혜안(慧眼)이 열렸다.

오늘에 와서, 설교자들은 흥미 있는 수수께끼를 말한다. 평신도 내외로서 뛰어난 신학적 통찰을 소유하였으며 그리고 온유한 자세로 그것을 필요한 사람에게 시기를 놓치지 않고 교정하여 준 아굴라와 브리스길라가 위대한가. 아니면 자기의 뛰어난 사역과 능력을 내세우지 않고 필요한 충고를 접수한 아볼로가 더 위대한가라고.

회당에 모인 사람들에게 감격을 경험하게 하는 놀라운 이 웅변가, 그는 알렉산드라아에서 공부한 구약의 석학이다. 그러나 천막 제조와 매매가 본업인 이 평신도 내외의 유연한 접촉은 오늘까지도 우리 모두의 주목의 대상이 된다. 정식으로 사역에 관하여 고도의 교육이 있는 사람이라도 평신도 그리고 그 중의 한 사람은 여자의 경우라고 해도, 바로 잡고 시정이 되어야 할 것은 시정이 되어야 하는 것이다. 더구나 교리와 신학적인 근본 문제는 더욱 그러하다.

아볼로는 이들 평신도에게서 자기에게 없었던 복음의 진수를 발견한다. 그리고 자기에게 정중한 접근으로 일러준 선의를 감사한다. 알렉산드리아 대학의 학사, 그리고 웅변상(雄辯賞)의 트로피를 찾이한 자, 그러한 그는 비록 평범한 그러나 결코 평범하지 않은 장사꾼인 내외의 발 밑에 자기를 낮추고 그러한 자세로 이 놀라운 완전한 복음의 지식을 경청한다. 비로서 그는 예수의 지식에 더욱 성숙하여진다. 학문적으로 월등한 자기 학문과 무관한 사람에게서 이러한 교육에 접하는 경우는 결코 흔한 일이 아니나, 그러나 그런 선례는 생각보다 많다.

예수께서 하신 말씀에 "천지의 주재이신 아버지여 이것을 지혜롭고 슬기 있는 자들에게는 숨기시고 어린 아이들에게는 나타내심을 감사하나이다"(마 11 : 25) 하신 기도가 있다.

존 번연(John Bunyan)이 쓴 「넘치는 은총」에서 그는 보잘것없는 여인들이 하나님에 관하여 서로 주고 받는 이야기를 엿듣고 큰 깨달음에 이르게 되었다라고 고백한 바 있다. 번역은 하나님의 섭리로 '베드포드' 거리에서 집일을 하다가 보니⋯.

서너명의 부인들이 햇살이 쪼이는 문턱에 같이 앉아 하나님의 일을 이야기하고 있었다. 나는 내 자신 종교 문제에 관해서 근자에 깊은 관심이 있는 터라 저희들의 이야기를 엿듣고자 접근을 하였다. 나는 저희들의 말을 엿듣기는 해도 이해하지는 못하였다. 저희들의 이야 기의 수준이 월등하여 나의 지각이 미치지 못할 수준의 것이었다. 저희들은 다시 태어나는 일에 관해서, 저희들 심중에서 역사하시는 하나님의 일에 관해서 그리고 자연인 그대로의 심령 상태가 얼마나 천박한 것인가를 말하는 중이었다. 저희들은 하나님께서 주 예수의 사랑으로 저들의 심령을 찾아주신 일과, 어떤 말씀으로 저희들의 영 혼을 새롭게 하여 주셨으며 위로와 격려와 악에 대항하여 서게 하셨 는가를 서로 간증한다. 내가 듣고 있노라니 마치 저희들이 기쁨이 넘쳐 그래서 간증을 하지 않을 수 없는 심경인 것처럼 보였다. 저희 들은 즐거움으로 성경 말씀을 들어 이야기하며 이 모든 이야기를 하 는 저희들의 모습이 이처럼 은혜에 넘쳐 있었다. 그러한 저희들의 인상은 저희들이 모두 새로운 세상을 찾은 사람처럼, 그 새 세상 안 에 거하여 사는 사람들이며 여기 이웃 사람들과는 상관이 없는 사람 들처럼 보였다. 나는 평범한 그들이 모여 이야기하는 곳을 자주 찾 아가기로 하였다. 저희들을 떨어질 수 없었기 때문이다. 즉시 나는 두 가지를 마음을 먹었다. 하나는, 심정을 유순하고 온유하게 갖는 것 그리고 또 하나, 그 여인들의 이야기를 계속 명상하기로 굳은 마 음을 먹는 일이었다(Alexander Whyte, *Bible Characters, Stephen to Timothey*, Revell. pp.271－272).

번연은 여기에서 평범한 처지에 있는 몇 명의 놀라운 여인들에게서 배 운 높은 차원의 명상을 언급한다.

아볼로는 이미 저희들의 친절한 대접으로 마음이 뜨거워졌다. 그리고 새롭게 하나님의 영이 그의 심정의 접촉이 된 것이다. 이제는 확실한 지 식과 예수가 구주이심을 그의 인격을 소유하므로서 확실한 것이 되었다.

아이어 박사(Ayer)는 이러한 아볼로의 변화를 다음과 같이 기술한다.

> 아굴라와 브리스길라는 자기들의 발아래 무릎을 꿇고 그리고 그
> 의 머리 위에 양손들을 모두 얹어, 예수 그리스도께서 그의 영으로
> 그의 마음 속으로 들어오시어 예수의 죽음과 부활로 인한 사죄의 지
> 식을 얻게 하시고 복음을 위하여 그를 다시 일으키시사 크게 역사하
> 심을 구하였다. 저희들이 다같이 간구의 기도를 마치고 일어서자 아
> 볼로의 얼굴은 새로운 빛으로 가득하였다. 그는 거듭난 것이다. 부
> 활하신 그리스도가 아볼로의 심중에 거하신 것이다(Seven Saved
> Sinners, Zonder van, p.123).

아볼로와 같은 유사한 경험을 한 지식인과 학자는 많다. 교회에 오랫
동안 봉사하여 온 주교사나 집사들이나 심지어는 장로들까지 신앙과 성
서에 대한 많은 지식이 있는 후에 "나는 그리스도를 내 마음 속에 모시
기를 원한다"라고 하는 간절한 소원이 성취되어 중생과 성결의 은혜로
이어진 성도는 많다.

아볼로의 유용성(有用性)

복음으로 정확한 지식을 얻어 확신이 선 아볼로가 그후에 능력 있는
사역자가 된 것은 의심의 여지가 없다.

1) 그의 새로운 능력은 고린도 교회에 도전이었다.

사도행전 18장 27절에 보면, "아볼로가 아가야로 건너가고자 하니 형제들이 저
를 장려하며 제자들에게 편지하여 영접하라 하였더니"라고 기록이 나온다. 왜 아
볼로가 아가야로 가기를 원하였는가. 「비잔 텍스트」(The Beszan Text)[11]에 의
하면 "그때에 마침 고린도 사람들이 에베소에 다니러 왔다가 아볼로의
이야기를 듣고 자기들의 곳으로 건너오기를 청하였다. 아볼로가 그 초대

에 관해서 에베소의 성도들과 의논하니 고린도의 성도들에게 아볼로를 따뜻하게 영접하여 주기를 천거하는 편지를 썼다"라고 경위를 설명하는 장문의 글이 나온다. 아볼로는 고린도 교회의 사정에 잘 맞는 인물이다. 고린도 교회의 사정을 잘 아는 아굴라와 브리스길라는 이 '예배위원'의 결의에 동의하였고 곧 추천서를 발송이 되고 그리고 아볼로는 고린도로 향한다.

즉시 아볼로의 활동은 효험이 나타난다. 그는 참으로 적절한 일터에 온 것이다. 그곳의 새 결신자들은 큰 힘을 얻는다. 나아가, 전자에 바울이 성공하지 못한 영역에서 아볼로는 성공한 것으로 생각이 된다.

"이는 성경으로써 예수는 그리스도라고 증거하여 공중 앞에서 유력하게 유대인의 말을 이김일러라"(행 18 : 28)라고 하는 요약적 결론은 의미심장한 것이다. 전자에 바울이 이곳에서 유대인 지도자들과 충돌이 있어, 갈리오 총독에게로 바울을 끌고가 그가 위교를 전한다고 고발한 일이 있었다(행 6 : 12−17). 아볼로가 이번에 성공한 이유는 그가 전도자이기 보다는 변증자이며 교사이기 때문이다. 바울이 심은 곳에서 아볼로는 건립을 한 것이다(고전 3 : 6, 11). 바울은 개척하고 아볼로는 발전시킨다. 전자에 처음 신앙을 얻어 일단계에 침체에 빠졌던 고린도의 교우들이 아볼로의 변증신학과 그의 적극적인 웅변에 새 활력을 되찾게 된다.

2) 성도간에 일어난 분열은 그의 잘못이 아니었다

아볼로의 세련된 언어 구사와 감동을 불러일으키는 웅변조의 설교 전달은 용이하게 고린도인들의 마음을 사로 잡는다. 그러한 동조자들은 자연 아볼로와 바울의 능력과 공로를 비교한다. 그러자 혹자가 얼마전 잠간 들려 간 일이 있는 예수의 수제자 베드로를 거론하여 자연 수평적인

---

1) 제네바에서 칼빈과 깊이 친교한 Theodore Bezan의 라틴어 역본이며, King James Version의 번역에 큰 영향을 주었다고 평한다.

비교 평가가 일반적인 관심사가 되고 만다. 결과적으로 이 세 사람의 지도자를 놓고 각기 선호하는 사람들끼리 뭉치는 현상이 빚어진다. 그러다 보니, "나는 그리스도를 따라간다." 이러한 반응이 나오기까지 심상치 않게 된 것이다.

역사적으로 자성하여, 교회는 항상 이 사람 저 사람 각기 지도자를 선호하여 그래서 몸된 교회가 분열을 일으킨 수치스러운 오욕을 반복하는 길을 걸었다. 우리의 주변에서도 교회 분열의 원인이 두 목회자가 서로 경합을 하므로 시작이 된 것이고 결국은 세상 법정까지 비화하는 수치스러운 일들을 목격한다. 신임 투표를 거절하고 계속 설교하자 당회는 다른 신임 목사를 이미 초빙하여 아래 위층에서 두 예배가 같은 시간에 진행이 되어 지방 경찰이 개입하여 폭력사태를 제재했다는 이야기가 미국 펜실베니아에서 있었다.[2]

그러나 확실한 바 고린도 교회의 분열은 결코 아볼로의 의도가 아니었다. 하나님이 모든 기능의 지도자들을 총동원하신다고 하는 양식(良識)과 좋은 신앙이 부실한 일반의 공감이 과열되어 분열로 이어지는 동조 의식으로 행동을 하였기 때문이다.

3) 그는 고린도를 떠난다

아볼로가 고린도를 떠난 후에야 심각한 분열이 일어난다. 혹, 분열의 전조와 예감이 그에게 있었기 때문에 일찍 그곳을 떠나게 되었을 것이다. 아볼로는 아볼로 당(黨)이라고 하는 자기 지지자를 그곳에 심어 놓은 것이 아니다. 에베소에 머물고 있는 바울에게 이 분열의 소식을 전하여 준 고린도 사람은 글레오 문중이었다(고전 1 : 11-12). 그 소식을 접한 바울은 어디에서도 그러한 분열의 씨앗이 아볼로 때문이라고 한 언급이나 암시를 한 일이 없다. 오히려 아볼로에 관한 바울의 소견은 지극히 높은 차원의 천거에 해당한다. 신약학자들의 해석은, 바울이 이 편지를

---

2) Leslie B. Flynn, p.142.

집필하면서 아볼로의 의향을 물었을 것이라고 추리한다.

바울은 하나님의 종들을 편중적으로 지지하여 작은 영웅들을 지어 내는 일을 금한다. 이 모든 종들은 하나님의 일꾼들이며 동역자들이기 때문에 서로를 대국적(對局的)으로 분리하는 일은 모순이요 어리석은 일이다. 바울이나 아볼로나 베드로나 모두 하나님의 손에 잡힌 쟁기이다. 각기 은사에 따라 협력하여 혼자 이룰 수 없는 성취를 위하여 하나님께서 능력을 주시어 동역자가 되었다. 각자는 아무리 뛰어난 종이라고 해도 위대한 하나님의 사업의 일부를 성취할 뿐이다. 하나님의 말씀의 씨앗을 바울은 심고 그리고 아볼로는 물을 준다. 그러나 하나님만이 성장하게 하신다(고전 3 : 6).

왜 부족한 인간을 찬양하는가? 모든 인간은 언젠가는 주의 심판 앞에서 저의 공효가 평가될 것이 아닌가? 고린도교회에 부친 바울의 사상은 하나님의 종들을 편중적으로 선호하여 선택하는 행위가 감히 하나님의 판단을 대행하는 신성모독(usurping a prerogative of God)이라고 책망을 한다.

아볼로나 바울도 사람이다. 저희들에게 어찌 경쟁 심리가 일어나지 않겠는가. 그러나 저희들은 짐짓 동역자 의식을 고수하였다. 그리고 서로 상대방의 성공을 기뻐하였다. 바울은 아볼로에게 이러한 신뢰와 확신이 있었기 때문에 그는 아볼로로 하여금 고린도로 돌아가는 형제들과 동행하도록 권고하였고 아볼로는 두 번째 고린도 방문의 적기가 지금은 아직 아니라고 신중하였다(고전 16 : 12). 바울은 고린도 교회의 성도들이 특정 인간을 우상시하는 잘못을 교정하랴. 다른 한편 지금이야말로 아볼로가 고린도 교회가 필요로 하는 적절한 지도자라고 하는 양식의 판단을 내리지만, 아볼로는 지금은 적기가 아니라고 거리를 둔다. 본래 아볼로가 분열을 일으킨 것이 아니었다. 그러나 그가 직접 현장에 다시 나타나 분열을 더욱 부채질하는 일을 원치 않았던 것이다. 하지만, 앞으로 고린도 교회를 방문할 기회를 거절하지는 않았다(고전 16 : 12).

아볼로의 바울의 좋은 우정은 지속이 된다. 마지막으로 그의 이름이 바울의 편지에 나오기는 디도서에서이다. 아볼로는 율사(律士) 세나와 함께 그레데를 향해 여행 중이었다. 짐작컨대 이 세나는 바울이 저술한 첫번째의 로마 옥중 편지를 가지고 있을 것이고, 그리고 디도가 아볼로와 예나의 선교 여행이 원활하도록 도울 입장이었을 것이다(딛 3 : 13). 그러므로 아볼로는 현역으로 뛰고 있는 것이다. 그의 뛰어난 웅변과 열정과 그리고 놀라운 성서 지식을 가지고 말이다.

전도자, 빌립

초대교회의 일곱 집사 중 하나 : 행 6 : 5.
사마리아에서 전도 : 행 8 : 5.
그의 딸들이 여선지자 : 행 21 : 9.

사람이 세상에서 살아가는 동안 항상 좋은 일만 있는 것이 아니다. 구진 일, 남과 다투는 일, 만족스러운 결과, 한이 되어 남는 일 등 가지 가지이다. 살아 있는 사람과, 전자 회로가 집성이 된 기계 덩어리 컴퓨터가 감당해 내는 일에는 능률로만 말하여 별반 차이가 없다고 할 것이다. 어떤 부과된 일에 관한 진행 절차는 비슷하다. 명령받고 지시된 일에 대한 감응과 반응을 보여, 그래서 일을 풀기도 하고 그리고 하나의 지시가 완결이 된다. 그러나 사람과 컴퓨터와 사이에는 중요한 차이가 있다.

사람의 행동에는 반드시 동기가 있으나 그러나 컴퓨터의 동작에는 동기가 없다고 하는 혼돈이 될 수 없는 인격과 기계의 차이이다. 전자회로는 아무리 정교하고 그리고 복잡한 요구에 응하도록 제작이 되었어도 기능이 제작이 된 범위에서 작동을 한다. 그에게 좋고 싫고가 없다. 그러나 사람의 강렬한 행동과 동작의 기초에는 욕구(desire)라고 하는 심리 동기가 반드시 있어야 한다.

그러한 강력한 심리적 동기를 설명하는 심리학자들은, 특히 극동 지역에 생활하는 아시아인 중에서 일본인은 복수 심리가 가장 강렬한 동기라고 하며 그것을 결속이 된 효율 문화를 과거의 '도노사마'(일본어, 殿様) 문화나 '사무라이'(일어, 武士) 문화에서 볼 수 있고, 그리고 한국의 경

우에는 그러한 강렬한 동기가 '한'(恨)이라고 분석한 사회학자의 의견이
있다.

　인간 인격은 개인이나 집체적으로나 지극히 복잡하여 어느 하나의 범
주적인 설명으로 전체의 특성을 그렇게 고정시키는 일은 매우 위험하고
도 부정확한 일이다. 어찌 일본인의 잠재 의식을 복수심이라고만 할 것
인가. 어찌 한국인의 양선(良善)을 '한'이라고만 단정해서 좋겠는가. 그
러나 어느 구체적인 하나를 반복적으로 입력하여 그렇다고 학습을 시키
면 인간도 그렇게 행동하려고 하는 공감(共感)의 성향(性向)이 있어서
그것을 주목하여야 한다.

　인간 관계에 있어서 타자에게서 피해를 받으므로 나의 잠재 의식 깊이
자리를 정한 '한'은 지극히 강렬한 동기가 된다고 하는 것이 심리학자들
의 견해이다. 빌립이 자기 동료 스데반이 돌로 순교함으로서 바울에게
대한 개인 감정이 지극히 강렬한 것이었다고 하면 그것은 자연스러운 인
지상정(人之常情)이다. 초기교회에 의하여 선택이 된 예루살렘의 일곱
사람 중에 한 사람이었던 빌립이 스데반에게 갖는 동료 의식은 남다른
것이었다고 생각이 된다.

　이같이 현명하고 그리고 논지가 정연한 변증 이론가이며 자기의 친구
인 스데반을 하나님이 일찍이 넘어지게 하신 하나님의 섭리를 빌립은 몇
번이고 새김질하며 명상하였을 것이다. 빌립의 고통과 슬픔은 깊은 것이
었다. 훗날에 사울의 회심을 전해 들은 빌립은 사울 정도로 유대주의적
변증 이론이 투철한 그가 전환을 하겠는가. 기독교 지도 체제의 내부 속
으로 침투하기 위한 위장이 아닌가 하고 끝까지 마음을 풀지 못하였을
것이다.

　그러나 바울의 회심이 실제이며, 또한 그가 당하는 곤고(困苦)한 처지
와 그런 역경에서 여러 번 보여 준 성실성이 움직일 수 없는 사실로 확
인을 한 빌립은 바울에게서 제2의 스데반을 발견하게 된다. 그리고 스데
반이 순교한 사건 배후에 있는 하나님의 섭리에 놀라게 된다. 자는 듯 숨
을 거두는 마지막 순간까지 저희 박해자들의 용서를 빌던 스데반의 최후

를 지켜 본 빌립의 심중에서 바울에 대한 편견이 녹아 없어진다. 더구나 지켜보면 볼수록 바울은 스데반을 닮은 그리고 그를 능가하는 참으로 유능한 변증신학자(辨證神學者)가 아닌가. 모든 것이 합동하여 선을 이루는 하나님의 오묘하신 섭리에 머리를 숙이게 된다. 드디어 빌립에게서 바울에 향한 깊은 '한'이 깊은 존경과 협력으로 대치된다.

집사 중 한 사람, 빌립

사도행전 21장 8절에 "일곱 사람 중의 하나인 전도자 빌립"(*RSV, NIV*)이라고 기록이 나온다. 초기 기독교 공동체가 '열둘'이라고 고유명사로 의미하는 바가 열두 제자를 가리킴과 '일곱 사람'이라는 약어로 의미하는 바는 12사도를 지원하여 헌금 관리와 급식 문제들을 취급한 '일곱집사'를 의미하였다.

사도행전에서는 집사라고 하는 직분의 명사가 나오지는 않으나 그러나 전통적으로 그들을 집사라고 불렀다. 사도행전은 저희들 중에서 특히 두 사람, 변증자이며 순교자 스데반과 전도자 빌립의 행적을 언급한다. 나머지 다섯 집사의 행적에 관해서 우리는 아는 바가 없으나, 그러나 스데반과 빌립의 경우는 극빈자들을 위한 급식의 관리만이 아닌 열심 있는 말씀의 선포로 인하여 언급이 된다. 다른 일곱 사람의 경우도 같지만 빌립은 우리가 지금 중요한 자격자의 조목으로 꼽는 네 가지의 기본 조건, "너희 가운데서" "칭찬듣는 자" "성령이 충만한 자" "지혜가 충만한 자" 이렇게 갖추어진 지도자라고 하는 사실을 정당하게 평가하여야 한다.

① 기독교 지도자는 반드시 기독교 공동체에 속한 자 중에서 선택이 되어야 한다.

아무도 크리스챤이라는 고백이 없는 자는 인선위원회에서 거명(擧名)해서는 안 된다.

② 기독교 사역자는 마땅히 좋은 소문의 주인공이어야 한다.

사회적으로 공인받는 인격자를 선택하여 교회의 사업을 감당하게 하여야 한다.

③ 기독교 사역자들은 성령으로 충만함을 받은 좋은 신앙의 사람들이어야 한다.

여기에서 의미하는 바는 그가 세상의 직업을 전부 포기하여야 한다고 하는 것이 아니다. 오히려 그가 세상의 어떤 직업을 소유한다고 해도 그의 가장 중요한 통제원리가 주의 영광을 위하여라고 하는 생활에 철저하여야 한다는 뜻이다.

④ 기독교 사역자들은 지혜에 충만하며 그리고 성화된 상식과 감각의 소유자이어야 한다.

다른 일곱 사람들과 함께 빌립은 초기 예루살렘 공동체에 속하는 극빈자들을 급식하는 일과 소유를 공유하는 중요한 살림살이를 지혜롭게 처리하는 일을 위하여 성화된 지혜를 은사로 받은 지도자이다. 신약학의 조명으로 성찰을 하면, 빌립은 많은 다양한 은사를 소유한 귀한 인물이다. 그는 사도들의 짐을 덜어, 조금도 누를 끼치는 일이 없는 말하자면 지혜가 충만한 인물이며 그리고 모든 사람들에게 자애로 대접하는 성실한 성격의 사람인 것으로 판단이 된다.

기독교 철학자 아리스티데스(Aristides)가 하드리안 황제에게 기독교를 변호하여 주장한 내용에서 다음과 같이 언급하였다. "저희들은 서로 사랑하며, 과부를 돌보는 일에 부족함이 없으며, 고아들의 보호에 적극적이어서 어떤 불법자도 용납하지 않았다. 저희들에게 소유가 있으면 없는 자들에게 후하게 주었으며, 길손들에게는 저희 집에 머물 곳을 제공하였고 그들을 친형제처럼 대하였다"라고(Charles Colson, *Presenting Belief in an Age of Unbleief*, Victor, p.35).

전도자, 빌립

신약에서 전도자라고 구체적으로 불린 사람은 빌립 한 사람뿐이다(행

21 : 8). 그 밖의 경우 이 언어가 사용이 된 것은 다음과 같은 두 번의 경우이다. 하나는, 디모데를 강권하여 "그러나 너는 모든 일에 근신하여 고난을 받으며 전도인의 일을 하며 네 직무를 다하라"(딤후 4 : 5)에 나오는 직분의 이름이고, 다른 하나는 하나님이 교회를 세우시는 사역의 여러 가지 은사를 가리켜 혹은 사도, 예언자, 목사, 교사 그리고 전도자라고 한 일이 있다(엡 4 : 11).

전도자(evangelist)라고 하는 언어는 두 개의 어원에서 출발한다. 하나는, "좋다"이며 다른 하나는, "광고한다"이다. 전도자라고 하는 전문직은 부활 승천하신 주께서 위임하여 많은 교회를 설립하도록 하신 기쁜 소식을 전하는 자이다. 그 전문가는 복음에 대한 명쾌한 이해를 소유하며, 그 소식을 전하고자 하는 정열과 하나님이 모든 청중으로 하여금 감동과 반응과 그리고 결신을 하게 하시는 일의 확신과 희열을 아는 자이다.

훗날에 긴 줄로 늘어선 도열한 이러한 전도자들의 선두자(先頭者)는 빌립이다. 처음부터 그의 이름에 그와 같이 단서가 있어서 그렇고, 그리고 중요한 사실로서, 사도행전에 보면 실제적으로 전도사역(傳道使役)에 관한한 그의 사역이 최초의 언급이다.

당초 스데반과 빌립 양인의 업무 분담은 말씀의 전도라고 명시된 것이 아니었다. 그러나 성령에 충만하며 그리고 경건한 인격과 영향력이 강력한 이 두 사람은 급식과 식탁의 관리에만 만족하지 않는다. 초대교회가 현장적인 문제와 관련하여 이들과 같이 성령이 충만한 유능한 지도자들을 보필자로 소유한 사실은 초대교회가 더욱 역동적으로 확장하는 일에 결정적인 기여를 한다.

바울이 디모데전서 3장 13절에 "집사의 직분을 잘한 자들은 아름다운 지위와 그리스도 예수 안에 있는 믿음에 큰 담력을 얻느니라" 언급하였을 시에 짐작컨대 스데반과 빌립을 회상하였을 것이다. 저희들은 집사 직분을 신실하게 관장하면서, 자연스럽게 말씀 증거에 용기와 기회를 얻는다. 이 두 사람의 적극적인 활동을 기술하는 데 한 장(章) 전체가 할

애되고 있다. 사도행전 7장(그리고 행 6:9-15)은 산헤드린 앞에서 행한 스데반의 변증을 기술하며 8장에 가서는 빌립의 전도 활동을 기술하고 있다. 그 전도의 시작은 사마리아 도시에서 전개된 집단 전도, 그리고 이어 가사 공로(公路)에 이르기까지 개인 대 개인 접촉의 전도 활동이 유효하게 전개되었음을 언급한다.

1) 사마리아 도시에서

기록상으로, 외지 선교의 차원으로 이족(異族)에게 복음을 전한 최초의 선두자(先頭者)는 빌립이다. 유대인 지도자들의 박해가 성도들을 흩어지게 하였을 때, 사마리아가 선교와 전도의 대상이 될 수 있다고 하는 생각을 아무도 미처 하지 못하였다. 사마리아 사람들이란 북부 이스라엘과 앗수르 민족과의 혼합이고 그리고 저희들은 별도의 성전과 제사법이 있어서 한결같이 유대인들의 멸시와 증오의 대상이었다.

그러나 예수는 이들 '절반의 유대인들'에 대하여 독특한 동정을 표시한 일이 있었다. 사마리아의 우물가에서 과거 다섯 차례나 결혼 생활 경력이 있는 소문이 나쁜 여인을 결정적으로 회개로 다시 태어나게 하셨다. 그녀로 하여금 예수가 메시아이심을 확신하게 하였으며 즉시적으로 같은 사마리아 사람들을 향한 전도자가 되게 한 것이다(요 4:1-42).

예수께서 이웃에게 베푸는 친절이 무엇인가를 교훈하시면서 그러한 친절의 덕목으로 말한다면 이 세상에서 가장 해당이 안 된다고 유태인들이 고약하게 여겨 온 부족에게서 "선한 사마리아 사람"의 모델을 세운 것이다(눅 17:12-19).

끝으로 예수께서 선교 대명으로 사마리아에서 전도할 것을 분부하셨다(행 1:8). 이러한 반복적인 이야기들이 빌립에게는 예사로운 것이 아니었다. 그가 헬라 혈통의 사람이므로 이러한 유대인들의 편견을 넘어서기가 수월했을 것이다.

전도자 빌립이 "사마리아 성에 내려가 그리스도를 백성에게 전하니"(행 8:5) 무리들이 그에게로 몰려와 그의 소식을 경청한다. 그의 메시

278

지를 경청하면서 더러운 귀신들이 추방이 되고 불구자와 반신불수가 온전하게 걸었다. 참으로 오랫만에 희열과 환성이 이 망각의 지역 온 도시를 휩쓴다. 놀라운 이적이 일어나니 그곳 사마리아에서 누구나가 "하나님의 큰 능력"이라는 별명으로 유명한 마술사 시몬이라도 굴복이 되어 그의 전도를 경청하게 된다(행 8 : 10). 이 마술사의 회개는 순수한 것이 아니였음이 뒤에 가서야 드러난다.

예루살렘 지도자들이 사마리아인들도 복음을 수용하였다고 하는 소식에 접하고, 즉시 베드로와 요한을 현지에 파송 조사하도록 한다. 이러한 현지의 조사는 고넬료 집이 예수를 영접한 경우 그리고 안디옥 교회의 경우에서도 현지 조사를 한 것과 유사한 순서이다. 사도들이 이와 같이 개입하자, 이미 현지에 기득권이 있는 전도자 빌립이 유감으로 여겼는가. 빌립은 크게 기뻐한다. 베드로와 요한이 현지에 당도하여 사마리아 사람들이 더욱 확고한 믿음에 서서 성령을 영접하도록 간구하여 크게 격려를 받는다.

빌립의 활동을 조사하기 위해 온 베드로와 요한의 공정하고 품위 있는 거동 역시 존경스럽다. 불과 집사 중의 한 사람인 그가 독주하여 이러한 사역을 감행할 수 있는 것인가에 하자를 물으면 그런 문제 제기가 될 수도 있는 고위 사도들이 아닌가. 차제에 집사직은 식탁의 관리이니 직분의 상응하는 책임으로 돌아가라 권고할 수도 있는 일이다. 그러나 저희들은 빌립의 전도 사역을 전적으로 인정하며 이 사마리아의 흥분(Samaritian emotion)을 일시의 현상으로 경시하지 않고 그에게 세례를 받은 자들로 하여금 성령을 받도록 강력하게 지원한다. 이러한 존경스러운 사도들의 활동은 주목하여야 한다. 현장에 달려온 저희들은 "주의 말씀을 증거하여 말한 후에… 예루살렘으로 돌아가는 길 여러 사마리아 동네에서 전도"(행 8 : 25)하였음을 기록한다. 이와 같이 협동하여 저희 사도들도 적극적으로 사마리아 전도의 새로운 지평(地平)을 여는 동기를 얻은 셈이 된다.

우리는 여기에서 전자에 예수의 교훈을 직접 듣고 회개한 그 우물가의

사마리아 여인의 이벤트가 회상이 되었고 이 전도사역을 길을 확립하는
전이해(前理解)가 된 것이라고 추측을 한다.

2) 가자 지역에서

미국의 라디오 선교 방송에 종사하면 알리스 레오노비치가 당시 소련
복음주의 한 소교파의 초청으로 집회 인도자로 찾아간 일이 있었다. 저
희들을 태운 택시 기사가 저희들의 유창한 러시아어에 감탄하여 어떤 계
기로 소련을 방문하게 되었느냐고 젊은 운전기사가 물었다. 저희들은,
미국 선교 방송의 소련어 전도자라고 말했다. 그는 깜짝 놀란 표정을 지
으면서 자기의 비장한 이야기를 들려 주었다. 자기 모친이 예수를 믿어
고문으로 평생 침대에 눕게 되었는데 그러한 어머니의 유일한 기쁨은 미
국에서 건너오는 라디오 선교의 설교였었다. 어머니가 돌아가시면 그 라
디오 전도의 주인공이 직접 찾아와 만나게 되는 것이 소망이라고 하였
다. 그 귀에 익은 목소리의 전도자가 당신이라고 하는 것이다. 그러니 내
가 놀라지 않을 수 있겠는가 하는 것이었다. 그 택시 운전사는 예수를 영
접하였고 그리고 자기 직장에서 집회를 가능케 주선하였다. 모르는 사람
으로 처음 만나, 형제가 되어 떠난 것이다("Meet as Strangers,
Parted as Brothers," *Trans World Radio*, Winter 1986, pp.
10−11, 재 인용, L.B. Flynn, 150).

사정은 좀 다르지만, 빌립과 에디오피아 내시와의 만남은 유사한 경우
이다. 빌립이 한참이나 대규모의 회개 운동을 숨가쁘게 진행하고 있는
그러한 때에 그가 사마리아를 즉시 떠나 가자 지역으로 내려가라고 주께
서 주신 지시가 있었다. 빌립은 그 이유를 이해할 수가 없었다. 그러나
그저 순종하는 마음으로 즉시 일어나 떠났다. 그 다음, 빌립이 한 사람과
대면하여 그의 영혼을 구원하는 상담을 어떻게 전개하였는가의 상세한
기록은 사도행전 8장 26절에서 40절에 나온다.

주께서 왜 그로 하여금 이 사막 벌판의 외길을 가라고 하셨는가 그는
곰곰이 생각하게 되었을 것이다. 얼마 안 있어 매우 부유한 신분의 상대

(商隊)가 자기 쪽으로 다가오고 있지 않은가. 한 가운데 가장 호화스러운 수레 안에 간다게 여왕의 재무장관이 타고 있었다. 이 장관은 이웃 나라와 전치 협상을 마치고 오는 길이 아니라 예루살렘 성전까지 1200 마일의 순례의 길을 마치고 돌아오는 길이었다. 그는 손에 두루마리를 펴 들고 큰 소리를 읽고 있었다.

성령의 지시에 따라 접근하여 다가간 빌립은 그가 이사야 53장을 읽고 있는 중임을 알았다. 빌립이 물어, 읽고 있는 것을 이해하느냐고 했더니, 내 옆에 올라와 앉아 나에게 설명을 해주시오라고 청한다. 명하여 마차를 멈추게 하여 빌립을 옆자리에 앉게 한 후에 이 에디오피아의 재무장관은 "이사야가 자기를 가리킨 것인지 다른 이를 지목한 것인지"를 물었다. 이사야 53장은 그리스도의 고난과 승리를 참으로 구체적으로 묘사한 맥락이므로 빌립은 성경의 말씀을 의지하여 예수가 사람에게 버림을 받은 바로 그 슬픔의 사람이라고 그에게 전한다. 예수께서 우리의 죄까닭에 고난과 십자가의 죽임을 당하셨음을 설명한다. 그리고 말을 이어 어떻게 부활하신 일과 그리고 회개하고 그를 믿는 모든 사람이 구원받는 소식을 전한다. 빌립은 예수가 다만 위대한 예언자, 위대한 사상가, 선각자라고 하여야 할 인격자, 또는 사회 개혁자라고 하지 않았다. 고난 받으시고, 십자가에 죽으시고 부활하신 살아계신 구주시라고 명확하게 언명을 하였다.

빌립의 전도에 장관은 마음을 열었다. 마침 빌립이 복음서에 기록이 된 세례를 언급하던 차였다. 주의 명령에 제자를 삼고 세례를 명하시지 않았는가. 그러자 사막을 달리던 마차는 물이 넉넉하게 있는 곳에 당도하게 된다. 에디오피아의 장관이 입을 열어 "보라, 물이 있으니 내가 세례를 받음에 무슨 거리낌이 있느뇨"(행 8:36) 청하게 된다. 그리하여 법대로 신앙 고백이 있은 후에 두 사람이 물에 들어가 세례 집전을 마친 후 두 사람은 갈라 선다.

복음의 소식은 도시에서나 사막에서나 집단으로나 개별적으로나 동일하다. 빌립은 그리스도를 전하였다. 사마리아 전도와 에디오피아 고관의 전도 이 양편의 경우 모두 전도는 세례 집전이 후속조치였다(행 8 : 12, 38). 양자의 설정에서 결과는 모두 한 없는 희열이었다. 성내가 기쁨에 넘쳤고(행 8 : 8) 그리고 에디오피아의 장관은 기쁨에 넘쳐 국정으로 돌아가는 남은 여행을 서둔다(행 8 : 39).

3) 아소도의 도시에서

성령에 의하여 수직(垂直)으로 위로 낚아 올림을 당하여 지름길을 가게 된 빌립이 당도하게 된 도시는 블레셋 사람들의 문화권인 아소도였다. 그는 그곳 여러 도시들을 순방하며 에그론, 욥바, 아볼로니아, 그리고 샤론 골짜기를 지나 서해안의 가이사랴까지 광역적으로 전도여행을 했을 것이다. 빌립은 어디에서나 언제나 전도자였다.

빌립은 한 평신도였다. 안수받은 사역자가 아니다. 심지어는 전도자로서 공인이 된 그런 뛰어난 전도자도 아니다. 그러나 전도의 사역을 현재에 진행하고 있는 그가 안수받은 목사이거나 전도자라야 할 이유가 없다. 풀러신학의 피터 와그너 교수는 이렇게 말한다.

보통의 경우, 교회는 현실적으로 성인 회중의 10퍼센트는 전도에 은사가 있는 사람들이라고 간주된다.

만일 하나님께서 축복을 하셔서 10퍼센트 이상이 전도의 은사를 받았다고 치면, 바로 이상적인 교회성장기에 놓여 있는 셈이 된다 (*Your Spiritual Gigts Help Your Church Grow*, Regal, p.177).

전도의 소질이 없다고 자인하는 사람들도 영혼을 구하는 총체적인 운동의 일익을 감당할 수 있는 것이다.

20세기 초에 락비(Rigby)라고 하는 이름의 한 사업가가 사업차 에딘바라를 여행하였다. 우연히 주일에 교회를 갔다가 알렉산더 화이트 (Alexander Whyte) 목사의 설교를 듣게 되었다. 늘하는 일처럼 화이트 목사는 실업가들에게 자기의 기도 모임에 동참하도록 권면한다. 사실

릭비는 또 다른 의도가 있었던 것이다. 그것은 얼마전 어느 실업가가 화이트 목사의 권면대로 예배 후에 그와 같이 머물러 기도실에 참석을 하였고, 그리고 예수를 주로 맞았었다. 릭비는 화이트 목사에게 그 사업가의 회심을 알려 주고 싶어 방문을 하게 된 것이다.

그런데 그가 화이트 목사와 만난 자리에서 화이트 목사는 얼마나 릭비의 감화로 많은 실업가들이 예수를 영접하였고 그리고 릭비를 편지에 언급하였는가를 릭비의 손을 끌어 당겨 자기 서재에서 여러 편지를 보이며, 사실은 자기야말로 일찍부터 릭비 씨를 만나기를 원하였다고 말하였다. 사업가라고 하는 같은 직업, 같은 처지의 사람들의 마음을 얻는 전도는 평신도에 의하여 이와 같이 길이 예비되는 법이다(A. Faithful Witness, *Our Daily Bread.* May 15, 1986).

길손들을 후히 접대하는 주인 빌립

살인 전과자를 자기 집으로 초대하여 하루 이틀을 자기 집에서 유하도록 환대할 수 있을까? 바로 빌립이 이와 같은 친절을 보인 너그러운 주인의 모델이다. 우리는 그후 20년의 세월을 보낸 후에야 다시 사도행전에서 빌립의 소식에 접하게 된다. 사도행전 8장에서 아소도에서 전도하던 빌립의 모습을 다시 보게 될 경우는, 바울이 예루살렘으로 그간 모금한 구제금을 여덟 명의 이방인 교회의 대표자와 같이 동행하는 길에서 가이사랴에 거주하던 빌립을 만나게 되므로서 성사된다.

누가의 기록에 보면 사도행전 21장 8절에, 우리가 전도자 빌립의 집에 들어가니 그는 일곱 사람 중의 한 사람이라고 언급한다. 이 여러 사람들을 여러 날 유하게 할만큼 빌립의 집은 넉넉한 크기의 저택이었다(10절).

종종 한 사람이 행사하는 한 분야의 은사는, 그로 하여금 다른 분야의 은사도 그에게 있음을 발견하게 만든다. 다시 말하여 빌립은 여러 가지의 은사를 몸에 지닌 그러한 인격자였다. 본래 그에게 있는 뛰어난 총명과 지혜로 하여 일곱 사람으로 선택이 된 바 있는 빌립은, 그 본래의 사역인 집사직을 수행하면서 은혜와 긍휼을 몸에 익히게 된다. 전도자 빌립이라고 하는 이름은 그의 열렬한 전도 행위에 걸맞는 공칭(公稱)이었다. 지금 여기에서 다시 발견이 되는 빌립은 너그러운 집주인의 관용을 유감없이 나타낸다.

바울은 한때 베드로와 15일간을 같이 기숙한 일이 있다(갈 1 : 18). 그러한 기회에서 양인이 교환한 대담은 참으로 희귀한 내용이 될 수밖에 없는 것이다. 지금 여기에서는 그 바울과 빌립이 15일간을 같이 지나게 된 것이다. 저희들의 대화의 내용이 무엇일까. 아마도 빌립은 초대교회가 어떤 사정에서 그 일곱 사람을 선정하게 되었는가를 감회가 깊어 회상하며 말하였을 것이다. 그리고 과거를 언급하여 바울의 입장이 난처해지지 않도록 심중한 화술로 예루살렘의 박해가 어떻게 일어난 일과 그리고 그러한 박해가 동인(動因)이 되어 자기가 사마리아에 건너가 전도한 일을 말했을 것이고, 그리고 에디오피아의 고관을 어떻게 전도하였고 세례를 베풀었는가를 설명하였을 것이다.

바울은, 자기의 초년과 그리고 가말리엘의 문하생으로 유학한 시절을 말하였을 것이다. 그리고는 참으로 민구스러운 어조와 슬픈 표정으로 빌립의 동료(同僚) 스데반이 돌에 맞는 처형시, 자기가 투석자(投石者)들의 옷을 맡은 일과 그 투석자들을 위한 스데반의 최후의 기도의 목소리와 내용이 자기 귀에 생생하게 들린 것을 말했을 것이다. 이어 다메섹 도상에 부활하신 영광의 주를 만난 회심과 3차에 걸친 선교 여행과 그 여행에서 당한 여러 가지의 환난과 박해와 여러번의 처형을 언급하며 그러한 수고를 다하여도 자기는 쓸모없는 종이라고 눈물어린 간증이었을 것이다. 저희들이 회포를 푸는 그 내용이 얼마나 감격과 고귀한 내용일 것인가. 상상을 초월하는 대화였을 것이다. 이미 빌립은 오래 전 과거에 스데반을 처형한 그런 바울을 용서하고 용납하였었다. 저희들의 이 대화는 바로 영원한 나라에서 이어질 축복의 대화의 서론과 같은 경험이었을 것이다.

1981년 1월에 일어난 일이다. 반정부 무장 폭도가 위클리프 선교사 체 트 비터만을 총살하여 버려진 버스에 그의 시신을 버려두었다. 1982년 사월, 펜실베니아 주 란캐스터 군(郡)의 자원자들이 비터만의 유족들과 뜻을 모아 그가 순교당한 곳에 보내도록 앰브런스 구급차를 선물로 보냈 다. 상기 언어학자의 유족들과 양가의 친지들이 순교자의 이름을 기리기 위하여 보낸 구급차는 콜롬비아의 각지를 여행한 후 드디어 목적지에 도 착하였다. 추도사에 순교자의 모친이 "우리가 이와 같이 할 수 있었던 것은 하나님이 우리 마음에서 증오심을 씻어 주셨기 때문입니다"라고 설 명하였다(Steve Estes, "Called to die," *Wycliff Bible Translation, pp.253-254*).

빌립이 바울을 영접한 것은 하나님이 그의 심정에서 미움을 제거하여 주셨기 때문이다. 훗날 서해안의 가이사랴에 바울이 2년간 투옥이 되었 을 때, 빌립은 수차 바울을 방문하여 위로하였을 것이다. 그 2년간의 기 회가 누가에게는 복음서와 사도행전을 위한 자료수집을 위해 심히 중요 한 때이다. 누가는 이 탐구 활동을 하는 동안 빌립의 집의 손님이 되어 무상 출입을 하였을 것이 틀림없다. 누가는 복음서의 내용과 관련된 사 건과 사실을 탐구하면서 수없이 빌립에게 질문을 하였을 것이고 그리고 빌립은 초대교회 예루살렘 공동체의 평신도 지도자로서 현장 경험이 뒷 받침하는 견해를 기쁨으로 그에게 들려 주었을 것이다.

네 명의 여 예언자(女豫言者)의 아버지인 빌립

빌립은 그의, 오랜 결혼 생활에서 네 딸을 얻었으며 그리고 그들이 모 두 예언자들이었다(행 21 : 9). 성령이 특별히 이들 자매들에게 하나님을 대변하는 은사를 베풀어 주셨다. 어떤 형식의 성격이든 교회에서 여인들 의 자리매김이 언급이 되는 자리에서는 초대교회 시대에 존재한 이들 네 여 예언자들의 사역에 관한 관심이 필히 포함이 되어야 한다.

기원 65년 경에 발발한 교회에 대한 대규모의 박해하에서 빌립과 이들

딸, 네 여 예언자들이, 저들의 거류지 가이사랴 시에서 어떤 도전 앞에 서야 했는가에 대하여 전하는 전승의 내용이 다양하여 일치하지는 않다. 전승은 여하튼, 빌립은 계속하여 전도를 그리고 그의 네 딸은 계속 예언으로 사역을 계속한 것은 틀림이 없는 사실이다.

이탈자(離脫者), 데마(Demas)

아직 바울의 동역자로 : 골 4 : 14, 몬 24장.
결국은, 바울을 이탈 : 딤후 4 : 10.

한때 캐나다의 톱 축구팀의 '할프－백'(a halfback)을 달리던 선수였고 유명한 토론토 글러브(Toronto Globe)의 스포츠 만화가(漫畫家)로 있던 템플톤(Templeton)은, 빌리 그레엄 전도 조직의 한 산하 단체인 '유드 포 크라이스트'(Youth for Christ) 전도팀의 유명한 부흥 전도자가 되었다. 그는 구라파로 대 전도집회를 위하여 진출하였다가 그후에 더 교육받을 필요를 깨닫고 프린스톤 신학대학의 3년 과정으로 진학을 하였다. 그러나 그는 대학의 BA 학위가 없어서 애석하게 신학석사의 학위 취득을 못하였다.

그는, 신학공부를 하는 동안에 해묵은 의심이 다시 일기 시작하였고, 괴로움에 시달리던 끝에 전도사역을 이탈하여 대신에 NCC의 전도국장을 맡아 빌리 그레엄 전도집회의 인기 있는 진행자가 되었다. 그의 사역으로 36명의 젊은이들이 목회에 진출하였다. 그의 명성은 그로 하여금 어떤 유명 교회의 담임목사 후보로 오르기까지 만들어 놓았다.

그러다가 1957년에, 그는 전부터 그의 심중에 있어 온 회의 때문에 사역을 떠나고 만다. "남에게 전도하는 사람으로서 심각한 문제일 수밖에 없는 예수의 신성 문제의 회의가 나에게는 해결이 되지 않은 상태였다. 그러한 상태로 계속 사역에 남아 있는 것은 나의.정직성 문제에 걸리는 일이다"(John Clare, "Nothing succeeds Like Charles Templeton,"

Macleana's Nov. 8, 1958, p.58).

그후 템플톤은 캐나다 텔레비전의 총아가 되었다. 수편의 성공적인 텔레비전 연극 대본을 창작하였고, 캐나다 의회(議會)에 출마하였다가 낙선의 고배를 마셨다. 그후, 여러번 텔레비전의 인기 있는 대담 프로에 나온 일이 있고, 그리고 그가 어떻게 신앙을 상실하고 말았는가를 실토한 일이 있다. 캐나다에서 출판하는 잡지 「오브서버」지는 그의 생애를 가리켜 참으로 애석한 비극이라고 평하였다. 지금도 캐나다 토론토의 모 큰 교회의 당회장실의 벽에는 그 교회의 창설자 중 한 사람으로 그의 사진이 걸려 있다.

캐나다의 템플톤의 이야기는 우리들에게 신약의 데마를 생각하게 한다. 데마는 원래 바울의 동역자이며 같은 선교팀의 구성원이었다. 그러다가 바울이 종내 로마의 가공할 '마멜틴' 감옥에 투옥이 되고마니, 하루는 갑자기 그의 곁을 떠나 사라지고 만다. 예수의 배반자가 열두 제자 중의 한 사람이었던 것과 같이 바울의 측근자인 그는 바울을 버린 것이다.

성서의 비명(碑銘, Bible Epitaphs)이라고 하는 서명의 저술에서 저자 매카트니(Dr. Clarence E. Macartney)는 데마가 이탈 도주한 일을 상상하여 다음같이 묘사한다. 하루는 바울에게 건강을 물으려고 온 누가가 전번에 놓고 간 약을 복용하셨는가라고 묻자 바울은 "조만간에 완전한 몸으로 영광을 입을 터인데 지금 약을 복용한들 무슨 큰 차이가 있을건가. 그런데 데마가 아니 보이니 어찌된 일인가. 다른 사람들은 선교일로 파송하였으나 데마는 끝날까지 곁에 둘 생각인데. 병이라도 생겼는가" 되묻는다. 마지 못하여 누가는 데마가 영원히 떠나고 말았다고 알려 준다. 로마의 성문을 나가면서 그가 남긴 마지막 말은 데살로니가로 다시 되돌아갈 생각이라는 혼자 말을 흘렸다는 것이다. 이 말은 바울에게 너무나 큰 충격이었다. 그러므로 그는 "데마는 이 세상을 사랑하여 나를 버리고 데살로니가로 갔고"(딤후 4 : 10)라고 그의 절필(絕筆)과 같은 말년의 마지막 글에 한 마디 적는다.

데마의 뒤를 밟은 사람들은 수도 없이 많다. 지금까지는 참으로 장래가 촉망이 되는 청년이었다. 그러나 신학대학교의 대학원 강의에서 동정녀 탄생의 특강을 듣고 그리고 완전한 답안지를 제출하고 난 후에 동정녀 탄생의 교리적 지식에 회의를 품은 것이 시작이 되어 일체의 신앙을 버리고 세상으로 나간 어느 수재형 신학생의 뒷모습을 쓸쓸한 뒷맛처럼 기억을 한다. 내가 군목으로 일선 모연대에 복무 중 원주성결교회의 참으로 유명하게 열심이 많던 집사님이 대대장으로 복무중이어서 만나게 되었다. 그가 그런 막중한 책임의 지휘관으로 변모한 것은 6·25의 격동기에 일정시의 초급 장교가 급하게 선발이 된 그런 과정에서였다. 물론 격전을 수도 없이 치룬 후에 그에게 생긴 변화이겠지만 그러나 내가 군목이 되어 그 옛날의 주일학교 선생이었던 그를 상봉하였을 때는 그는 참으로 냉소적 적그리스도인으로 변하여 있었다. 나는 그의 비협력으로 그 부대에서 군목으로 근무하는 일에 참으로 애를 먹은 일이 많았다.

그후 지금까지 나는 그의 소식을 들은 일이 없다. 신학대학의 변소에서 입에 담배를 태우면서 나오는 한 학생, 그는 내 입에서 다시는 교칙을 어기지 않겠다고 무릎을 꿇고 사과하였고 그가 내 앞에서 세운 약속을 그는 훌륭하게 지켜 20여 년이 지난 지금 그는 참으로 훌륭한 큰 교회의 담임 목사가 되었다. 그러나 같은 경우에서 세운 약속을 지키지 못한 다른 청년은 지금도 술고래가 되어 자기 가족조차도 돌볼 능력이 없는 폐인이 되고만 경우도 알고 있다. 데마의 뒤를 따라 세상으로 되돌아간 사람은 수도 없이 많다.

바울은 그가 순교로 세상을 떠나야 하는 최후의 일주(一週)에서, 과거와 앞날과 그리고 주변을 생각하여 본다. 그는 복음의 선포와 교회의 개척과 성도의 믿음을 강권하여 주야를 달려온 과거에 아무런 회한이 없었다. “내가 달려갈 길을 달려 선한 싸움을 다 싸웠으니….” 그는 앞일을 생각하면서 희열(喜悅)이 충만하였다. 이제는 자기 앞에 “생명의 면류관이 기다린다”고 확신이 있었다(딤후 4:7-8). 그러나 자기 주변을 살핀 그는 가슴 아프게도 자기 옆에 있어야 할 친구가 없는 것을 느낀다.

누가만 홀로 남아 있었다. 다른 친구는 교회 사역으로 멀리가 있거나 흩어져 있었다. 그런 중, 데마가 생각이 난다. 그는 펜을 들어 몇 마디 애감(哀感)이 서린 글을 적는다. 세상을 사랑하는 마음 때문에 데마는 신앙을 버렸으며 그의 영혼의 불꽃이 영영 꺼져 버렸구나.

바울과의 사귐을 잃어버린 데마

우리는 데마가 신도가 된 지 몇 년이 되며 그리고 바울의 선교팀에 참여한 지 몇 해가 되는지에 대하여 알지 못한다. 가이사랴에서 로마행의 항해 도중 난파한 수행인의 명단 속에 나오지 않는다. 짐작컨대 자기가 사사롭게 바울을 존경하여 바울이 로마에 1차 투옥이 될 무렵에 찾아와 인연이 되었을 것으로 생각을 해본다. 바울은 로마에서, 자기가 세를 얻은 집에 연금이 된 상태에서 신약에 나오는 네 편에 서간문을 집필하였고 그 중 두 편의 편지에 데마의 인사가 포함이 되어 나온다.

빌레몬서에 보면 바울은 예수 그리스도 안에서 나와 함께 갇힌 자 에바브로와 나의 동역자 마가, 아리스다고, 데마, 누가의 인사말을 끝으로 서신을 맺는다(몬 23, 24). 골로새 교우들에게 문안을 한 글귀에도 "누가와 또 데마가 너희에게 문안하느니라"(골 4 : 14)라고 나오고 있다. 데마의 활동은 바울의 수행자 중 핵심 속에 포함이 되어 나오며 그의 이름은 여러 소아시아 교회에 널리 알려진 그런 사람이었다. 전자에 바울의 선교 활동에서 참여한 경력이 있는 사람으로서, 지금 바울이 옥중에 있는 형편에서는 측근에서 그를 돕는 자로 선발이 된 몇몇 안 되는 측근(側近)이 있다.

다시 바울이 두 번째로 로마에 투옥이 되어 그 끝이 결국 사형으로 종결이 나는 그러한 계제에서, 만일 바울이 이처럼 지나가는 말로 데마의 향방과 이탈을 한 문절에 언급하지 않았다고 가정을 하면, 그후 기독교는 그가 끝까지 바울과 운명을 같이 한 동역자 중 한 사람으로 영원히 기억이 될 뻔하였다. 그러한 데마는 이 최후의 단계에서 비극적으로 이탈하고 만다.

데마는 그 사역을 이탈하므로서, 당시 최고의 지성과의 사귐을 상실한 것이다. 다소에서 어린 시절의 교육 그리고 예루살렘에서 당대 최고의 랍비 가말리엘의 문하생으로 수업을 한 바울, 광역적으로 여행으로 견문과 경험이 이상적으로 축척이 된 문장가(文章家) 바울, 그는 율법과 바리새적 훈련과 알렉산드리아의 철학과 끝은 그리스도의 부활과 복음 이와 같이 당시 최고의 지성을 종합 소화한 놀라운 지성의 거인(巨人)이다. 비록 바울의 여생이 얼마 남지는 않았다고 해도 최후의 감옥에 있는 소중한 최후의 시간을 그와 같이 했다고 하면 그는 많은 유익한 교훈을 배웠을터요 전수 받았을 것이다.

더욱 큰 비극으로서, 데마는 바울이 제공할 경이적인 영적 감화를 잃은 것이다. 바울은 자유할 때나 사슬에 매어 있을 때나 언제나 그의 당당한 신앙으로 하여 움직이는 태산(泰山)이었다. 네로의 명으로 투옥이 되고 그리고 네로 황제의 재판을 받는 죄수였으나 그는 하나님을 믿는 사람이었다. 바울의 주변에 머무른 사람들은 예외 없이 그에게서 축복을 받았다. 데마는 바울의 곁을 이탈함으로서 그 신앙의 거인이 마지막 수개월간 보여 줄 경이적인 그리스도인의 모범을 증인의 특권으로 배울 기회를 잃었다.

데마가 이탈하지 않았다면 마지막 형장으로의 길을 바울과 같이 동반자로 걸어가면서 혹 바울을 위로하였거나 또한 그의 격려를 받는 황금 같은 기회를 놓쳤다. 그가 끝까지 신앙을 견지한 바울이 그리스도에게로 소천이 되는 가장 큰 승리와 영광의 순간을 목격하는 증인이 되었을 것이다. 그러한 가장 심도 있는 친교의 순간을 그는 잃은 것이다.

만일 데마가 최후의 기간에 이탈을 하지 않았다면, 디모데와 디도처럼 자기의 개인 이름으로 불리는 서신을 받았을 것이 아닌가 하는 가정도 성립이 된다. 아니면 바울의 인사말에 데마의 이름과 함께 이름이 나온 누가와 마가처럼 그도 역시 복음서의 저자가 되었을는지 모른다. 이탈자는 기회를 잃는다.

순교자의 면류관을 저버린 데마

　기독교의 신도들은 세기마다 순교자들을 배출하였다. 스데반은 투석으로 살해당하고, 야고보는 칼로 참수 당하였다. 성도들은 줄이어 계속 태형과 이런저런 방법으로 모진 고문을 받았다. 데마는 드디어 바울이 믿음을 변증하다가 투옥된 것을 목격한다. 데마의 머리 속에 그 많은 성도들이 신앙을 포기하기 보다는 순교를 당한 일들이 뇌리에 스치고 지나간다. 데마가 죄수 바울의 처형에 관한 공시문 벽보를 읽었을까. 자기도 그러한 운명으로 빠져들까 하는 두려움이 생긴 것일까. 가죽 옷을 입힌 후 원형극장으로 내몰려 주린 맹수의 밥이 될거라고 상상을 하였을까. 아니면 나무에 달아맨 후 콜탈을 칠하여 불을 질러 처절한 가로등(街路燈)이 되는 광경을 상상하였을까. 아니면 자기가 그러한 최후를 맞이 하기에는 아직 너무 젊은 아까운 나이라고 생각이 된 것일까. 삶의 애착과 미련이 생겨난 것일까. 과거의 즐거운 기억이 갑자기 피어난 것일까. 그러한 유혹에 무릎을 꿇어버린 후에, 계속 바울을 대하기가 부끄러웠을까.
　확실한 외증으로 신빙성(信憑性)이 있는 다음과 같은 순교자의 이야기가 있다. 기원 320년 겨울이다. 새로 등극한 황제가 모든 로마군에게 칙령을 내려 지방신에게 제물을 바치는 종교 행사에 의무적으로 참여하라고 명하였다. 로마 군중의 정예 부대 12여단에도 이 명령은 하달이 되었다. 하루는 여단장이 전 장병에게 "모든 격전에서 승리만을 거둬 이름을 떨친 장병들이여, 내일 황제의 명을 따라 우리는 지방신에게 드리는 희생에 참여하여 충성을 보일 것이다"라고 포고를 내렸다. 그 밤중에 두 병사가 부대장에게 찾아와 용감한 병사 40명의 기독교도들이 있어 우상에게 예배하는 일에 참석할 수 없다고 하며 어떻게 하여야 되는가라고 물어왔다. 화가 난 부대장은 명령에 따르면 승진을 약속하고 불복종하면 모든 계급을 박탈하여 고문에 처한다고 답하였다.
　그 밤에 40명은 시편을 낭독하고 찬송을 함께 불렀다. 그 이튿날 우상에게 절하지 않은 죄목으로 혹한(酷寒)에 옷을 벗기고 해뜨는 새벽에 호변에 세웠다. 그들은 격전에서의 공이 크므로, 모닥불을 피우고 더운 목욕물을 준비하게 한 후 아무 때라도 순간적으로 신앙을 버리면 즉시 모닥불을 쬐게 하며 더운 목욕을 하게 한다고 타일렀다. 세찬 모진 바람이 부는 강물 속에 그들은 걸어 들어갔다. 그리고 호변의 모닥불을 가로막고 백부장 한 명이 섰다.

강물 속에서 찬송이 들리고 한밤 중에 약해진 찬송과 기도소리가 들리는 듯하드니, 귀를 세운 보초에게 천사의 언어같이 들리는 소리가 "40명의 선한 그리스도의 병사, 40명의 순교자, 40개의 면류관"이라고 하였다. 그런데 이상한 일이 벌어졌다. "39명의 선한 그리스도의 병사, 39명의 순교자, 39개의 면류관"이라는 천사의 선언이 들린다. 그리고 잠시후 한 사람이 모닥불 쪽으로 뛰어오는 것이다. 그 백부장은 그에게 소리를 질러 "내 옷을 입어라 내 갑옷을 입어라 내가 대신 네 자리를 채우마" 한 후 신속히 나체가 되어 얼음 물로 뛰어갔다. 그는 뛰면서 "40명의 선한 그리스도의 병사, 40명의 순교자, 40개의 면류관" 큰 소리로 읊으면서 뛰어들었다고 한다.

그 이튿날 여단장이 시신을 끌어내어 보니 40개의 시체가 하나로 엉켜 있었다고 한다. 그 가운데 예수에 대하여 겨우 몇 시간의 지식이 전부인 백부장의 시체도 함께 있었다는 것이다.[1]

여기에 소개된 에피소드처럼 데마는 물에서 도망한 그 병사와 같다. 그가 훗날에 회개하여 죽기까지 충성을 하지 못했다고 하면 그는 면류관을 잃은 사람이다.

데마는 이 세상을 더 사랑하였다

여기에 세상이라고 하는 언어는 성서에 자주 나오는 하나님이 창조하

---

1) Leslie B. Flynn, *The Other Twelve*, p.163에서 재인용한 것. 원래 이 에피소드는 1963년 12월 호의 *Decision Maazine*에 계재된 Sherwood E. Wirt의 글 "The Forty Martyrs of Seabste"에서 온 것이다.

여 주신 아름다운 자연과 그리고 질서를 의미하는 것이 아니다. 마귀가 통제하는 회개가 없는 죄성을 말한다.

세상이란 표면상으로 정상적이며 무구한 것으로 보이지만 암암리에 하나님께 향한 충성과 사랑을 방해한다. 이러한 세상의 존재는 일련의 통제 원리로 규제 아래 가두어 둘 수가 없다. 혹은 엄격한 금욕적인 수도원 속으로 은둔한다고 하여 완전히 도피되는 것이 아니다.

사도 요한은 이 지상에서 아마도 누구보다도 더 오랜 기간 주를 섬긴 사도이다. 그리고 그의 사역 중에서 참으로 장래가 촉망이 되는 많은 훌륭한 재목들이 세상의 유혹에 굴복하는 것을 경험하였다. 그러한 경험이 있는 사도 요한은,

> 이 세상과 그 안에 있는 것을 사랑하지 말라. 만일 누구든지 세상을 사랑하면 아버지의 사랑이 그 안에 없음이요. 세상 안에 있는 것은 오직 육신의 정욕이요, 안목의 탐욕이요, 이생의 자랑이요, 아버지에게서 온 것이 아니요 이 세상에 속한 것이라. 이 세상도 지나가고 정욕도 그러하되 그러나 아버지의 뜻을 행하는 자는 영원히 거하리니(요 1, 2 : 15 - 17)

라고 경고한다.

육신의 정욕은 관능적 만족이다. 간음과 탐욕을 통한 불법적인 성취와 만족이다. 안목의 정욕은 탐욕의 눈으로 이성을 바라보며 시각으로 만족하는 행위이다. 이 생의 자랑을 이기주의를 확대하여 그것이 빚는 자존심과 우월감을 의미한다. 우리는 세상으로 자기 궤도를 수정하여 떠나가 버린 데마를 가볍게 멸시하기 전 자신의 가치 기준을 성찰하여야 한다. 경제력은 마력이다. 스포츠의 열기는 누구나 지나치게 쉽게 빠지는 유혹이다. 공간이 넉넉한 저택이나 수입이 큰 보수는 우리의 이기심을 무한히 자극한다. 쾌적하고 안락한 생활에 젖으면 수고와 봉사하는 일이 무관심하여진다. 이런 세상이 약속하는 행복을 하나님의 뜻보다 더 소중한

것으로 생각을 하는 구습이 아직 우리 속에 숨어 있다고 하면 우리는 데마와 별로 다를 것이 없다.

기원 250년, 칼테지의 교회는 막강한 로마 황제의 압력에 쉽게 굴복하고 말았다. 프레드 윌리암 3세는 「트리니티 저널」(*Trinity Journal*)에 기고한 글에서, 교회가 갑자기 몰락하게 되는 가장 큰 이유를 말하여 세상에 대한 집착이라고 하였다. 교회가 세상에 대한 집착으로 혹독한 박해를 대비하지 못하면 쉽게 무너지고 만다.

세속주의는 교회 내부에 쉽게 침투하여 들어온다.

필자는 근자에 선풍처럼 시청자의 인기가 상승일로에 있는 '열린 음악회'를 굳이 탓할 생각이 아니다. 그러나 교회 지도자와 성도에게 한 마디는 하여야 하겠다. 과거의 옥외 부흥회가 지금에 와서 이 열린 음악회만큼도 주목의 대상이 되지 않은 것이 아닌가 하는 기우가 생긴다. 확실히 말하여 강단의 메시지가 열린 음악회의 인기 있는 유행가 가수만큼 긴장과 감격을 전하여 주는지 묻고 싶은 것이다.

한국교회는 기록적으로 성장한 교회이다. 그러나 그 다음의 단계가 무엇인가 하는 것에 대하여는 모두 한 마디씩 의견을 말하지만 일종의 정보 이상의 감격적인 공감이나 밀물 같은 동조(同調)가 일어나지 않는다. 성장한 큰 교회가 확실한 본질적인 신앙으로 튼튼한 뿌리를 더욱 견고히 내리기 전에, 감각주의(感覺主義)와 자기 현시(自己顯示)가 동기가 된 일종의 종교 문화적 파도 속에 침몰하고 있는 것이 아닌가. 교회마다 성도들의 헌금을 모아 자기 중심적인 시설 확충만을 위하여 전액을 사용하고 그리고 또 헌금을 권고한다면, 흔히 세속 기업의 문어발식 팽창과 무엇이 다르단 말인가.

데마는 영원한 생명을 잃었을 것이다

바울은 명확하게 데마가 주를 버렸다고는 말하지 않았다. 데마가 버린 것은 바울이다. 바울은 데마가 자기 곁을 이탈한 일은 명백히 언급하면서 상당히 오래 전, 자기가 1차 선교 여행을 하고 있을 때 자기와 바나바를 버리고 자기 집으로 돌아간 마가를 회상하였을 것이다. 그러나 마가의 경우는 즉시 주의 사역으로 돌아온 지 오래이다. 여기 이 경우에 바울은 디모데에게 마가가 자기에게 유익하니 올 때 마가를 대동하고 올 것을 당부한다(딤후 4:11). 마가가 주의 긍휼과 은혜로 다시 주께 돌아온 것이면 그러한 회복이 데마에게도 가능한 일이다. 우리는 데마의 이야기가 그렇게 귀결이 나기를 희망한다. 그가 아직은 미숙하여 도중에서 주를 떠났다고 하더라도, 더 늦기 전에 다시 주께 돌아와 이전보다 더 큰 열심으로 여생을 주를 섬기게 되기를 기대하고 싶다.

추측컨대 데마의 경우에는 그러한 마가와 같은 회복이 없었던 것 같다. 사도 요한이 "누구라도 세상을 사랑하면 아버지의 사랑이 그 속에 있지 아니하니"(요일 2:15)라고 언급하면서 몇 절 뒤에서, "저희가 우리에게서 나갔으나 우리에게 속하지 아니하였나니 만일 우리에게 속하였다면 우리와 함께 거하였으려니와 저희가 나간 것은 다 우리에게 속하지 아니함을 나타내려 함이니라"(요일 2:19)라고 규명을 한다. 만일 데마가 주께 다시 돌아오지 않았으면 처음부터 그의 신앙이 순수한 것이 아니였음을 증명한다. 만일 데마가 그러한 경우라면, 그가 바울을 버렸으나 결국은 그는 영원한 생명을 버린 것이 된다. 물론 이 문제는 하나님만이 아신다.

한 성도가 평생을 살면서 오직 한 마음으로 그리스도에게 신실하며 그러한 자세를 그가 은퇴할 때까지 견지하였다. 그가 그와 같이 외길을 걸어갈 수 있도록 어떤 연로한 성직자가 다음과 같은 한 전설 같은 이야기를 말해 주어 큰 영향을 받은 것이라고 한다.

그 내용인즉, 한 천사가 내실에 들어가 온갖 보석으로 꾸며진 참으로 아름다운 면류관을 들고 나와 하는 말이 이 면류관은 네가 젊었을 때에 너를 위해 준비한 것인데 네가 젊음을 온전히 주께 받치지를 않아 그대로 창고에 넣었던 것이다라고 말하였다. 그 천사가 다시 내실로 들어가 전보다는 덜 찬연한 면류관 그러나 여전히 아름다운 것을 들고 나와 하는 말이 이 관은 너의 중년의 충성을 보상하는 관인데 그러나 너는 중년을 세상의 욕구를 추구하느라고 분주하여 이 관도 주인을 잃어 창고에 넣었다라고 하였다. 그 천사가 다시 안으로 들어가 가지고 나온 것은 아무런 보석도 달리지 않은 그저 구리로 된 둥근원이었다. 그리고 하는 말이 이것이다. 네가 말년에 네게 대한 관심이 돌아왔으니 이것이 영원히 네가 머리에 써야 할 너의 소유이다. 이런 교훈을 담은 전설 같은 이야기, 귀담아 들어야 할 것이다.